2ª edição
Do 13º ao 15º exemplar
2.000 exemplares
Outubro/2019

© 2016-2019 by Boa Nova Editora.

Capa e projeto gráfico
Juliana Mollinari

Diagramação
Juliana Mollinari

Revisão
Alessandra Miranda de Sá

Assistente Editorial
Ana Maria Rael Gambarini

Coordenação Editorial
Ronaldo A. Sperdutti

Impressão
BMF gráfica e editora

Todos os direitos estão reservados. Nenhuma parte desta obra pode ser reproduzida ou transmitida por qualquer forma e/ou quaisquer meios (eletrônico ou mecânico, incluindo fotocópia e gravação) ou arquivada em qualquer sistema ou banco de dados sem permissão escrita da Editora.

O produto da venda desta obra é destinado à manutenção das atividades assistenciais da Sociedade Espírita Boa Nova, de Catanduva, SP.

1ª edição: Junho de 2016 – 13.000 exemplares

QUANDO O AMOR TRIUNFA

GISETI MARQUES

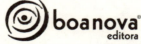

Instituto Beneficente Boa Nova
Entidade coligada à Sociedade Espírita Boa Nova
Av. Porto Ferreira, 1.031 | Parque Iracema
Catanduva/SP | CEP 15809-020
www.boanova.net | boanova@boanova.net
Fone: (17) 3531-4444

Dados Internacionais de Catalogação na Publicação (CIP)
(Câmara Brasileira do Livro, SP, Brasil)

```
Marques, Giseti
   Quando o amor triunfa / Giseti Marques. --
Catanduva, SP : Instituto Beneficente Boa Nova,
2016.


   ISBN 978-85-8353-049-7


   1. Romance espírita I. Título.




16-02416                                    CDD-133.9
```

Índices para catálogo sistemático:

1. Romance espírita : Espiritismo   133.9

Sumário

Capítulo 1 - As despedidas 9
Capítulo 2 - Henry 18
Capítulo 3 - Charlotte e o baile 29
Capítulo 4 - A revolta dos mendigos 35
Capítulo 5 - O passeio 43
Capítulo 6 - Eglatine 50
Capítulo 7 - O encontro 58
Capítulo 8 - A visita 66
Capítulo 9 - A Fortaleza 73
Capítulo 10 - O desabafo de Cédric 81

Capítulo 11 - Reencontro 92
Capítulo 12 - Aaron e o duque 97
Capítulo 13 - O pedido 106
Capítulo 14 - Uma nova vida 114
Capítulo 15 - A carta 121
Capítulo 16 - Charlotte enfrenta seu pai 129
Capítulo 17 - A aposta 137
Capítulo 18 - Fabrice e Cédric 145
Capítulo 19 - Emocionante reencontro 152
Capítulo 20 - Charlotte assume a propriedade 160
Capítulo 21 - Benjamin 170
Capítulo 22 - As visitantes 177
Capítulo 23 - Aaron retorna a Dijon 185
Capítulo 24 - A decisão do duque 193
Capítulo 25 - Charlotte e Cédric 201
Capítulo 26 - Cédric conversa com Henry 209
Capítulo 27 - Aaron discute com Cédric 219
Capítulo 28 - Início da missão 229
Capítulo 29 - Eglatine, Johanne e Aaron confabulam 237
Capítulo 30 - O casamento 245
Capítulo 31 - O enviado do rei 254
Capítulo 32 - Confronto na praça 262
Capítulo 33 - Virando o jogo 270
Capítulo 34 - Geneviève 279
Capítulo 35 - A Sociedade de Rouen 289
Capítulo 36 - Paris, capital da revolução 299
Capítulo 37 - A mendiga 308
Capítulo 38 - O retorno 319
Capítulo 39 - O jantar 327
Capítulo 40 - A feiticeira 339

Capítulo 41 - Evelyn Leroy 346
Capítulo 42 - Plano macabro 354
Capítulo 43 - O atentado 364
Capítulo 44 - Charlotte e a feiticeira 374
Capítulo 45 - Uma nova vida 384
Capítulo 46 - A cura real 392
Capítulo 47 - A verdade 402
Capítulo 48 - Trabalhando com Jesus 417

1

As despedidas

No mundo espiritual, na colônia Universidade das Almas, um jovem conversa, preocupado, com o coordenador:

– Senhor, perdoe-me a intromissão; todavia, devo confessar minha apreensão com sua decisão. O senhor sabe que não precisa mais voltar à Terra – dizia o jovem, caminhando por um longo corredor iluminado pela luz do sol que refletia no teto transparente. De encontro com os raios do astro-rei, a cobertura transmitia uma profusão de cores de beleza indescritível, parecendo um vitral que mudasse de acordo com a posição da bela estrela.

Ao lado do jovem, um senhor de aproximadamente

quarenta e cinco anos, alto, magro e de feições tranquilas, ouvia o relato com paciência. Sorriu e respondeu:

– Meu caro Juvêncio, agradeço de coração a preocupação. Todavia, faz muito tempo que espero por essa oportunidade, e preciso, sim, renascer nessa bela escola de almas necessitadas.

– Mas o senhor sabe das necessidades que a Terra ainda terá que passar – redarguiu o jovem em tom entristecido, sem dizer o que no fundo o preocupava.

– Juvêncio, confie em Deus, e nada haveremos de temer. – Colocou a mão no ombro do rapaz e disse, lendo sua mente e vendo qual era a verdadeira preocupação do espírito amigo: – Sei muito bem dos perigos que a matéria me oferece, porém, qual seria minha fé se eu temesse o encontro com a dificuldade? Meu amigo, nessa minha próxima existência é sabido que passarei por inúmeros embaraços, mas ao meu lado estarão pessoas muito queridas, que me ajudarão.

Fez uma breve pausa e continuou:

– Atestar a fé, meu amigo, significa: calar quando todos nos acusam; segurar o ímpeto quando tudo parecer perdido; resignar-nos com o pouco; dividir o muito; e voltar nossas aspirações para a vida aqui no nosso mundo quando a matéria nos oferecer prazeres imediatos, mas efêmeros. Temos de nos provar, e não poderemos fugir das nossas responsabilidades – argumentou com segurança.

O jovem anuiu com a cabeça, convencendo-se com os argumentos do nobre coordenador. No fundo, sabia de tudo aquilo, mas a separação seria dolorosa; tinha enorme afeição pelo amigo.

França, século XVIII

A terra vivia momentos de tensão e de muitas mudanças. A história vinha sendo escrita com várias lutas, alianças e, consequentemente, com muito sangue. Aproximava-se uma revolução que mudaria e influenciaria outras nações.

— Minha cara senhora, não posso esperar muito mais tempo. Lamento, mas terei que me ausentar. Afinal, devem estar precisando de mim. Retornarei ainda esta semana a Paris — argumentava polidamente um homem de uns vinte e cinco anos, alto, com corpo bem definido, cabelos escuros na altura dos ombros, presos em um rabo de cavalo. Tinha olhos castanhos que, quando falava, refletiam certa indiferença, além de um rosto quadrado de expressões marcantes, que transmitiam arrogância.

— Mas, senhor, meu pai ainda se faz ausente, o que... — tentou contra-argumentar, em vão, uma bela jovem de aproximadamente vinte anos, com longos cabelos castanho-claros presos em um belo coque e pequenos olhos verdes que observavam sempre com certo enfado. A jovem estava grávida de aproximadamente seis meses.

— Geneviève, estou apenas comunicando-lhe a minha decisão, que já está tomada. Dentro de dois dias, partirei — encerrou a conversa e retirou-se, pisando firme.

Cédric Lefevre era um eminente oficial da guarda francesa que recebera do rei, pelo brilhante serviço prestado à Coroa, um título de duque. Era muito respeitado por todos e dono de uma fortuna em terras, ouro e muitas propriedades no seu país — herança que recebera de seu pai.

Não se podia dizer que fosse um homem bonito ou agradável; era conhecido por seu jeito sóbrio, de poucas palavras, tendo pouquíssimos amigos, sem nunca sorrir. Era também pouco afeito a festas na corte e bastante orgulhoso. Todavia, chamava atenção pela sua imponência, e sua presença era muito concorrida entre os nobres, sendo muito bajulado pela posição e influência que tinha junto ao rei. Apesar da pouca idade, era rígido nas suas atribuições, recebendo entre seus subordinados a alcunha de "ditador de Paris". Casara-se com Geneviève Bonnet, uma das mais belas jovens da corte francesa e filha do marquês Aloysius Bonnet, um nobre de sangue azul.

Não amava a esposa, porém gostava de desfilar com ela pelos bailes da corte, quando comparecia a algum, satisfazendo assim sua vaidade masculina. Era fiel à esposa e gostava de ser assim. Geneviève esperava o primeiro filho deles após três abortos espontâneos, oriundos de um problema que ela possuía. Ele aguardava a chegada desse filho com ansiedade, dizendo a si mesmo que seria a maior alegria de sua tão conturbada vida.

– Como pode isso? Cédric é um desalmado! – reclamava Geneviève, fazendo um biquinho. Segurou uma sineta e tocou-a com insistência.

Momentos depois, uma serviçal chegou às pressas e perguntou preocupada:

– Pois não, senhora, deseja algo?

– Claro que desejo algo! – ela entortou a boca em sinal de impaciência. – Chame minha mãe. Diga-lhe que preciso falar-lhe com urgência.

Apreensiva, a serviçal saiu correndo da sala. Minutos depois, uma senhora muito bem-vestida e de gestos finos adentrou a sala e indagou, gentil, à jovem que a aguardava, impaciente:

– Pois não, minha filha. O que deseja?

A jovem fitou-a com raiva e respondeu bruscamente:

– Poxa, mamãe, onde a senhora estava? Estou aqui com o coração pequeno! – disse Geneviève, demonstrando desgosto.

– O que aconteceu, querida? – perguntou a mãe preocupada.

– Cédric, mamãe! Ele acabou de me informar que parte para Paris daqui a dois dias. Como pode isso? Ele não estará aqui quando o bebê nascer? – Apertou os olhos e continuou chorosa: – A senhora tem que convencê-lo. Ele tem de estar comigo! E se acontecer alguma coisa ao nosso filho? – Silenciou com lágrimas nos olhos, demonstrando a tensão que sua atual circunstância imprimia.

Marquesa Amelle Bonnet, a mãe de Geneviève, era uma senhora distinta de meia-idade com feições delicadas, que ainda trazia no rosto marcas de sua beleza de outrora. Olhou para a filha e apiedou-se da jovem. Sabia de sua fragilidade e do amor que sentia pelo marido. Tinha certa influência sobre o genro, pois era uma mulher de gestos delicados e maneiras sensíveis, e isso agradava ao difícil Cédric. Aproximou-se da filha e, sorrindo, disse-lhe, tentando acalmá-la:

– Falarei com ele, querida! Não fique nervosa; pode prejudicar meu neto! Ele acatará as minhas argumentações, tenho certeza – assegurou a senhora.

Geneviève abriu os lábios num sorriso e respirou aliviada. Confiava na mãe; ela tinha uma capacidade incrível de persuasão.

Anoitecia, e marquesa Bonnet aguardava com paciência o genro na confortável sala da bela casa. Estavam em Rouen, uma das cinco propriedades de Cédric. Haviam se mudado para o interior devido à gravidez de Geneviève, que inspirava cuidados. Ele não se fez demorar; adentrou a sala cumprimentando a sogra com educação e sentou-se olhando-a:

– Senhora, qual a urgência do assunto? – perguntou circunspecto.

Ela sorriu docemente e respondeu com cuidado:

– Meu querido, estou preocupada com minha filha. Hoje você disse que irá viajar e ela se afligiu! Você, melhor do que ninguém, sabe os cuidados que devemos ter com essa gravidez. Sua presença, meu querido, é de suma importância para que Geneviève fique mais tranquila! Sei das suas responsabilidades e o quanto as leva a sério. Admiro-o muito por isso, bem sabe. Todavia, a sua maior responsabilidade agora é com sua esposa e com seu filho – fez uma pausa para analisar o efeito de suas palavras e, vendo que o genro a escutava, continuou com delicadeza: – E se seu filho nascer e você não estiver aqui? Tenho certeza de que não ficaria bem se assim agisse. Conheço-o o suficiente para entender que esse filho representa muito para você, e muito mais ainda para minha querida filha. Portanto, peço-lhe gentilmente que repense e aguarde mais um pouco – finalizou, feliz, observando pelo semblante dele que o tinha convencido.

Ele ficou em silêncio por alguns segundos, olhou para sua sogra e teve que concordar. Admirava-a pela prudência, doçura e principalmente pelos argumentos inteligentes que sempre tinha quando queria pedir-lhe algo, diferente de sua filha, que nunca sabia ponderar.

– Marquesa Bonnet, como sempre a senhora consegue arrancar de mim o que quase ninguém consegue, que é me fazer mudar de opinião. Porém, tenho que concordar com a senhora! Claro que aguardarei mais um pouco, afinal, ainda não me mandaram chamar. Paris pode aguardar – concluiu ele.

Em Dijon, outra cidade do interior daquele país, na propriedade do barão Claude Laforet, todos viviam horas de apreensão. A baronesa Giulia Laforet sofria terrivelmente com problemas oriundos do parto de seu terceiro filho. O médico lutava para estancar a hemorragia que, aos poucos, levava dessa vida uma jovem mulher. A criança nascera e, ao que tudo indicava, trazia defeitos congênitos.

O barão andava de um lado para outro em uma das salas da sua bela casa. Era um homem de meia-idade, alto, acima do peso, com cabelos grisalhos e dono de uma personalidade questionável. Tinha três filhos, sendo dois homens, contando com o que acabara de nascer, e uma mulher. Ele amava a esposa e não podia imaginar perdê-la. Sentiu o coração temeroso, compreendendo que a situação de sua esposa não era nada fácil.

Charlotte, sua filha mais velha, encontrava-se na capela da propriedade, orando pela amada mãe. Entre uma lágrima e outra, contrita, olhando para uma imagem de Jesus na cruz, rogava:

– Meu senhor, não permita que minha mãezinha nos deixe! Precisamos dela! O que será do meu querido pai se ela se for? E meu irmão? Ainda é tão pequeno! Sei que não devo me revoltar com a tua vontade, porque o senhor sabe o que é melhor para nós, assim nos disse o padre, mas, se não for pedir muito, por favor, não leve minha mãe ainda...

Charlotte era uma bela jovem de quinze anos. Alta para sua idade, de feições delicadas, tinha belos cabelos longos, lisos e loiros, que contrastavam com seus olhos de um azul profundo. Diferente das moçoilas da época, gostava dos seus cabelos soltos. Era dona de humor agradável e sensível, e não dada a formalidades. Trazia no íntimo respeito profundo pelos preceitos religiosos. Dos bailes, só gostava da dança. Tinha dois irmãos: Hugo, de doze anos, um belo rapazinho educado, culto e que gostava muito da irmã, e agora o novo irmão que ganhavam, o recém-nascido Henry.

O médico entrou na sala onde estava o barão e deu-lhe a triste notícia: sua esposa acabara de falecer. Em estado de choque, o nobre deixou-se cair em uma das cadeiras e soltou um grito de dor:

– Nãooooooooooooo! Minha Giulia não! – e, olhando para o médico, exigiu aos gritos: – Volte para lá e salve-a...

Um dia depois a baronesa foi sepultada, deixando três filhos, um marido inconsolável e uma dor imensa no seio daquela bela família.

Charlotte, sozinha, ajoelhada no túmulo, falava entre lágrimas:

— Mamãe, prometo cuidar do papai e dos meus irmãos. O padre Grégory disse que, se eu lamentar muito, a senhora irá sofrer! Não quero que a senhora sofra. Porém, sinto tanta saudade! – Silenciou, sendo vencida pelo choro.

Após alguns minutos, a moça enxugou as lágrimas e, um pouco mais calma, continuou:

— Quando chegar ao céu e encontrar-se com Jesus, peça que vele por mim e por todos nós. Nós a amamos! Agora tenho que ir, mas, amanhã, retornarei. Fique com Deus! – Respirou profundamente, enxugou novamente as lágrimas que ainda teimavam em cair e partiu de cabeça baixa, com o coração dolorido. Experimentava uma força que não sabia que tinha. Entendia que precisava ter ânimo para cuidar do pai, que dava sinais de fraqueza constante, e de seus irmãos...

Uma semana depois, na casa de Cédric, Geneviève acordou sentindo dores, que aumentaram no decorrer do dia. Apreensivos, os familiares chamaram de imediato o médico, que constatou, infelizmente, que ela estava prematuramente em trabalho de parto. Tudo o que esteve ao alcance foi feito, contudo, não foi possível salvar nem a criança nem a mãe. Geneviève e o filho morreram antes de o sol se pôr.

Cédric, ao saber da notícia, entrou numa súbita mudez. Engoliu sua dor e dirigiu-se com passos firmes à capela que havia em sua propriedade. Com um chute, arrebentou a fechadura, adentrando ao local. Seguiu até o altar, onde havia no alto, dentro de uma espécie de falsa janela, a imagem de Jesus, ladeada por Maria e José. Parou, olhou-as e, com sua voz grave e penetrante, perguntou enérgico:

— O que eu fiz para merecer isso? Acaso estão punindo-me? Não construí essa e outras capelas em homenagem a vocês, e é assim que me agradecem? Levando meu filho e minha esposa de uma só vez? Agora, vou retribuir a gentileza!

– Levantou uma cadeira e lançou-a com força por sobre o altar, espatifando a cadeira e tudo o que estava em cima da tribuna. Pegou um pedaço de madeira da cadeira e saiu quebrando tudo o que encontrou pela frente, exteriorizando toda a sua dor.

Minutos depois, deixou a igreja, altivo, como se aquela atitude servisse para expulsar os demônios que havia sentido em sua ira. O local ficara em total desordem. Alguns dos camponeses que moravam na propriedade assistiam à cena desolados, sem nada fazerem. Todos tinham medo do patrão.

2

Henry

Seis anos depois...

– Cédric, os burgueses não param de reclamar, e cada vez mais cresce essa insatisfação. Tenho receio do futuro. Você sabe a força do povo! O rei não dá sinais de que queira resolver os problemas – disse um senhor. – Como você é pessoa próxima do rei, peço-lhe: converse com ele. Vá até Versalhes!

Cédric, agora com trinta e um anos, de cabelos curtos junto com mais três homens reunidos em uma luxuosa sala a portas fechadas, escutou tudo em silêncio. Sabia que o homem tinha razão; os protestos se faziam frequentes, e Paris sofria terrivelmente com a iminência de um futuro levante do povo. Circunspecto, respondeu:

— Meu caro, sei e concordo com o exposto. Contudo, tenho que tomar cuidado ao falar com o rei. Hoje ele está assessorado por uma corja da pior espécie, e minha presença já não é mais tão bem-vinda. Vou pensar em algo e decidirei como fazer. Até porque, depois da derrota para a Inglaterra, a situação só tem se agravado. O Tratado de Paris apenas camuflou a aceitação da perda dos territórios. Outros setores estão em constante ameaça. Daqui a três dias devo partir para Marselha; os senhores devem saber que o porto é um local muito visado.

Outro senhor que escutava a conversa em silêncio levantou-se, dirigiu-se a uma janela e, voltando-se para os demais, observou apreensivo:

— O meu maior receio são as nossas propriedades. Se houver invasão, como nos defender? Afinal, muitos intelectuais estão apoiando os insatisfeitos. Eles são inteligentes e têm liderança. Isso é algo que tira meu sono todas as noites. Os burgueses não vão deixar isso barato! Já ouvi falar que o rei pretende aumentar ainda mais os impostos.

Cédric levantou-se e então resolveu revelar um pouco mais de seus planos, afinal, ali eram todos amigos:

— Com isso eu não concordo e digo-lhes mais: vou apoiar os burgueses. Tenho meus conhecimentos, e um dos líderes menos radical me procurou recentemente oferecendo aliança, já que os demais querem mudanças extremas. Por isso, senhores, dentro das minhas propriedades, já estou providenciando modificações. Uma delas é conceder melhores condições de vida para os camponeses. Não tenho mais escravos e sei que isso chegou aos ouvidos dos assessores do rei. Ainda não estou na Conciergerie porque precisam de mim! Asseguro-lhes: não é traição, é sobrevivência! A tomada de poder é apenas uma questão de tempo. O rei nunca deu sinais de uma boa administração, apesar de ser um bom homem.

A prova disso está em toda a Paris; a mendicância só tem aumentado.

Todos silenciaram pensando no que tinham acabado de ouvir. Segundos depois, o clima de tensão foi quebrado com batidas à porta, que foi aberta. Uma senhora trajando um distinto uniforme adentrou a sala, fez uma reverência e comunicou:

– Conde, a condessa pede para avisá-lo de que seus sobrinhos acabaram de chegar.

O homem sorriu e comunicou a todos com satisfação:

– Pelo menos uma boa notícia! Por favor, cavalheiros, quero que conheçam os meus sobrinhos, filhos do meu irmão Claude Laforet – fez um gesto pedindo a todos que o acompanhassem.

Minutos depois, o conde encontrou-se com sua esposa no grande salão de entrada da mansão. Demonstrando felicidade, cumprimentou um jovem rapaz que a acompanhava:

– Meu querido Hugo, que prazer! Que belo rapaz você se tornou!

Hugo, agora com dezoito anos, era alto, de cabelos loiros, com olhos verdes brilhantes e inteligentes. Ao ver o tio, retribuiu a gentileza abraçando-o com carinho e respondeu feliz:

– Que bom estar aqui, meu tio! A universidade quase não me deixa respirar.

O conde apresentou-o aos outros nobres com alegria. Depois se voltou para o rapaz e perguntou curioso:

– Onde estão Charlotte e Henry?

Antes de o jovem responder, entrou na sala uma bela jovem de vinte e um anos, alta, cabelos loiros longos e soltos ao vento. Usava um pequeno chapéu cor-de-rosa, contrastando com o azul profundo dos seus olhos. Charlotte sorriu, segurando seu irmão pela mão e ajudando-o a andar. Vendo seu tio, sem preocupar-se com formalidades e com as demais pessoas que a examinavam, correu até ele e abraçou-o, dizendo:

– Tio, que bom estar aqui! As flores estão lindas nessa época do ano!

– E eu não sei, querida? – Ele retribuiu o abraço com carinho. Voltou-se para os demais e apresentou a moça, orgulhoso: – Senhores, esta é Charlotte Laforet, filha mais velha de Claude.

Todos, admirados com sua beleza, fizeram uma reverência, cumprimentando a jovem. Ela retribuiu a reverência e, sem se fazer de rogada, olhou para Henry e apresentou-o:

– Senhores, este menininho lindo é o meu irmão mais novo: Henry Laforet.

Todos se voltaram para a criança que ela trazia pela mão e contiveram o espanto em respeito ao dono da casa. A criança apresentava deficiências. Tinha uma perna maior do que a outra e andava com dificuldade. Também possuía uma condição rara: um olho era azul e o outro, verde. Tinha cabelos loiros e pele muito pálida.

O pequeno, como se estivesse sentindo o espanto dos demais, olhou-os com simplicidade e sorriu, deixando-os desconcertados, inclusive seu próprio tio, que sentia certa vergonha da criança.

A jovem fitou todos, porém, parou em Cédric, que, ao contrário dos demais, olhava-a fixamente, sem se importar com a criança. Ela sorriu-lhe com delicadeza.

Ele disfarçou como pôde a forte impressão que a presença da jovem havia lhe causado. Charlotte não era apenas bonita; tinha uma beleza natural, e, diferente das mulheres da época, quase não usava maquiagem. Possuía gestos delicados, sem, no entanto, parecer uma dança coreografada. Seus cabelos soltos davam-lhe uma liberdade que poucas mulheres se permitiam. Seu sorriso não era falso nem afetado; era singelo e transmitia a pureza que tinha na alma. Cédric teve que se conter, permanecendo sério.

A condessa não deixou de perceber o que sua sobrinha tinha causado no taciturno Cédric. Agnes era uma jovem senhora de cabelos pretos, sempre presos em penteados da época. Elegante, ditava moda na corte. Tinha olhos pretos e vivos, gestos delicados, e era dona de um coração muito bondoso e alegre. Sentiu certa exultação ao perceber a reação do jovem e teve uma ideia, pois, diferente de muita gente, conhecia Cédric e gostava muito do nobre.

— Queridos, podem se acomodar! Adeline levará todos aos seus respectivos quartos e logo mais nos encontraremos — disse a condessa, tratando de tirá-los dali.

Depois que os seus sobrinhos retiraram-se, ela olhou para Cédric e pediu gentilmente:

— Cédric, por favor, será que podia acompanhar-me até a saleta? Preciso falar com você.

O homem aquiesceu com esmerada educação, contudo, conhecia muito bem a condessa Agnes. Sentiu que ela talvez pudesse ter percebido um pouco do que estava sentindo e respondeu cauteloso:

— Pois não, senhora, acompanhá-la-ei.

Pediu permissão aos nobres e seguiu até a saleta. A condessa sentou-se e convidou o homem a fazer o mesmo. Depois o olhou e com muito cuidado começou a falar:

— Querido Cédric, você sabe que lhe tenho estima e confio muito em você. Por isso, quero pedir sua ajuda em um caso muito delicado e familiar. — Calou-se, tentando estudá-lo, temendo as maneiras sempre polidas do homem. Todavia, ele permanecia inexpressivo, escutando tudo com atenção. A condessa sabia que não podia voltar atrás e continuou a falar: — Charlotte, essa bela jovem que acaba de conhecer, é a filha mais velha do meu cunhado. Sua mãe faleceu quando tinha apenas quinze anos e, coitadinha, foi ela quem praticamente criou os seus irmãos com ajuda de uma fiel serviçal.

Fez uma pequena pausa e gentilmente prosseguiu:

— Ela é uma jovem simples e maravilhosa, entretanto, devido a esses problemas, absteve-se de diversão. Quase nunca foi a um baile, não conhece Paris, e eu ficaria mais tranquila se ela pudesse aproveitar a sua estadia aqui, desfrutando da companhia de alguém de nossa inteira confiança. Claro que irá acompanhada de sua serviçal e aposto que ficará muito brava se não levar o pequeno Henry.

A condessa pausou, olhou para um ponto imaginário e continuou:

– Essa criança é a razão maior de sua vida. Ela ama o irmão! E, como você pode perceber, o pequeno tem algumas deficiências, mas espero que não seja empecilho. Por favor, não me entenda mal, só acho que minha companhia não seria muito agradável para uma jovem de sua idade, sem falar que ao seu lado ela estará protegida! Posso contar com a sua magnânima ajuda?

Ele escutou tudo com bastante atenção e, tomado pelo desejo de conhecer mais aquela bela jovem que mexera tanto com ele, respondeu cuidadoso, escondendo seus reais interesses:

– Senhora, sabe que tenho muita estima por sua família e não negaria um pedido feito com propósitos tão nobres. No entanto, viajarei para Marselha daqui a três dias e não sei quanto tempo ficarei lá. Mas, enquanto estiver aqui, posso atender prontamente ao seu pedido com a maior satisfação.

A condessa, sem demonstrar a sua felicidade, agradeceu com moderação e convidou-lhe em seguida:

– Pois bem, hoje venha jantar conosco! E quem sabe amanhã possa levá-la para conhecer um pouco de Paris. E que isso fique entre nós!

Cédric, pela primeira vez, sentiu-se verdadeiramente feliz e ansioso. Desde a morte de Geneviève mantinha-se distante de relacionamentos, mesmo sabendo de muitas jovens que dariam tudo para se casar com ele. Entretanto, era muito exigente. Abolira o uso de barba e peruca, comum entre os nobres da época. E, ao contrário destes, era muito limpo: tomava banho pelo menos três vezes por semana. Possuía um distúrbio psicológico: todas as vezes que alguém o tocava, ou ele em alguém, tinha que lavar as mãos. Também não suportava barulho, e não gostava da conversa da maioria das mulheres, uma vez que tratavam sempre de falar mal uma das outras. Era de uma sinceridade contundente, que muitos consideravam grosseria. Além do mais, sentia-se sempre entediado com os bailes, já que quase nunca dançava, mesmo sendo um ótimo dançarino. Sem expressar nenhum desses sentimentos, porém, saiu da sala firmando um acordo com a condessa.

Agnes o observou indo embora, sem demonstrar, ela também, suas reais intenções. Pensou contente: "A minha Charlotte quebrará todas as suas resistências, Cédric. Será apenas uma questão de tempo! Ela sim pode quebrar esse gelo que você sustenta como escudo, ou não me chamo condessa Agnes Laforet!" Sorriu e tratou de colocar o plano em funcionamento.

A noite chegou rápido. Como havia ficado acertado, na hora marcada, Cédric compareceu ao jantar, para alegria do conde, que apreciava sua companhia, e para a da condessa, que fazia seu plano dar seguimento. O jantar transcorreu com tranquilidade.

Charlotte estava bonita. Havia escolhido um vestido simples de musselina na cor branca. Seus cabelos estavam soltos, apenas com uma fita azul no alto da cabeça, dando-lhe um ar ainda mais jovial. Cédric olhava-a discretamente, e agradava-se do que via na jovem, sem, no entanto, demonstrar. Ela falava tão espontaneamente que o deixava à vontade. Hugo, seu irmão do meio, era um jovem culto e muito educado. Só o pequeno Henry que o deixava um pouco desconfortável. O olhar da criança parecia enxergar sua alma. Apesar da deficiência, era uma criança doce e agradável. Tinha um olhar inteligente e expressivo. Ele não sabia identificar no quê, mas sentia que o garoto era diferente. Falava como um menino mais velho, as palavras que usava sendo muito bem colocadas para uma criança de sua idade.

Cédric, tentando puxar assunto com Charlotte, perguntou, interessado:

— E seu pai, senhorita Charlotte, por que não os acompanhou?

A condessa olhou imediatamente para o esposo e, com receio de que a moça revelasse o problema do pai, tratou de interferir respondendo:

— Claude virá em breve! Ficou resolvendo alguns problemas domésticos. Não foi, querida?

Charlotte olhou para Hugo, em seguida para os tios, e, sem entender muito bem porque a tia havia dito aquilo, resolveu não interferir, confirmando a história com naturalidade:

— É verdade. O senhor meu pai está resolvendo problemas domésticos.

Cédric, astuto, percebeu algo no ar; todavia, sem querer ser indiscreto, mudou de assunto. Dirigiu-se para Hugo e perguntou polidamente:

— O que pretende fazer quando terminar a faculdade, rapaz?

— Pretendo exercer minha profissão, senhor duque — respondeu ele com satisfação. — A medicina é algo que me fascina! O nosso corpo é perfeito. Tudo tem uma explicação, embora ainda haja muito para ser descoberto.

O pequeno Henry olhou para o irmão com admiração e comentou, surpreendendo a todos:

— Como o meu caso, não é, Hugo? Mas o padre Grégory disse que Deus é quem tem todo o conhecimento e que, se o homem for esperto, procurará nele as respostas. — Olhou para todos e continuou a falar com naturalidade: — Perguntei para ele porque eu tinha nascido diferente. Será que Deus é injusto? E também por que ele levou minha mãe tão cedo.

Todos se entreolharam em silêncio.

Todos aguardavam a continuação das indagações do pequeno Henry, que displicentemente deu uma garfada, comeu algo e depois continuou a falar:

— Eu acredito só um pouco no padre. Ele me disse que todos têm o dia certo para retornar ao céu, e alguns nascem diferentes como eu porque Deus quer que todos nós aceitemos as diferenças.

Charlotte gostava de ouvir seu irmão mais novo. Ele era diferente em todos os sentidos. Tinha uma sensibilidade apuradíssima e dizia sempre coisas que faziam a jovem pensar. Interessada, ela perguntou:

— No que você acredita, meu querido?

Ele sorriu para a irmã e respondeu com simplicidade:

— Eu não acho que Deus queira apenas isso! Eu olho para o céu e, observando aquelas estrelas, fico pensando: "Como pode Deus, que constrói algo tão grande, querer que apenas alguns sirvam de exemplo?" Eu não disse nada para o padre Grégory, senão ele ia brigar muito comigo!

Perplexos com o raciocínio da criança, todos ficaram emudecidos, menos Charlotte, que sorriu do comentário e completou em tom de galhofa, imitando o padre:

— É verdade, querido, ele poderia colocar você de castigo e dizer: "Henry, meu filho, isso é coisa 'Daquele'! Preste atenção, o diabo tem muitas caras e ele pode pegar um menino assim com essas ideias!"

Quase todos sorriram, tirando o clima de tensão que havia ficado. Cédric, apesar de não ter sorrido, tirou do semblante o ar sempre fechado que o caracterizava. Sentindo-se mais à vontade, disse para Henry com cordialidade:

— Henry, independentemente do que seja todo esse mistério que existe entre o céu e a terra, uma coisa ouso dizer: você é um menino muito inteligente e já tem pensamentos de gente grande. Estou impressionado!

A criança olhou para ele e sorriu com candura, selando uma relação de empatia. Depois do jantar, todos foram se sentar em outra luxuosa sala, onde a condessa falou a todos com alegria:

– Quero comunicar ao nosso Cédric que minha Charlotte tem uma voz belíssima, portanto, desejo convidá-la a cantar enquanto toco ao piano.

Todos gostaram da ideia, inclusive Cédric, que aguardou ansioso. Charlotte cantou três músicas com satisfação, e arrancou aplausos do convidado. A condessa, vendo que o duque já estava totalmente envolvido, deu a cartada final:

– Amanhã haverá um baile e iremos todos; minha querida Charlotte adora dançar! – Fitou o pequeno Henry e, fazendo-lhe um carinho na cabeça, observou: – Menos você, querido, que ainda é muito pequeno para tais eventos.

Charlotte olhou para Hugo, pedindo ajuda, uma vez que não gostava tanto assim dos bailes. Entretanto, seu irmão concordou imediatamente com a tia e fingiu não ver o apelo da irmã. A condessa agradeceu a anuência do jovem sobrinho e, como quem não quer nada, perguntou ao duque:

– Podemos contar com sua presença, Cédric?

Ele entendeu com rapidez o pedido da condessa e respondeu educadamente:

– Com certeza, senhora. Estarei lá!

– Mas isso é um milagre – comentou o conde atônito. – Esse baile promete, então. Cédric ceder a um convite como esse?

Charlotte, escutando o comentário, observou melhor aquele homem que a agradava e perguntou, dirigindo-se ao nobre, intrigada:

– O senhor não gosta desse tipo de evento, senhor duque?

– Não, senhorita! Abstenho-me sempre que posso dessas convenções sociais. Todavia, como terei companhias tão agradáveis, comparecerei – respondeu com a sinceridade que lhe era peculiar, olhando para a jovem, enigmático.

– Eu também não gosto. Acho tudo muito enfadonho! As mulheres desfilando atrás de casamento, os homens só falando de política e guerras. Tudo muito sem vida, ou seja, muito artificial – comentou Charlotte, para o desespero de sua tia, que balançava a cabeça para o esposo. Todavia, aquele comentário agradou Cédric em cheio, e, apesar de estar sempre sério, aquiesceu:

– Concordo com a senhorita. É tudo muito artificial. Entretanto, a condessa disse que a senhorita gosta de dançar? – perguntou interessado.

– Gosto, é verdade. É isso que salva nesses bailes. Contudo, é raro encontrar um jovem que saiba dançar. Na maioria das vezes, só tem...

A condessa, que já conhecia a franqueza da sobrinha, interveio rapidamente, jogando aquilo a favor do seu plano.

– Cédric, você dança? Confesso que nunca o vi dançar – questionou.

Cédric logo entendeu aonde ela queria chegar e tratou de satisfazê-la, respondendo:

– Declaro à condessa que danço, embora quase nunca me dê esse direito. – Calou-se e, voltando para Charlotte, disse: – E, se a senhorita Charlotte assim desejar, quero lhe reservar a primeira dança.

Charlotte sentiu alegria, e não a disfarçou, respondendo:

– Terei muito prazer, senhor duque!

Ele, diferente da jovem, não demonstrou a alegria que sentiu e apenas assentiu com um leve balançar de cabeça.

A condessa, jubilosa, olhou para o esposo, que, percebendo qual era sua intenção, abriu seus lábios em um sorriso generoso...

3

Charlotte e o baile

No outro dia, Charlotte preparava-se para o baile quando o pequeno Henry entrou no quarto com a ajuda da fiel serviçal Verena – uma mulher baixinha, de formas arredondadas, grandes olhos claros, cabelos pretos e curtos envolvidos em um lenço, e que falava pelos cotovelos.

– Meu Deus, Charlotte, como você pode ficar ainda mais bonita? – disse a mulher, colocando a mão na boca e admirando a moça.

– São seus olhos sempre gentis, Verena – respondeu a jovem com um sorriso.

– Hoje haverá muitos moços querendo dançar com você, aposto! Até aquele emproado e carrancudo já lhe

reservou uma dança. Meu Deus, aquele homem nunca sorri; está sempre sério. O jeito dele dá até medo! Coitada da mulher que se casar com ele. Parece até um poste com olhos.
– Parou, fazendo o sinal da cruz, e continuou: – Dance com ele, Charlotte, mas saia logo de perto; caso contrário, ninguém mais lhe chamará para dançar. Ele não ri, quase não fala, e aposto que pisará no seu pé! Não tem cara de quem sabe dançar...

Charlotte, sorrindo, interrompeu a mulher com carinho:

– Pelo amor de Deus, Verena, não fale assim de quem não conhece. Ele só é um homem sério, qual o problema? Cada pessoa tem seu jeito. Ora, veja você, que não para de falar!

Quando a mulher ia protestar, a condessa entrou e interrompeu a conversa:

– Pronta, querida? Estamos aguardando-a.

– Sim, tia. Como estou? – perguntou a jovem com alegria.

– Está linda – respondeu a condessa com sinceridade.

Charlotte escolheu um vestido verde de brocados dourados. A parte do colo tinha um corte quadrado, as mangas justas iam até o antebraço, com babados de renda. A saia, que se abria na barra, não tinha armação, mas era usada com várias anáguas, que lhe davam certo volume. No cabelo, a jovem tinha um coque feito de uma trança enrolada com apliques de pequenas flores ao longo do penteado. A pedido de sua tia, usava um conjunto de colar e brincos de água-marinha, presente de sua mãe. A maquiagem era discreta, sob protestos da condessa. Esta agora puxava a sobrinha para que, apressados, todos partissem.

Ao chegarem, foram recebidos com honra. Subiram por uma escadaria lateral, já que esses bailes eram muito concorridos; consequentemente, as pessoas se espremiam para entrar. Charlotte subiu segurando o braço do irmão Hugo, que também estava impecavelmente vestido.

Cédric já se fazia presente e pode vê-los quando chegaram.

De longe, admirou Charlotte. Muitos nobres foram cumprimentar o conde e a condessa, que estava também radiante em seu vestido vermelho e dourado. Charlotte e o irmão foram apresentados a muitas pessoas. Todavia, ela procurava por Cédric. Sem encontrá-lo e ansiosa, perguntou ao irmão:

— Consegue ver se o senhor duque já se encontra aqui, Hugo?

— Não, irmã, ainda não o vi! Será que ele mudou de ideia e não veio? – indagou Hugo, preocupado.

Charlotte não respondeu, experimentando uma sensação de desgosto. Todavia, como não era de ficar triste, tratou de travar uma conversa com uma bonita jovem, filha de um marquês amigo de seu tio, que se encontrava a seu lado.

— Bonito local este, não?

A jovem, fazendo ar de aborrecida, respondeu em um monossílabo:

— Sim.

Charlotte, com naturalidade, sem se importar com a indiferença da outra, fez outra pergunta:

— Você vem sempre a esses bailes?

— Claro! – respondeu a jovem com rispidez, entortando a boca para um lado.

— Está sentindo dor? Está com uma cara tão feia! – comentou Charlotte, olhando-a com sinceridade e acreditando que a jovem pudesse estar sentindo alguma coisa, tal era seu mau humor.

Sem responder, ela virou o rosto, ainda mais aborrecida. De repente, abriu um sorriso, surpreendendo Charlotte, que, sem entender nada, olhou na direção em que a moça olhara, constatando assim para quem ela sorria. Seu coração bateu mais forte; contudo, conteve-se.

Cédric aproximou-se, como sempre sério. Cumprimentou as jovens com uma reverência. Sem deixar de notar o olhar da outra, dirigiu-se a Charlotte com educação e perguntou, solícito:

— Concede-me o prazer da primeira dança, senhorita Charlotte?

Ela respondeu com uma reverência e, segurando sua mão, seguiu até a pista de dança sob os olhares e cochichos admirados de todos, principalmente da condessa, que apertou o braço do sobrinho a seu lado. A jovem mal-humorada, que também observava, não deixou de se surpreender; contudo, girou nos calcanhares e saiu chateada.

Um dos nobres olhou para o conde e perguntou, surpreso:

— Aquele é Cédric?

— Sim, é ele mesmo — respondeu o conde feliz.

O minueto começou com vários casais no salão. Cédric, diferente do que ela pensava, dançava muito bem e conduziu a dança com leveza, desempenhando todos os passos com desenvoltura. Todavia, não falou nada, apenas olhou-a de uma maneira profunda e enigmática, até terminar a música, deixando às vezes Charlotte meio sem jeito.

O baile transcorria normalmente. Charlotte dançava de novo, desta vez com o irmão, quando reconheceu o filho de um conhecido do seu pai. Não gostava do rapaz, pois ele vivia cercando-a e tentando cortejá-la. Aborrecida, disse a Hugo:

— Veja, nem aqui tenho paz! Fabrice está conversando com nossos tios. Aposto que vai querer me tirar para dançar. Deus me livre! Tenho que me livrar dele. O que faço?

— Calma, Charlotte, talvez ele só esteja conversando, afinal, nosso tio também conhece o pai dele. Não se aflija; não precisa ficar nervosa — comentou o irmão, dando uma olhadela para o rapaz.

A jovem aquiesceu e respondeu, arrependida:

— É, talvez você tenha razão.

A música terminou, e ela, na companhia do irmão, voltou para perto dos tios. Fabrice, quando viu Charlotte se aproximando, abriu um sorriso e fez uma reverência exagerada, cumprimentando-a:

— Senhorita Charlotte, que prazer encontrá-la aqui!

Ela deu um sorriso sem muita vontade e fez uma reverência, respondendo ao cumprimento. Cédric estava à sua frente e não lhe passou despercebido o olhar do jovem para ela. Logo ele passou a observar mais os dois, sem que ninguém percebesse.

Fabrice era alto, de cabelos negros e olhos castanho-claros, corpulento, e aparentava ter uns vinte e sete anos. Possuía gestos grosseiros e o terrível vício da jogatina. Morava na mesma cidade que Charlotte, e, desde que a conhecera, havia passado a nutrir por ela um desejo violento e vulgar. Aproximou-se da jovem, iniciando uma conversa. Tentando pegá-la de surpresa, solicitou uma dança.

Charlotte sobressaltou-se. Olhou para Cédric e, sem pensar, respondeu em voz alta, para que o duque escutasse:

– Infelizmente, Fabrice, essa dança eu já havia prometido ao senhor duque; estava apenas descansando um pouco. – Olhando para Cédric, falou, quase implorando com o olhar: – Senhor duque, terei imenso prazer em lhe conceder a dança que me pediu há pouco!

Por alguns segundos, Charlotte achou que ele não fosse ajudá-la, e o medo tomou conta dela. Contudo, o duque fitou-a e, sem demonstrar reação alguma, respondeu educadamente:

– Agradeço, senhorita, o cumprimento de sua palavra. Por favor. – Passou na frente do rapaz, estendeu-lhe a mão e seguiu para o salão novamente, sob os olhares curiosos de todos, inclusive de Fabrice, que não havia gostado nada da desfeita.

A moça respirou aliviada e, meio sem jeito, pediu desculpas, agradecendo ao mesmo tempo:

– Por favor, senhor duque, me perdoe. Entretanto, muito obrigada por me ajudar! Não gosto desse cavalheiro – tratou de explicar.

– Posso perguntar por quê? – indagou ele curioso.

Ela, sentindo que podia confiar no duque, respondeu com sinceridade:

— Não gosto da maneira como ele me olha. Parece que quer me devorar. Conheço-o; o pai dele é amigo de meu pai. Ele tenta sempre estar por perto e me cortejar. Não me sinto à vontade com isso.

Ele escutou com atenção e perguntou, tentando estudar a jovem:

— Muitas moças se sentiriam lisonjeadas ao serem cortejadas.

— Eu não sou muitas moças, senhor duque! – rebateu Charlotte rapidamente.

— Perdão, senhorita, não foi minha intenção insultá-la! – desculpou-se, vendo que ela não havia gostado; contudo, ficou feliz por sua reação.

Ela sorriu e, olhando-o, respondeu:

— Acredito no senhor. – Percebendo Fabrice olhando para os dois, disse em tom de galhofa, característico de sua personalidade:

— Veja, senhor duque, se não tenho razão: ele parece uma coruja com aqueles olhos a nos espreitar.

Cédric discretamente percebeu o jovem ao longe a observá-los e, ao imaginar a comparação do outro com uma coruja, não segurou o riso, para o espanto de várias pessoas, inclusive da própria Charlotte, que comentou com naturalidade:

— O senhor fica muito bonito sorrindo; deveria sorrir mais vezes!

Ele, feliz com o comentário, não se importou com os olhares que lhes eram dirigidos, respondendo:

— Vou me lembrar disso outras vezes, senhorita.

A condessa, exultante de felicidade com o que acabava de ver, disse baixinho para o marido, que estava a seu lado:

— A nossa Charlotte acaba de conseguir um verdadeiro milagre, meu querido. E já estão na segunda dança!

4

A revolta dos mendigos

Depois da dança, Charlotte, fugindo de Fabrice, dirigiu-se para outra parte do salão e ficou alguns minutos olhando ao redor. Percebeu uma escadaria. Subiu alguns degraus e parou. A escadaria continuava à esquerda, porém, contemplou um vitral que ficava em frente, depois se voltou à direita, para uma grande janela que mostrava o belo jardim do local. Passados alguns segundos, percebeu certa balbúrdia. Chegou mais perto da janela e fixou o olhar. Reconheceu um grupo de mendigos que tinham invadido o local. Eles gritavam com pedaços de pau na mão, pedindo comida. Uma mulher segurando uma criança no colo, com um jovem ao lado, parou como se estivesse enxergando Charlotte. A mulher fixou seu olhar na jovem.

Charlotte sentiu seu coração ficar pequeno, angustiado... Uma revolta tomou conta dela. Reconhecia naquelas pessoas o descaso dos nobres, que possuíam tanto. Não percebeu que um deles segurou uma pedra e arremessou em sua direção, estraçalhando o vidro da janela. Cacos de vidro foram em sua direção e cortaram sua mão. Atônita, olhou para a mão que sangrava, até sentir alguém passar a mão em seu ombro e tirá-la dali com urgência. Olhou assustada e viu Cédric protegendo-a, atravessando o salão com rapidez e afastando as pessoas que corriam em desespero, tornando o local um verdadeiro pandemônio.

Conhecendo o lugar, o nobre conduziu Charlotte por uma saída de emergência que dava para a outra rua. Quando lá chegaram, já havia uma carruagem à espera deles. Fez com que Charlotte entrasse e, quando ia fazer o mesmo, uma jovem aproximou-se gritando o nome dele. Ele se voltou imediatamente e, ao reconhecer Eglatine, sua irritação só aumentou.

A moça aproximou-se e, afobada, perguntou:

– Senhor duque, por favor, leve-me também; não sei de meus pais. Estou com medo!

Ele, conhecendo o verdadeiro desejo da jovem, pensou rápido e tratou de despachá-la. Sem responder de pronto, chamou outra carruagem e ordenou ríspido:

– Leve a senhorita aonde ela desejar e, se possível, encontre os pais dela. – Então subiu na sua carruagem, ordenando que seguisse viagem.

Eglatine não teve tempo sequer de contestar; o duque tinha sido mais rápido. Ficou soltando fogo pelas narinas, tamanha era a raiva que sentiu. Subiu na condução e pensou: "Quem será essa fulana que tomou toda a atenção de Cédric desse jeito? Sei que ela é sobrinha do conde, mas nunca a tinha visto!" A jovem respirou fundo e alisou o vestido, bastante aborrecida. Eglatine era filha do marquês Octavio Morin. Tinha vinte anos, estatura mediana, olhos verdes, e cabelos negros e lisos. Seu rosto era bonito, contudo era frívola, petulante, mimada e, muitas vezes, demonstrava um caráter perverso. Desde que conhecera Cédric, apaixonara-se. Nunca fora correspondida, mas não perdia a esperança de conquistá-lo.

Da carruagem, Charlotte havia acompanhado tudo que acontecera e, apesar do calor das emoções, perguntou, intrigada:

– Por que não permitiu que ela entrasse?

– Porque não quis – Cédric respondeu, contundente, olhando preocupado para a mão dela, que ainda sangrava. Sem se importar com o julgamento da jovem, retirou um lenço de dentro do paletó e pediu-lhe com seriedade, apontando para o ferimento: – Posso envolver sua mão com isso?

Ela, surpresa com a franqueza do homem, olhou para a mão e, percebendo que ainda sangrava, respondeu rápido:

– Claro!

Ele retirou as luvas brancas que usava, pegou sua mão e, delicadamente, envolveu o lenço no ferimento.

Charlotte, confusa com tudo o que acontecera, perguntou preocupada:

– Senhor duque, onde estão meus tios e meu irmão?

– Eles seguiram na frente. Eu me comprometi a procurar a senhorita e levá-la, e as coisas se complicaram – respondeu, limpando sua mão com outro lenço.

Charlotte percebeu que ele limpava a mão com vigor. Ainda preocupada com o incidente, indagou:

– O que foi aquilo, senhor duque?

– Revolta, senhorita. O povo está revoltado contra os nobres; estão passando fome e pagando altos impostos – resumiu o homem.

– Estou certa de que não é correto promover revoltas, contudo, acredito que não haja outro jeito de promover mudanças. Parece que o rei está indiferente ao sofrimento deles, principalmente desses que nada têm – disse a moça, expondo sua revolta contra o atual regime.

– O que a senhorita sabe sobre isso? – perguntou ele curioso.

– Converso muito com meu irmão, e ele me empresta alguns livros. Não sou detentora de muitos conhecimentos, senhor, mas sei o que é certo e errado, e há tempos as guerras estão promovendo a pobreza de alguns e o enriquecimento de outros. Uma nação deve cuidar dos seus cidadãos e, infelizmente, a França está devendo muito nesse quesito – explicou ela com humildade.

– Senhorita, as guerras são necessárias, mesmo sendo devastadoras. Como defender seu território sem luta? Todavia, concordo quando a senhorita diz que elas enriquecem alguns. Não sou nobre de nascença e dou pouca importância a isso; o que gosto de fazer é defender meu país. Entretanto, conquistei o que tenho com trabalho, e muitos desses que clamam por justiça, na verdade, buscam uma vida fácil, sem esforço, querendo se apossar dos bens de outros. – Parou, olhou para Charlotte, que escutava tudo com interesse, e aconselhou-a em um tom rígido: – Não exponha sua opinião desse jeito novamente a outras pessoas. Seu tio, seu pai e até mesmo a senhorita podem se prejudicar. Tem muita gente que quer aparecer e receber medalhas.

Ela se calou; não tinha o que dizer. Ele estava certo. Pensar em expor sua família a algum perigo a fez gelar. Fitou o duque, admirando-o novamente. Porém, a maneira como ele havia tratado a outra jovem não saía de sua cabeça e, curiosa, perguntou outra vez:

– Senhor duque, desculpe-me se estou sendo impertinente. Todavia, fiquei curiosa por não ter permitido que a jovem viesse conosco. Ela parece gostar do senhor!

Ele mirou-a, taciturno, e ela teve a impressão de que não iria responder. Porém, ele o fez, e de forma incisiva:

– Mas eu não gosto dela! E por isso não quis que ela

nos acompanhasse. Da mesma maneira que acredito que a senhorita se sinta em relação ao cavalheiro do baile.

Charlotte novamente calou-se. Sentiu certa satisfação na voz dele ao dizer aquela última parte. Contudo, sem dar-se por satisfeita, perguntou de maneira taxativa, tentando repreendê-lo:

– O senhor é sempre sincero, mesmo que sua sinceridade possa magoar outras pessoas?

– Sinceridade não magoa. Falsidade, sim! E, sim, sou sempre sincero, mesmo que outras pessoas não gostem – respondeu de forma direta outra vez.

– Eu penso, senhor, que às vezes sinceridade demais pode magoar – observou com cuidado.

Ele fitou-a e, divertindo-se com sua reação, falou com seriedade, sem demonstrar seus sentimentos:

– Explique-se melhor, senhorita.

– Ora, se uma jovem que o senhor admira ou até de quem goste perguntar algo como se uma pintura, ou uma roupa que vista, está bonita, o senhor irá dizer que não, caso não goste? – indagou firme.

– Claro que direi não, se de fato não gostar – respondeu o homem com rapidez.

Ela fitou-o perplexa e respondeu:

– Senhor duque, admiro e gosto da sinceridade. Mas acredito que às vezes, quando não imputa maiores danos para fazer quem gostamos feliz, podemos omitir nossa real opinião. Agradar a pessoa querida é uma forma de gentileza.

Ele não respondeu de pronto. Silenciou alguns segundos, olhou-a fixamente e voltou a falar de maneira direta:

– Senhorita Charlotte, não me pergunte algo se não quiser escutar minha verdadeira opinião. Entretanto, se algum dia tiver algo que me desagrade na senhorita, vou me calar, para não ter que feri-la, prometo.

Ela corou imediatamente com sua maneira discreta de elogiá-la. Baixou a cabeça, sem coragem para encará-lo.

Sem a menor culpa, ele prosseguiu com educação:

– Desculpe-me se a deixei sem jeito; não foi minha intenção. Estava sendo, como sempre, sincero.

No fundo, Charlotte havia gostado, e isso a deixou intrigada. Desde que chegara a Paris, não havia se lembrado de Aaron. Ela tinha prometido ao jovem que, quando chegasse ali, enviaria um bilhete.

Aaron era filho de um rico comerciante de sua cidade. Conhecia-o desde criança; tinham sido criados bem próximos um do outro. Charlotte acreditava que ele era o amor de sua vida. O moço estava na capital estudando e prometera a Charlotte casar-se com ela assim que terminasse os estudos. Os dois homens era o que se podia chamar de opostos. Aaron era um rapaz muito bonito, sorridente, educado... Todavia, não tinha pulso firme. Quando a situação ficava difícil, ele amolecia. Não gostava muito de trabalho pesado e, diferente de Charlotte, apreciava e dava muita importância à vida social, o que a incomodava.

Charlotte, envolvida em seus pensamentos, seguiu o restante do trajeto em silêncio. Cédric também não disse mais nada. Apenas olhava para a jovem de soslaio, admirando-a na intimidade de seu coração. Nunca nenhuma mulher havia mexido com ele daquele jeito e, pela primeira vez, ousou pensar em sentimentos, ou algo do gênero, apesar do pouco tempo que a conhecera.

A carruagem atravessou altos portões de ferro e seguiu por uma estrada de terra batida, ladeada de grama verde e bem tratada, até parar em frente a uma bela casa. Cédric desceu primeiro e ajudou Charlotte, segurando sua mão. Charlotte não deixou de perceber que o homem, ao soltar sua mão, esticou os dedos como se estivesse incomodado com algo; de novo, porém, preferiu não dar importância ao fato. Seguiram para a casa, adentrando-a em seguida.

O conde, a condessa e seu irmão aguardavam-nos, aflitos.

– Minha nossa senhora, que maravilha vê-los! Que tristeza

aquilo que aconteceu! – A condessa aproximou-se, abraçando a sobrinha, e, ao perceber a mão de Charlotte envolta com o fino lenço de Cédric, colocou a mão na boca e perguntou, aflita:

– Meu Deus, você está ferida, Charlotte?

A moça tratou de explicar rapidamente:

– Não, tia, foi apenas um pequeno corte! Eu estava perto de uma das janelas atingidas pelas pedras e me feri um pouco. Todavia, o senhor duque chegou bem na hora!

A condessa, com os olhos marejados, olhou para o homem e agradeceu, emocionada:

– Cédric, muito obrigada. Nunca vi coisa igual. Foi lamentável!

O nobre, que se mantinha em silêncio, fitou-a e disse, consciencioso:

– Foi realmente lamentável, senhora condessa. Mas não devemos nos descontrolar e deixar o medo tomar conta. – Olhou para Charlotte e a advertiu: – Senhorita, deve cuidar do ferimento. Lave-o bem e o mantenha sempre limpo, para evitar infecções.

Hugo, ao escutar a observação do duque, concordou imediatamente:

– O duque tem toda razão, minha irmã. Vamos, eu mesmo vou cuidar disso.

Charlotte aquiesceu e, antes de se retirar, voltou-se para Cédric e agradeceu:

– Senhor duque, obrigada por tudo. Espero vê-lo em breve.

– Dentro de dois dias partirei, senhorita. Porém, antes disso ainda virei até aqui – respondeu com moderação, temendo demonstrar a felicidade que sentira em saber que ela deseja vê-lo novamente.

Charlotte nada respondeu; apenas fez uma reverência, sendo correspondida pelo nobre, e depois saiu acompanhada do irmão e da tia, com uma estranha sensação de tristeza ao saber da notícia.

Cédric, a sós com o conde, olhou-o e comentou:

— Senhor, antes de ir, queria falar-lhe.

— Claro, Cédric, também quero conversar. Vamos para a minha sala — respondeu o senhor com urgência.

Os dois homens dirigiram-se para uma sala a portas fechadas. Entraram e sentaram-se. Foi o conde quem rompeu o silêncio:

— Cédric, o que significa de verdade tudo o que presenciamos hoje? Confesso que fiquei bastante preocupado. Foi uma ousadia muito grande daqueles mendigos.

Cédric pensou um pouco antes de responder e, com a sinceridade que lhe era característica, proferiu:

— Senhor conde, estamos marchando rapidamente para uma revolta. Ainda hoje recebi um comunicado de Versalhes. O rei e a rainha estão indiferentes às várias ameaças recebidas. Sabemos do despreparo do rei. Ele não tem pulso firme e tenho quase certeza de que o pior irá acontecer. Só temo pelas muitas vidas que se perderão com tudo isso!

Silenciou um pouco, levantou-se e passou a caminhar, como se procurasse com cuidado as palavras que iria usar. Voltou-se para o conde, que escutava tudo com bastante atenção, e observou, preocupado:

— Tem um jovem tribuno, um orador brilhante, com ideias sociais bem firmes. Ele é muito admirado e respeitado dentro do parlamento. Todavia, é bastante radical em seus ideais de igualdade, e sei que, se ele subir ao poder, a tragédia será bem maior. Contudo, no momento, não há como detê-lo. — Sentou-se novamente e, olhando para o conde, concluiu: — Isso é o que me preocupa verdadeiramente; ele é um líder! Acredito que o senhor esteja me entendendo.

— Claro que estou entendendo. Já tive informações também acerca do jovem. O que me admira, meu amigo, é o rei ainda continuar em Versalhes! Estamos nas mãos de um soberano imaturo e, permita Deus que eu esteja pensando errado, acredito que em breve ele irá descobrir essa verdade por si mesmo! — disse o conde, recostando-se preocupado no encosto da luxuosa cadeira.

5

O passeio

  Dois dias haviam se passado desde o baile. Era manhã, e Charlotte estava no quarto com Henry, que sofria terrivelmente com dor nas pernas. Devido a sua deficiência, a criança tinha épocas em que sentia fortes dores.
  – Como está, meu querido? Melhorou? – perguntou a jovem carinhosa.
  – Sim, Charlotte, estou bem melhor, obrigado! – disse o pequeno com uma calma admirável.
  – Sabe, Henry, você me intriga. Nunca vi ninguém com tamanha resignação. Mesmo com tantos problemas, você ainda agradece a Deus todos os dias, como se sua enfermidade fosse algo bom! – Sorriu, disfarçando a lágrima que

escorreu por sua face. Enxugou-a rapidamente, beijou a fronte da criança e, segurando sua pequena mão, falou:

– Você é o homem mais corajoso que já conheci!

O pequeno olhou-a, sorriu e respondeu com simplicidade:

– Mas, Charlotte, eu ainda sou uma criança, não um homem.

Ela fez uma cara de espanto e disse, brincando:

– Como eu pude me esquecer disso, meu Deus! É verdade. Então, você é a criança mais corajosa de todo o mundo.

– Do mundo todinho?

– Mas é claro! Do mundo todinho – respondeu feliz.

Henry fez uma cara de orgulho e falou, satisfeito:

– Se você está dizendo, eu acredito! Agora pense: imagine quando eu for um homem de verdade!

Charlotte não se conteve e caiu na gargalhada. Nesse momento, a condessa adentrou o quarto e, vendo os dois sorrindo, disse animada:

– Ora, que maravilha. Vejo que o meu pequeno está melhor. Que bom, meu querido! – Fez um carinho na cabeça de Henry, depois se voltou para a moça e perguntou, olhando-a maliciosa: – Será que posso ficar um pouco com você no lugar de sua irmã, enquanto ela faz sala a um jovem duque que a aguarda lá na sala?

Charlotte sobressaltou-se ao escutar o que sua tia falara. Desde o baile, não tinha mais visto Cédric. Passara os últimos dois dias ao lado de Henry, e o duque também não havia comparecido à casa dos seus tios. Lembrou-se de que ele havia dito que iria viajar e pensou que talvez tivesse vindo se despedir. Comentou, tentando disfarçar o nervosismo:

– Decerto o duque veio se despedir. Ele falou que iria viajar em breve. Acredito até que já tenha se demorado demais.

A condessa percebeu a agitação da jovem. Contudo, fingiu não ver e respondeu:

– Realmente não sei do que se trata, minha querida. Terá que ir até lá para ver o que é. Achei muito delicado da parte dele vir visitá-la. Ele é muito ocupado; nunca dá atenção a outras jovens e não parece ter vida pessoal... Vive para o trabalho!

Charlotte escutou com o coração pulsando forte. Sentiu-se feliz, mas disfarçou as sensações e comentou, aproximando-se de Henry:

— Tudo bem, meu querido, não me demorarei.

— Pode ir, Charlotte. Sei que está louca para ver o senhor duque — respondeu o menino sorrindo.

Ela ruborizou-se com o comentário da criança e, sem jeito, saiu do quarto sob o olhar observador de sua tia, que sorria por dentro diante da reação da jovem. Charlotte passou por um longo corredor na ala dos quartos e parou em frente de um espelho com uma moldura estilo georgiano trabalhada de ferro dourado. Olhou-se e gostou de sua aparência. Quando voltou a andar, pensou, intrigada: "Porque estou tão nervosa? O que está acontecendo comigo? E o Aaron? Nunca fiquei assim quando ia encontrá-lo. Deve ser porque eu já o conheço desde criança. Com certeza é isso! Bobagem minha ficar nervosa". Respirou fundo e, tomando sua postura de costume, dirigiu-se até a sala de visitas da bela casa. A cada passo que dava, seu coração aumentava o compasso das batidas. Adentrou a sala sem muita confiança, disfarçando seus sentimentos.

Cédric, ao constatar sua presença, levantou-se imediatamente. Estava ansioso em revê-la. Durante os últimos dias estivera ocupado, tratando de problemas ligados ao seu trabalho. Teve vontade de tomar a sua mão, beijá-la e dizer o quanto estava bonita. Contudo, conteve os ânimos e, sério, cumprimentou a jovem polidamente:

— Senhorita Charlotte — baixou-se levemente.

— Senhor duque, que satisfação reencontrá-lo — respondeu Charlotte, também fazendo uma pequena reverência.

O silêncio caiu entre os dois por alguns segundos. Cédric quebrou-o com a educada pergunta:

— O pequeno Henry está melhor? Soube que esteve doente.

— Graças a Deus está bem melhor, obrigada! Devido à sua deficiência, ele sente muitas dores nas pernas e, até passar, devemos ministrar alguns medicamentos caseiros e um unguento de ervas feito por Verena — explicou Charlotte, solícita.

— Então, se ele está melhor, posso convidar a senhorita para um passeio? — perguntou sem rodeios, fitando-a.

Pega de surpresa, sem saber o que responder, ficou olhando-o em silêncio, confusa.

— Senhorita, escutou o que lhe falei? — perguntou novamente.

— Sim, claro, senhor duque! — respondeu rapidamente, nervosa.

— Sim significa que a senhorita escutou, ou que a senhorita aceita o convite? — perguntou o homem, divertindo-se com o nervosismo dela.

— Os dois, senhor. Só vou avisar a minha tia e já volto. Por favor, queira aguardar-me um pouco. — Fez uma pequena reverência, sendo correspondida pelo nobre, e saiu em seguida.

Charlotte praticamente correu ao sair, tamanho era o seu nervosismo. Novamente perguntou-se, controlando a respiração: "O que está acontecendo comigo? Deve ser a severidade que demonstra o senhor duque! Seu ar sério talvez me deixe constrangida!" Balançou a cabeça negativamente, respirou fundo e disse em voz alta para si mesma:

— Charlotte, volte ao normal e divirta-se como você sempre faz! — Ligeira, foi falar com sua tia, que ficou exultante. Colocou um belo chapéu na moça, luvas, e a despachou rapidamente.

— Estou pronta, senhor duque — disse a jovem, adentrando novamente a sala e retomando seu habitual bom humor.

Cédric, em silêncio, admirou a jovem, que, com os cabelos presos apenas pelo chapéu, tinha um ar mais campestre. Comparou-a com as flores-do-campo, que perfumavam e embelezavam sem muita pompa, contudo sem perderem a nobreza de fascinar e envolver a todos com sua diversidade e simplicidade.

Seguiram para a carruagem, felizes. Quando Charlotte subia na condução, escutou um grito e reconheceu Verena correndo atrás dela, chamando-a. Voltou-se, preocupada, aguardando a mulher acercar-se, e perguntou:

— O que foi, Verena? Henry piorou?

— Não é isso, menina! — respondeu a mulher ofegante e, olhando para Cédric, acrescentou, retomando o fôlego: — Acontece que não é de bom-tom uma moça sair sozinha com um cavalheiro! Como sua tia permitiu isso? Eu irei com você e, francamente, senhor, o que pensa que minha menina é? Onde já se viu isso? Acaso esqueceu-se da língua dos outros, foi? Se sua mãe fosse viva! Eu não...

Cédric, imensamente incomodado com o falatório da mulher, cortou-a rispidamente:

— Cale-se! Como fala a senhora! Se quiser nos acompanhar, pelo amor de Deus, fique em silêncio, caso contrário, corremos o risco de um pequeno passeio tornar-se uma tortura.

A senhora olhou-o assustada e silenciou de imediato. Charlotte controlou-se para não sorrir; pela primeira vez, alguém havia conseguido silenciar Verena. E, assim, seguiram para o passeio. Cédric manteve-se taciturno o tempo todo. Charlotte fazia um ou outro comentário quando passavam em algum local de que ela gostava, quebrando o silêncio. Verena sentia vontade de falar, contudo, ao olhar para o nobre, desistia. Sentia medo dele e resolveu ficar quieta.

A carruagem finalmente parou e todos desceram. Quando Charlotte se deu conta de onde estavam, seus olhos brilharam. Voltou-se para Cédric e, sorrindo, disse:

— Senhor duque, que maravilha! A Catedral de Notre--Dame! Minha mãe sempre me falava daqui. Estive aqui há muito tempo, minha mãe ainda era viva. Não foi, Verena?

— É verdade, minha menina. Sua mãe tinha verdadeira devoção por essa igreja. Ela dizia que aqui se sentia mais perto de Deus e de Maria. – Verena olhou para cima e, avistando uma gárgula, assustou-se. Fez o sinal da cruz e continuou falando: – Embora eu sempre tenha achado este lugar tenebroso. Não entendo porque colocaram isso ali; é muito feio! Parece até um demônio! Não sei como o padre permitiu...

Cédric, percebendo que a mulher não iria parar de falar, interferiu, convidando-as:

– Vamos entrar. – Deu uma olhada sugestiva para Verena e continuou: – Em silêncio!

Charlotte não segurou o sorriso desta vez; caiu na gargalhada, olhando para Verena, que imediatamente silenciou, temendo o duque. Cédric ficou feliz em vê-la sorrindo e, apesar da companhia nada agradável da serviçal, sentiu-se bem. Aquilo tudo era muito novo para ele, porém, queria aproveitar cada momento. Fitava Charlotte e se perguntava como demorara tanto para encontrá-la. Ela exercia um poder sobre ele que nem ele mesmo sabia que poderia existir.

Entraram e passaram um bom tempo contemplando a bela construção de estilo gótico rodeada pelas águas do rio Sena, feita em homenagem a Nossa Senhora, mãe de Jesus. Depois seguiram para a praça onde se situava a catedral. Cédric e Charlotte caminhavam lado a lado, sendo acompanhados logo atrás por Verena. Foi Charlotte quem quebrou o silêncio, perguntando:

– Minha tia disse que o senhor quase não sai, só trabalha! Não sente falta de lazer?

– Não! O lazer é algo que entorpece os sentidos, a não ser que se esteja bem acompanhado, como é o caso agora – respondeu o duque de pronto.

Charlotte corou com a resposta. Olhou para o outro lado, tentando disfarçar as emoções. Cédric, no entanto, perguntou-lhe, interessado:

– E a senhorita, gosta de lazer?

– Sim e não! – respondeu a moça sorrindo.

– Não entendi.

– Gosto de lazer, mas não esse lazer que a maioria aprecia. Gosto de coisas naturais como caminhar, conversar, conhecer outros lugares. Adoro viajar, senhor duque – respondeu Charlotte, encarando-o.

– Pelo menos em uma coisa se parece comigo, senhorita!

– Uma só? Somos assim tão diferentes? – perguntou Charlotte espontaneamente, sem pensar muito.

– Acredito que somos. Não tenho sua espontaneidade, sua felicidade e disponibilidade para sorrir, como já bem sabe – respondeu o duque com sinceridade.

– Isso o incomoda? – perguntou Charlotte preocupada.

– Em hipótese nenhuma; ao contrário, senhorita, me encanta – respondeu sério, olhando-a de soslaio, reconhecendo que de alguma maneira ele exercia também algum efeito sobre ela. Isso o deixou contente.

Novamente, Charlotte corou e, tentando também deixá-lo desconcertado, perguntou sem pensar:

– O senhor ficou sério assim depois da morte de sua esposa? O senhor a amava muito?

Verena, escutando a pergunta, aproximou-se de Charlotte e deu-lhe um cutucão por trás, chamando-lhe a atenção. A jovem arrependeu-se e pensou que ele não fosse responder. Todavia, o nobre fingiu não ver a repreensão da serviçal e respondeu, consciencioso:

– Nunca amei minha esposa, e sempre fui sério assim mesmo. Jamais tive muitos motivos para sorrir. Contudo, estou pensando nisso há alguns dias, depois que a senhorita me disse que eu ficava mais bonito sorrindo.

6

Eglatine

    Charlotte, ao escutar a resposta, fez cara de espanto e, espontânea, prosseguiu:

    – Como assim, nunca amou? Então por que se casou, senhor duque?

    Ele olhou-a e, com naturalidade, respondeu:

    – Porque eu quis. Ela era muito bonita!

    Novamente, Charlotte espantou-se e disse, contestando-o:

    – Meu Deus, senhor, como pôde se casar com alguém apenas porque era bonita? Desculpe-me, mas sei que existe casamento arranjado: por dinheiro, por poder... Mas por beleza? Nunca vi isso!

— Nunca amei ninguém, senhorita. Já que me casei com quem não amava, não ia escolher uma moça feia... Isso é que nunca daria certo; jamais faria isso. — Aproveitou e indagou à moça, encurralando-a: — Isso significa que a senhorita só se casará por amor? É certo?

Charlotte, sem embaraço algum, respondeu de pronto:

— Mas é claro. Já que posso escolher, escolherei alguém que eu ame de verdade.

— Isso é bom — respondeu ele, olhando-a fixamente.

Charlotte não entendeu o que aquela resposta significava; entretanto, não quis perguntar, com medo da resposta. Em vez disso, curiosa, indagou:

— Sua esposa sabia que o senhor não a amava?

— Ela nunca me perguntou, e eu nunca disse — tornou o nobre.

— Se ela perguntasse, o senhor diria? — inquiriu a jovem.

— Claro.

— Senhor duque, o senhor é mesmo de espantar! Nunca conheci ninguém assim. — Charlotte calou-se um pouco. Todavia, muito interessada em conhecer mais aquele homem, continuou a sabatina:

— Como é conviver com alguém que não se ama?

Ele parou bruscamente, fazendo-a parar também. Fitando-a, falou, sério:

— Senhorita Charlotte, eu disse que não a amava. Contudo, isso não significa que não tivesse um sentimento de afeto por ela. Não foi nenhum tormento estar casado com Geneviève.

Charlotte mirou-o e, vendo sinceridade em seus olhos, desculpou-se rapidamente:

— Por favor, não quis ofendê-lo, perdoe-me. É que não consigo entender muito bem isso — observou, tentando encurralar o nobre. — Por exemplo, se encontrasse um amor de verdade e sua esposa ainda estivesse viva, como faria?

Ele pensou um pouco e respondeu, convicto:

GISETI MARQUES | 51

— Provavelmente a deixaria.

— O quê? — tornou, estupefata, colocando a mão na boca.

Ele parou novamente e perguntou, interessado:

— Qual é a causa do espanto, senhorita? O que a senhorita pensou que eu faria?

Charlotte fitou-o, confusa, e respondeu sem muita certeza:

— Não sei. Talvez devesse sufocar esse amor em detrimento à família, ou, como a maioria dos homens, ficar com as duas.

Verena, que escutava tudo, novamente deu um cutucão na moça, advertindo-a. Cédric a fitou por alguns segundos, mas em seguida voltou a andar, obrigando as duas mulheres a caminharem também. Respondeu com calma:

— Senhorita Charlotte, se encontrasse esse amor que a senhorita sugeriu há pouco, seria o único em minha vida. Conheço-me muito bem para saber disso, e não permitiria que ele se perdesse. Quanto à outra opção, de ficar com as duas, seria totalmente improvável. Sou homem de uma mulher só, senhorita, e abomino a infidelidade.

Surpreendida pela personalidade forte e decidida do nobre, questionou, realmente surpresa:

— O senhor, mesmo sem amar sua esposa, nunca a traiu?

— Não, senhorita. Jamais traí Geneviève — respondeu convicto.

Charlotte sentia vontade de conhecer cada vez mais aquele homem e, sem se importar com nada, continuou perguntando:

— Presumo, senhor duque, que também não perdoaria qualquer forma de traição, mesmo que a amasse?

— Em hipótese nenhuma perdoaria uma traição! Se alguém trai é porque não ama, e, se não ama, também não respeita. Logo, não tem condições de estar comigo. — Fitou a jovem e indagou-lhe, curioso: — A senhorita perdoaria uma traição?

— Não sei. Acredito que sempre podemos reparar um erro. Não foi assim que Jesus nos ensinou? Devemos perdoar quantas vezes for preciso, afinal, não há mal que dure para sempre – respondeu com simplicidade.

Cédric, desde a morte da esposa e do filho, não acreditava mais em Deus. Achava tudo fantasia, uma fuga da realidade. Respondeu, rancoroso:

– Há muito, senhorita, não acredito mais em Deus. Portanto, o que Jesus ensinou não serve para mim!

Charlotte estacou subitamente, semicerrou os olhos e, indignada, replicou, admoestando-o:

– Ora, não diga mais isso, senhor duque. É uma injúria! Respeite o que é divino. Jesus não tem culpa das suas amarguras. Onde já se viu dizer algo assim!

Cédric, sem esperar por aquela reação, encarou-a. Vendo sua exacerbação recuou um pouco e exclamou:

– Não sabia que a senhorita era tão religiosa. Desculpe-me se a ofendi; porém, falei o que realmente sinto.

– Como pode? Uma hora, o senhor é o homem mais correto que já conheci, e em outra, um herege! – rebateu a moça enérgica.

– Senhorita Charlotte, não queira me tornar um santo de altar para a senhorita, até porque não o sou e nunca o serei! Logo, o que pensa de mim é de sua inteira responsabilidade – respondeu Cédric, incomodado com aquela situação que se formara.

Charlotte calou-se, respirou fundo e, com toda sua compreensão, tentou amenizar a situação:

– Desculpe-me se estou constrangendo-o. Contudo, não posso acreditar que um homem como o senhor, tão reto em suas atitudes, possa desdenhar de Deus. Para mim, senhor duque, Deus é tudo o que temos em nossa vida. Ele é o ar, a água, o alimento que nutre e fortifica minha alma. Quando perdi minha mãe, foi a fé que tenho em Deus que me sustentou.
– Seus olhos se encheram d'água. Ela baixou a cabeça, tentando esconder a emoção, e continuou: – Foi muito difícil! É duro não ter mãe. Sinto ainda muito a falta dela, porém, ela nos deixou Henry.

Ela voltou a andar e a falar, ainda emocionada:

– Henry, senhor duque, é uma criança especial. Tão precoce em tudo! Não sei lhe dizer, mas as palavras dele, o seu saber, apesar de ser tão pequeno, são um convite à reflexão. – Calou-se e, lembrando-se do pequeno, prosseguiu: – Desde muito pequeno, Henry diz que conversa com outras pessoas, não desse mundo, se é que o senhor me entende.

Ele consentiu com um gesto de cabeça, permitindo que ela continuasse o relato.

– Ele me fala de coisas tão estranhas e ao mesmo tempo tão fascinantes, que me fazem pensar e acreditar numa outra forma de ver o mundo, de ver a morte...

– Que coisas são essas? – perguntou o nobre interessado.

Verena deu outro cutucão na jovem, chamando novamente sua atenção. Charlotte, sem se importar, continuou decidida a dividir aquilo com mais alguém, já que nem para seus familiares havia contado.

– Ele me disse uma vez que via nossa mãe com frequência e que ela estava bem; que existe um local para onde todos vamos ao morrermos. Esse local pode ser bom ou não, isso depende de como vivemos aqui, embora muitos continuem a viver como se estivessem vivos aqui na carne, ou seja, não vão para canto algum. E falou também que já renascemos muitas outras vezes, com outros corpos...

Eles não perceberam, mas Eglatine os seguia havia algum tempo e, de longe, observava-os, até ter resolvido aproximar-se de vez. Chegou bem perto e cumprimentou-os com certo sarcasmo:

– Senhor duque, que surpresa! – Fitou Charlotte e, fazendo uma reverência um pouco mais breve, disse: – Senhorita Charlotte, prazer em revê-la.

Os dois pararam de conversar imediatamente, olhando a jovem. Charlotte foi a primeira a cumprimentá-la, sem afetação nem falsidade:

– O prazer é meu também, senhorita. Perdoe-me, mas

não sei ainda o seu nome. Naquele dia na festa conversamos tão pouco!

– O senhor duque ainda não lhe falou? – perguntou a moça com ironia, para depois concluir: – Não tem problema, conheço muito bem a discrição do senhor duque. Meu nome é Eglatine.

– Prazer, senhorita Eglatine. Belo nome.

– Obrigada. Gentileza sua – respondeu a moça, tentando mostrar cordialidade.

Como Cédric não a cumprimentava, Charlotte, esforçando-se para contornar a situação, olhou para Verena e apresentou-a com satisfação:

– Senhorita Eglatine, essa é minha amiga e quase mãe, Verena.

As duas cumprimentaram-se sem muita vontade. Verena não foi com a cara da moça e não tinha mania de mascarar suas emoções. Pediu licença e afastou-se um pouco, olhando de longe.

Eglatine, pouco à vontade pela recepção nada calorosa de Cédric, disse a Charlotte, tentando atacar o nobre:

– Conheci seu irmão, Charlotte. Posso chamá-la assim, não é? Afinal, somos jovens e temos a mesma idade.

– Claro que pode. Ficarei mais feliz em chamá-la de Eglatine também – respondeu com cordialidade, sentindo a frieza do duque.

– Ótimo. Como estava lhe dizendo, conheci seu irmão. Um homem com muitos atributos! Ele convidou-me a comparecer à casa de seus tios amanhã; queria que nos encontrássemos e nos tornássemos amigas. Contou-me que você não conhece nenhuma jovem da sua idade por aqui.

Charlotte, sabendo da preocupação de Hugo em relação a ela, acreditou rapidamente na jovem e respondeu-lhe, calorosa:

– É verdade, Eglatine! Quem está fazendo essa gentileza é

o senhor duque, que, por pura bondade, trouxe-nos hoje aqui. Mas ficaria muito feliz em ter outra companhia.

Cédric, que até então não havia se manifestado, conhecendo bem as intenções de Eglatine, fitou Charlotte e chamou-a, ríspido:

— Senhorita Charlotte, temos que retornar. — Voltou-se para Eglatine e cumprimentou-a polidamente, despedindo-se: — Senhorita, até outra oportunidade.

Charlotte, percebendo a insatisfação dele, não contestou. Despediu-se da jovem e partiram, seguindo até a carruagem. Entraram na condução e partiram em silêncio.

Eglatine despediu-se contrariada sem, no entanto, demonstrar. Teve ímpetos de pedir para acompanhá-los, todavia, sabia que Cédric não iria permitir e desistiu. No entanto, sorriu e disse para si mesma, feliz:

— Charlotte irá me ajudar nessa aproximação com o senhor duque. Vou me tornar sua amiga íntima; conhecerei seus segredos e usarei tudo o que descobrir a meu favor. Sei que Cédric está apenas sendo gentil por causa da amizade com o conde. Ele não gosta dela, mas em breve gostará de mim. Não vou desistir de você, meu duque. — Deu um sorriso e caminhou na direção oposta.

Na carruagem, Verena, sem poder segurar mais a língua, disparou a falar. Olhou para Charlotte, advertindo-a:

— Não gostei daquela jovem, Charlotte. Não acho que ela seja uma boa companhia para você. Ela tem olhos de coruja, como aquele imprestável do Fabrice. Fala com desdém, olha-a com desprezo, ou seja, tudo nela exprime falsidade. Afaste-se dela. Quer meter-se em sua companhia pois tem algum objetivo, e não acredito que seja sua amizade. Falo-lhe com o coração, você sabe como sou e...

Charlotte tratou de interromper Verena:

— Estou cercada de gente muito sincera. Não sei se isso é tão bom quanto parece. Verena, ela é apenas uma jovem. Ora essa, que mania de ver coisa ruim em tudo! Você não escutou o que ela falou? Que havia sido Hugo que lhe pedira um favor? Meu Deus, não podemos pensar tão mal assim dos outros.

Cédric escutava tudo calado, e teve que admitir que Verena, além de muito faladeira, era também muito observadora. Suas colocações foram precisas; aprovou o cuidado que tinha com Charlotte e concordou com a senhora, dizendo à jovem:

— Deveria escutar as pessoas que se preocupam com a senhorita. A senhora Verena pode ter razão.

Charlotte e Verena olharam-no, surpresas, e a moça rebateu ao nobre:

— Senhor duque, dessa maneira não vale, uma vez que não gosta da jovem, por algum motivo que ainda desconheço. Logo, sua opinião não é bem-vinda!

— Pois ele tem razão, Charlotte! Se não gosta da jovem é porque deve saber algo dela e, por discrição, não quer lhe contar e...

Cédric interrompeu Verena rapidamente, advertindo-a:

— Não coloque palavras na minha boca, senhora. Não sei de nada que possa interessar sobre essa jovem. Apenas não gosto dela!

Todos silenciaram e seguiram, assim, até a mansão do conde.

7

O encontro

A carruagem cruzou os portões da mansão minutos depois. Cédric acompanhou Charlotte até o interior da casa e despediu-se, dizendo gentil:

– Senhorita, obrigada pelo passeio. Peço que me perdoe se, ao fazê-la conhecer um pouco mais minhas opiniões, feri, de alguma forma, sua doce sensibilidade. Acredite, não foi intencional. A partir de hoje não mais pronunciarei minhas apreciações sobre a religião em respeito à sua dor e às suas convicções, que me parecem nobres, pelo teor do conteúdo que me fez conhecer.

Ela, extremamente tocada pelas suas palavras, apressou-se em desculpar-se também:

– Sou eu que peço desculpas, senhor duque. Infelizmente, ainda não controlo meus impulsos, o que me deixa muito aborrecida às vezes. Devo agradecer-lhe pelo passeio maravilhoso que me proporcionou. O senhor é um homem admirável. – Charlotte foi pega pela sua língua e corou rapidamente quando se deu conta do que havia falado. Tentou consertar: – Quis dizer que o senhor é um homem verdadeiro e leal, ou seja, raro hoje em dia. – Calou-se novamente; suas palavras só pioraram a situação, deixando-a sem jeito.

Cédric, divertindo-se com o nervosismo dela, sorriu e disse em tom de zombaria:

– A senhorita sabe inflar o ego de um homem! Vou sair daqui quase nas nuvens. Se vislumbrar um homem voando, irá saber que se trata de mim, e que a senhorita foi a responsável por isso.

Charlotte não conteve o riso solto, diminuindo a tensão que sentia. Ele, admirando sua naturalidade, não refreou o ímpeto: segurou sua mão, beijou-a delicadamente e disse, olhando-a:

– Quem é admirável é a senhorita.

Ela ficou parada, surpresa, sentindo o toque gentil de seus lábios na mão, sem conseguir pronunciar uma só palavra. Nervosa, puxou a mão, fez uma reverência e saiu às pressas para o quarto, rezando para não encontrar sua tia, pois queria ficar sozinha. Uma vez no quarto, sentou-se na cama tentando acalmar seu coração, que batia descompassado, e novamente indagou-se: "O que está acontecendo comigo, meu Deus? Ele é tão diferente de Aaron. Na verdade, eu nunca me senti assim. E Aaron, porque não vem me ver?"

Foi então que ela se deu conta de que ainda não tinha escrito para o seu amor de infância, e teve uma ideia: "Já sei, vou escrever agora mesmo para Aaron e, quando o vir, com certeza tudo isso passará, porquanto deva ser apenas saudades dele, que estou transferindo para o senhor duque. Claro, como não pensei nisso antes?". Dirigiu-se até uma pequena mesa que tinha no interior do quarto e escreveu um pequeno bilhete destinado ao jovem. Depois, confiou a um serviçal a entrega dele, falando para si:

— Agora só me resta aguardar...

No dia seguinte, Cédric estava prestes a sair de sua casa quando foi surpreendido pela visita de três oficiais.

— Senhor, precisamos falar-lhe com urgência! – disse um deles.

Cédric olhou-os e perguntou preocupado:

— Alguém os viu entrar aqui sem a proteção?

— Não. Tivemos muito cuidado!

— Então, vamos ao meu escritório. Acompanhem-me.

Todos se acomodaram em luxuosas cadeiras do século passado e deram início à conversa a portas fechadas:

— A situação se agrava e acredito que em breve novos rumos irão surgir. Quando isso acontecer, o senhor sabe muito bem que posições já devem estar definidas, ou então cabeças de nobres rolarão! Aquela revolta dos mendigos foi uma pequena amostra do que nos aguarda – disse um homem baixo, de cabelos negros, demonstrando altivez e liderança no grupo.

— Sei disso. Estou certo de que alguns nobres apoiarão a causa. Contudo, ainda preciso de algum tempo para conversar com todos sem assustá-los. Conquanto, o que me preocupa é o orador. A cada dia, seu discurso está mais inflamado. Ele arranca aplausos do povo e de muitos burgueses. Por ora, com a represália aos mendigos naquele dia, o povo ficou com medo. Porém, isso não irá calá-los por muito tempo – observou Cédric preocupado.

— Estamos cientes. Entretanto, deixemo-lo inflamar o parlamento e o povo; será através disso que faremos todo o resto. Uma vez deflagrada, tomaremos o poder. Ele é o nosso canhão – disse outro homem.

Cédric escutou e advertiu-os:

— Senhores, isso pode custar muitas vidas. Já pensaram nisso? Ele se mostra radical, mesmo tendo ideias de igualdade. Seria apenas uma questão de tempo para o poder subir-lhe à cabeça e promover uma verdadeira desdita, instigando o povo a uma luta sangrenta, podendo inclusive custar a vida de alguns de nós, além da de muitos parisienses.

— Infelizmente não podemos recuar agora. Teremos de correr o risco com uma certeza: proteger os nossos aliados, pois precisaremos de apoio para o que queremos fazer. Tentaremos ao máximo prolongar esse tempo; nossa tarefa ainda está longe de ser concluída se quisermos lograr êxito. Não sabemos o plano deles, embora acredite que ainda esperam algum acontecimento. No fundo, meu caro, você sabe muito bem que a monarquia está afundando nosso belo país. E Cédric, você bem sabe que irá perder o título de nobreza, não sabe? — retorquiu o líder determinado.

Cédric anuiu com cabeça e respondeu:

— Não sou nobre, senhor; fizeram-me nobre. A mim, esse título não acrescenta nada! — Calou-se um pouco e retomou a fala, mudando de assunto: — Encontrarei agora mesmo o conde Laforet e ainda hoje darei a resposta dele aos senhores. Se ele aderir à causa, acredito que seja mais fácil convencer outros. Ele tem certa liderança. Os senhores acreditam que falamos de quanto tempo, aproximadamente, para a conclusão dos planos?

— Acredito que no máximo três anos, se tivermos sorte e não acontecer nada de urgente. Conquanto, esse tempo é irreal; podemos ter surpresas a qualquer momento.

— Então, temos que nos apressar. Três anos pode parecer muito quando se está em uma guerra, todavia, para planejá-la, é um tempo muito curto.

Os homens consentiram e saíram em seguida. Cédric, sozinho, pensou alto:

— Tenho que convencer o conde; caso contrário, temo pela sua vida. Esses homens não estão para brincadeiras.

Na mansão, Charlotte conversava com sua tia quando a serviçal avisou da chegada de Eglatine. A condessa estranhou, mas, a pedido da sobrinha, permitiu a entrada da jovem. Ao vê-la, Charlotte adiantou-se e fez as honras da casa, recebendo a moça com satisfação:

— Bem-vinda, Eglatine! Esta é minha tia, a condessa de Laforet!

A jovem entrou e, mostrando-se muito educada, cumprimentou Agnes, solícita:

— Satisfação em conhecê-la pessoalmente, senhora condessa. Minha mãe fala muito da senhora como referência em bom gosto e luxo.

Agnes gostava de elogios; simpatizou com a jovem de pronto e agradeceu educadamente:

— Ora, muito obrigada. Quem é sua mãe? — perguntou, interessada, a condessa.

— Marquesa Adélaide Morin, esposa do marquês Octávio Morin de Bordéus, senhora.

A condessa não ligou a pessoa ao nome de imediato, contudo, disfarçou, para não ser indelicada, e disse sorrindo:

— Claro, lembro-me. Bem, fiquem à vontade. Deixarei vocês duas a sós e irei tratar de meus afazeres. Com licença, senhoritas.

As duas jovens fizeram uma pequena reverência, vendo a mulher partir. Eglatine olhou em volta e, admirando o luxo, disse tentando agradar Charlotte:

— Que bela casa seus tios possuem, Charlotte querida. Certamente isso se deve ao bom gosto de sua tia. Ela é uma mulher imitada na corte; deve se orgulhar por isso.

Charlotte não dava muita atenção a esses pormenores sociais e respondeu com cuidado, para não ferir a suscetibilidade da outra:

– Por certo que isso é obra de minha tia. Ela tem mesmo um ótimo bom gosto, mas o que me faz ter orgulho dela é seu coração enorme. Ela é uma pessoa doce, gentil e sensível.

Eglatine disfarçou o mal-estar que sentiu com a resposta da jovem. Sorriu e tratou de mudar de assunto, perguntando, interessada:

– O senhor Hugo está em casa? Adiantei-me muito na hora combinada por ele, mas, como tive a sorte de encontrá-la ontem, então resolvi vir antes.

– Infelizmente, não. Ele saiu com o meu outro irmão, Henry. Foram dar uma volta. Acredito que não devam se demorar. Se quiser esperar, será um gosto.

Eglatine não iria aceitar o convite, no entanto, a chegada do duque a fez mudar de ideia rapidamente. Cédric adentrou a casa acompanhado por um serviçal e, ao avistar as jovens na sala, deteve-se um pouco, fez uma reverência e cumprimentou-as com polidez:

– Bom dia, senhoritas. – Seu olhar concentrou-se em Charlotte.

As duas jovens, surpresas, cumprimentaram-no com uma reverência. Contudo, o nobre adiantou-se e comunicou:

– Peço licença, o conde me aguarda. Senhoritas... – fez uma reverência e saiu em seguida.

Charlotte, tentando não demonstrar a Eglatine seu nervosismo ao encontrar o duque, perguntou, gentil:

– E então, Eglatine, irá esperar pelo meu irmão?

– Com muito gosto, Charlotte – respondeu a jovem feliz.

– Acompanhe-me em um passeio nos jardins. Lá você verá a obra-prima de minha tia: suas flores. Nessa época do ano estão ainda mais belas – convidou animada.

– Claro. Adoro flores! – disse a moça, disfarçando suas reais intenções.

Cédric seguiu até a sala onde o conde o aguardava. Não gostou de ter encontrado Eglatine com Charlotte. Conhecia muito bem as intenções da jovem. Todavia, tinha assuntos mais importantes a pensar. Bateu à porta, entrando em seguida, sem esperar resposta.

– Senhor conde, bom dia! – cumprimentou o nobre com gentileza.

– Bom dia, Cédric. Desde ontem, quando recebi seu bilhete, fiquei muito interessado no teor da conversa que teremos hoje – respondeu o conde animado. – Por favor, sente-se e me fale de uma vez.

Cédric atendeu com satisfação. Sentou-se em frente ao conde e começou a dizer:

– Senhor, bem sabe o quanto o considero. Por isso, venho partilhar informações secretas e importantíssimas para nossa nação. Ainda hoje, antes de vir até aqui, recebi em minha casa três cavalheiros que me incumbiram de uma difícil missão: conseguir aliados para uma mudança de ordem política, social, econômica e, creio, até religiosa. O senhor bem sabe da insatisfação do povo. O rei e a rainha mostram a cada dia sua inexperiência, isso é um fato. A França é um grande país, como grande é seu povo.

Cédric respirou, fitou-o e, sem rodeios, falou de uma vez:

– O que eu quero é apoio para colocar em prática essas mudanças. E seu apoio é de fundamental importância para mim, sem falar que precisarei do senhor para convencer outros nobres. – O nobre silenciou, esperando algum retorno.

O conde olhou-o assustado. Tinha estima pelo jovem como por um filho e confiava nele, pois sempre se mostrara honrado. Contudo, o que ele estava lhe sugerindo era traição à Coroa.

– Cédric, será que tem ideia do que está me propondo? É traição! – argumentou atribulado.

– Sei, senhor. Entretanto, temo pela sua vida e a dos seus. Essa revolução irá sair de uma forma ou de outra, e quem nos garante que já não estamos também na mira da Coroa? O senhor é testemunha de que muitos colegas seus foram executados por motivos torpes. Essa monarquia é uma farsa. O rei é manipulado por uma corja de interesseiros. A miséria está espalhada pelo nosso país como peste. O povo mendiga a cada esquina, porque aqueles que estão ao lado do rei só pensam nos próprios interesses. Não estou traindo meu país; estou ajudando a tirar do poder uma corja de mercenários, disfarçados de nobres!

– Mas, Cédric, nosso dever é proteger o nosso monarca – redarguiu o nobre.

– Não, senhor; nosso dever é defender nosso país e nossa gente! Estamos fracos e vulneráveis nas mãos de Luís, mesmo reconhecendo ser ele um homem de boa índole. Perdemos há pouco para a Inglaterra e a Prússia, e não tardará para perdermos para outros países. Essa é a nossa chance. Não quero ficar contra o senhor, pois acredito que muitos nobres pagarão com a própria vida, e não quero que o senhor esteja nesse meio – rebateu com segurança o jovem.

O conde levantou-se em silêncio, com os olhos cravados no horizonte de seus pensamentos. Andou um pouco, até voltar a falar novamente:

– Como isso será feito? – perguntou interessado.

Cédric sentiu que aquela guerra estava ganha. Ficou mais à vontade e começou a explicar pormenorizadamente.

8

A visita

No jardim, Eglatine distribuía simpatia para Charlotte, tentando tornar-se sua amiga. Procurando conhecer o interesse dela pelo duque, perguntou:

— O senhor duque sempre vem aqui?

— Sim. Desde que cheguei, percebi que ele e meu tio são muito amigos — respondeu a moça. Também interessada em saber da ligação entre Eglatine e Cédric, perguntou:

— Conhece o senhor duque há muito tempo?

— Há algum tempo. Meu pai e ele são amigos. Conheci sua esposa quando era viva. Era uma mulher muito bonita. — Tentando demonstrar intimidade, Eglatine mentiu: — Eu e o senhor duque conversávamos muito. Ele me disse que a maior dor que já sentiu foi a morte do seu filho.

Charlotte estranhou aquele comentário, e algumas perguntas se formaram dentro de si: "Se eram amigos, porque Cédric não gosta dela? O que aconteceu para deixá-lo tão arredio em relação a essa moça?" Contudo, sem querer ser indiscreta, comentou solícita:

– Eu não sabia. O senhor duque é tão sério e reservado. Que pena... É muito doloroso mesmo perder alguém que se ama. Sei muito bem o que significa isso.

Eglatine arrependeu-se imediatamente, pois fizera Charlotte sentir piedade de Cédric. Tentando reverter a situação e parecendo ler os pensamentos da jovem, continuou mentindo:

– Acredito que seja por isso que até agora o senhor duque se manteve solteiro: medo de amar e perder quem se ama. Creio que foi por isso também que hoje ele está meio aborrecido comigo. Há algum tempo ele me cortejou. Infelizmente, não correspondi, logo, ele ficou com raiva. A senhorita já percebeu o quanto ele é orgulhoso? Hoje me repele!

Charlotte experimentou uma ponta de tristeza em sua alma com aquela revelação. Contudo, não deixou que a outra percebesse seus sentimentos e comentou:

– Sinceramente, Eglatine, não idealizo o senhor duque cortejando mulher alguma. Ele é tão sério; parece que está sempre preocupado com coisas que julga serem mais importantes. Ele não dá muita atenção à vida social e à corte da qual faz parte... – Fitou-a e perguntou interessada: – Você não gostava do senhor duque?

– Não para casar. Eu acho que casamento tem que ser por amor, e não amava o senhor duque à época – disse a jovem dissimulada. Temendo uma averiguação, pediu temerosa: – Por favor, Charlotte, não fale isso para ninguém, muito menos para o senhor duque. Ele nunca me perdoaria se soubesse, visto que ainda tenho estima, como amiga, por ele.

– Claro que não, Eglatine, despreocupe-se. Nunca tocarei

nesse assunto! Espero que o tempo possa apagar qualquer mágoa que ele ainda venha a ter de você. Também acredito que o casamento só deva ser feito por amor – respondeu com sinceridade.

Eglatine sorriu pelo canto da boca, percebendo que Charlotte era ingênua demais para notar seus interesses. Já fazia alguns minutos que as duas passeavam pelos jardins quando foram surpreendidas pelos irmãos de Charlotte, que chegavam à mansão. Hugo, reconhecendo Eglatine, aproximou-se rapidamente, fez uma reverência para cumprimentar a jovem e disse com exultação:

– Senhorita Eglatine, vejo que aceitou meu convite! Fico feliz.

– Olá, senhor Hugo. Feliz estou eu, compartilhando a amizade de sua doce irmã – respondeu com alegria. Voltou-se para Henry e assustou-se. Sem conter o espanto, perguntou: – Quem é este menino aleijado?

Hugo logo deixou o sorriso morrer em seus lábios e, mostrando insatisfação com o comentário da jovem, respondeu sisudo:

– Esta linda criança é meu irmão, Henry!

Eglatine arrependeu-se imediatamente de suas palavras e, tentando minimizar a situação, pediu:

– Por favor, senhor Hugo, desculpe-me a indelicadeza do comentário. Com certeza é uma linda criança. Eu que sou uma estúpida! – Voltou-se para Henry e sorriu meio sem jeito. Todavia, ao encontrar o olhar eloquente da criança, que sorria com humildade, sentiu-se incomodada. Não conseguiu desviar seu olhar dos olhos do menino, que parecia enxergar seu íntimo. Passados alguns segundos, Henry disse com simplicidade:

– Não se preocupe, a senhorita foi apenas sincera. Alguns na verdade sentem repulsa da minha deformidade.

Ela sentiu-se envergonhada e impacientou-se com aquela declaração. Sem saber o que dizer, baixou a cabeça. Charlotte tratou de salvar a mais nova amiga dizendo:

— É isso mesmo, querido, e não há nada demais em ser verdadeira, não é mesmo? Foi você quem me ensinou isso. Henry é um muito especial. — Sorriu e beijou a criança com carinho.

— É isso mesmo, Charlotte. E poucos falam a verdade — concordou a criança, sorrindo, e prosseguiu, olhando para a irmã: — O senhor duque, por exemplo, é verdadeiro até demais!

Todos sorriram do comentário, tratando de esquecer a grosseria da moça. Estavam conversando animadamente quando Cédric aproximou-se e comentou, olhando para Henry:

— Vejo que está bem melhor, Henry. Fico feliz por você.

— Obrigado, senhor duque. Fico feliz também em saber que o senhor se preocupa comigo — respondeu a criança, olhando-o nos olhos.

Ele sustentou o olhar, sem saber explicar porque aquela criança o deixava vulnerável. Parecia que ele devassava sua alma. Seu olhar era profundo e sincero. Cédric sentia uma forte simpatia pela criança e respondeu solícito:

— Isso é verdade, meu jovenzinho. Preocupo-me mesmo com você.

O menino sorriu com satisfação.

Hugo, sem saber da ligação entre Eglatine e Cédric, olhou para o nobre e perguntou:

— Senhor duque, já conhece a senhorita Eglatine?

Cédric olhou para a jovem, sem interesse, e respondeu sisudo:

— Sim, já a conheço.

Eglatine aproveitou a oportunidade e, tentando parecer amiga do nobre, falou:

— O senhor duque é também amigo de meu pai.

O nobre não respondeu, demonstrando desagrado. Charlotte, percebendo que o nobre não gostara do comentário, tratou de mudar de assunto:

— Sabe, senhor duque, Henry gosta muito de pintar. Acho que será um artista quando ficar adulto.

Mudando a fisionomia, embora se mantivesse sério, ele fitou o menino e exclamou:

– Que bom, Henry. A arte é uma brilhante forma de expressar nossos sentimentos. Se não for pedir demais, gostaria de ver algumas de suas pinturas um outro dia.

– Com muito prazer eu as mostrarei para o senhor. Mas não acredite tanto em minha irmã; ela é boa demais para fazer um bom juízo da minha arte.

Charlotte olhou para todos, espantada com as palavras da criança. Exclamou admirada:

– Meu Deus, meu querido, você me surpreende a cada dia. Eu, fazer juízo da sua arte?

Todos sorriram. A conversa se manteve por longos minutos. Cédric, percebendo que Eglatine não iria embora, adiantou-se e despediu-se gentil:

– Infelizmente tenho que ir, chegou minha hora. – Olhou para Charlotte e, tentando fugir de Eglatine, pois previa que ela pudesse pedir para ir com ele, disse:– Senhorita Charlotte, gostaria de falar com a condessa antes de ir. Será que poderia fazer a gentileza de chamá-la?

Charlotte estranhou o pedido, todavia atendeu-o prontamente:

– Claro, senhor duque. Irei agora mesmo. Com licença.

– Eu acompanho a senhorita até o interior da casa – disse seguindo-a.

Caminhando a sós com ele, Charlotte não conteve a curiosidade e perguntou de pronto:

– Senhor duque, quer realmente falar com minha tia, ou esse foi apenas um subterfúgio para sair da nossa companhia?

– Não da sua – respondeu rapidamente o nobre, e, notando que ela ficara sem jeito, completou: – Nem da dos seus irmãos.

Charlotte entendeu rapidamente e não fez mais perguntas. Acompanhou-o até o interior da casa e, quando chegaram lá, perguntou novamente:

– E agora? Chamo minha tia?

Ele olhou-a por alguns segundos e respondeu enigmático:

– Claro. Contudo, pode pedir a uma serviçal que o faça? Assim não ficarei sozinho nem serei privado de sua doce companhia.

Charlotte sentiu o coração bater mais forte e sem conseguir desgrudar os olhos dos dele, respondeu sem muita convicção:

– Claro, farei isso. – Ficou sem reação, encarando o nobre, que a olhava fixamente.

Divertindo-se com a reação da jovem, ele perguntou, quebrando o silêncio:

– Não vai chamar a serviçal, senhorita?

Charlotte espantou-se e disse rápido:

– Claro! Com licença. – Saiu apressada, sem saber ao certo para onde ia, até parar em uma sala e, com uma mão em seu coração, perguntar-se: "O que está acontecendo comigo?" Não notou a aproximação de uma serviçal que lhe indagou atenciosa:

– Algum problema, senhorita?

Charlotte olhou-a e, mais calma, respondeu:

– Não, obrigada. – Aproveitou e solicitou: – Será que poderia chamar a condessa? Diga-lhe que o senhor duque quer lhe falar e que a aguarda na sala.

A mulher, atendendo ao pedido, afastou-se em outra direção. Charlotte respirou fundo e voltou para a sala, encontrando-se novamente com Cédric.

– A serviçal foi chamá-la, senhor. Posso voltar ao jardim? – perguntou a moça.

– Claro que não! Gostaria que desse sua opinião em relação ao que vou conversar com sua tia. Se não for incomodá-la... – respondeu ele.

– Não, terei o maior prazer em ajudar – respondeu rapidamente a jovem, interessada no assunto a ser tratado.

Ela sentou-se, convidando-o a fazer o mesmo. Um silêncio caiu entre os dois. Cédric quebrou a mudez perguntando, interessado, à jovem:

– Quando seu pai chegará a Paris, senhorita?

Charlotte fitou-o, triste, e resolveu falar a verdade. Respirou fundo e confidenciou-lhe:

– Lamento dizer, senhor duque, mas meu pai não virá. Ele tem sérios problemas desde a morte de minha mãe. Acredito que não superou a falta que ela lhe faz.

Ele manteve-se inexpressivo, todavia perguntou:

– Se não for muito inconveniente, a senhorita poderia me relatar quais os problemas que seu pai tem?

Charlotte com humildade revelou:

– Ele tem o vício do jogo, senhor. Meu tio está providenciando para que não perca mais bens nossos em apostas. Da última vez, perdeu uma casa em Marselha, do dote de minha mãe quando se casaram.

– Lamento, senhorita. Infelizmente é algo em que por ora não posso ajudá-la – disse o nobre circunspecto.

Charlotte, reconhecendo sinceridade em suas palavras, agradeceu:

– Agradeço, senhor duque, a consideração. Entretanto, o que mais me preocupa são as suas companhias. Homens da pior espécie! Por isso meus tios procuram manter a mim e a meus irmãos um pouco distantes, para que ele possa pensar melhor, sentindo nossa falta. Embora preferisse ficar a seu lado, uma vez que temo até pela sua vida. Amo meu pai, senhor duque; ele é um bom homem, apenas sofre de solidão.

Cédric, profundamente sensibilizado com o relato, admirou aquela jovem tão bela e de sentimentos tão nobres. Segurou seus impulsos para não revelar seus sentimentos, que a cada dia se tornavam mais fortes e verdadeiros. Até conhecê-la, não sabia o que significava a palavra amor! Reconhecia que poderia ser esse o sentimento que o envolvia em relação a Charlotte, pois aprendera a conhecer o valor de pequenas coisas que antes lhe passavam despercebidas. Contudo, precisava de mais tempo para averiguar suas emoções.

9

A Fortaleza

A condessa adentrou a sala e surpreendeu-se ao encontrar Charlotte e o duque aguardando-a. Deu uma olhada sugestiva para os dois e disse feliz:

– Que bom que ainda está aqui, Cédric. Quer falar comigo?

O nobre levantou-se imediatamente, fez uma reverência e respondeu solícito:

– Sim, senhora. Quero na verdade fazer um convite a todos. – Olhou para Charlotte e disse: – Gostaria que viessem até minha propriedade passar um final de semana.

A condessa olhou para a sobrinha com os olhos brilhando de tanta felicidade, voltou-se para o nobre e respondeu rapidamente:

– Nós adoraríamos, Cédric. Que maravilhosa notícia. O conde irá adorar. Você sabe o quanto ele gosta de sua casa! – Voltou-se de novo para Charlotte e comentou animada:– Você vai adorar, Charlotte. Lá é lindo; muitas plantas, flores e animais. Henry ficará maravilhado. Não contarei mais nada; você fará o próprio juízo. – Depois olhou para Cédric e perguntou: – Quando será?

– Daqui a cinco dias. Combinarei tudo com o conde.

Charlotte sorriu e perguntou, lembrando-se de algo:

– O senhor não irá viajar mais?

– Não. Depois do incidente no baile, resolvi me demorar mais um pouco por aqui – respondeu o nobre com satisfação.

A condessa olhou rapidamente para ele, que fingiu não perceber.

Charlotte lembrou-se também de Eglatine e, sabendo dos sentimentos do nobre em relação à moça, perguntou com cuidado:

– Senhor duque, se não for incômodo para o senhor, poderia convidar também a senhorita Eglatine?

Ele mudou de aspecto rapidamente, entretanto, respondeu com educação:

– Se for importante para a senhorita, pode convidá-la.

A condessa não deixou de perceber algo estranho no ar. No entanto, a perspectiva do passeio a fez relevar o que quer que fosse. Comentou feliz:

– Então, estamos acertados, Cédric. Daqui a cinco dias.

Os dias passaram-se lentamente. A ansiedade de Charlotte em conhecer a propriedade crescia a cada dia. Eglatine também ficara exultante com a possibilidade de estar na casa do duque. Todos os dias, encontrava-se com Charlotte, estreitando cada vez mais os laços de amizade e tornando-se mais íntima da jovem, que não desconfiava nem um pouco dos planos da outra.

Cédric manteve-se ocupado durante os dias que antecederam a visita, sempre com reuniões e despachos burocráticos inerentes à função de comando que exercia junto ao exército do seu país. Não teve muito tempo de estar com Charlotte como gostaria, no entanto, ansiava pelos dias que ia passar a seu lado. Uma alegria que nunca havia se permitido crescia em seu coração, fazendo-o pensar: "Acho que desta vez fui fisgado pela flecha do amor!" Então sorria e voltava para o que estava fazendo...

Enfim, o dia tão esperado chegou. Todos, incluindo Eglatine e Verena, seguiram para a propriedade do duque, que ficava nos arredores de Paris. Estavam com ótimo humor e fizeram a viagem em duas carruagens. O trajeto durou cerca de uma hora, até pararem em frente a um grande portão de ferro que tinha o desenho das iniciais do proprietário. Os portões foram abertos por uma sentinela, e as carruagens adentraram, serpenteando a estrada e subindo uma colina. Do alto, podia já ver uma enorme construção, que mais parecia uma fortaleza rodeada de árvores de grande porte. Todos silenciaram, impressionados com a imponência do local. As carruagens seguiram seu caminho até pararem diante de uma bela escadaria que dava para o interior da casa.

Charlotte desceu acompanhada de Henry, Verena e Eglatine. Olhou em volta estupefata com a beleza do local. Havia um pequeno lago com cisnes brancos, rodeado por pequenas flores violeta, e, do lado direito, um grande caramanchão feito de pedra envolvido por flores brancas e amarelas. Do lado esquerdo, uma trilha se mostrava para um pequeno bosque.

Cédric desceu a escadaria, recebendo todos com esmerada educação:

– Sejam bem-vindos! Por favor, acompanhem-me. – Fez um gesto e subiu a escadaria novamente, sendo acompanhado pelos visitantes, que se mostravam maravilhados.

O interior da casa não era diferente. O piso de mármore nas cores preta e branca brilhava na imensa sala. No teto, pinturas davam ao local o requinte de um palácio decorado por belos lustres. Nas paredes havia desenhos em alto-relevo e janelas verticais contornadas também com pequenos desenhos em alto-relevo. Várias obras de arte espalhavam-se ao longo dos cômodos, assentando-se com a requintada mobília.

Charlotte, deslumbrada, disse olhando para o nobre:

– Senhor duque, nunca tinha entrado em um local como este. Parece uma fortaleza. É lindo!

Cédric sentiu-se feliz com o comentário da jovem e respondeu solícito:

– A senhorita tem razão. Este lugar foi uma fortaleza no século XII. Na verdade, uma fortaleza dos cavaleiros templários. Depois que eles se retiraram da França, o rei Felipe IV teve intenção de destruí-la. Contudo, um nobre, maravilhado pela construção, pediu-a ao rei e foi atendido, ficando com a propriedade. Fez algumas reformas, mas nada que mudasse a construção. Quando adquiri a propriedade, fiz também algumas modificações.

Henry fez uma pergunta que espantou a todos:

– A capela ainda existe?

Todos se voltaram para ele, inclusive o nobre, que, intrigado, respondeu com outra pergunta:

– Como sabe que existe uma capela aqui?

A criança fitou-o com um aspecto diferente. Sereno, respondeu com simplicidade:

– Por que eu mandei construir isso daqui. E a capela era um dos locais de que eu mais gostava.

A condessa deu uma olhadela sugestiva para o conde, depois para Charlotte, que também ficara surpresa com a revelação do irmão. Todavia, ninguém quis se pronunciar.

Cédric escutou, no entanto não entendeu muito bem a que a criança se referia e, acreditando ser um devaneio infantil, proferiu sério:

– Infelizmente eu mandei fechar a capela.

Charlotte não pôde deixar de lamentar:

– Que pena, senhor duque. Queria muito conhecê-la.

– Apesar de não funcionar, mantenho-a limpa e em bom estado, pois realmente é um local bonito. Quando quiserem, um serviçal os acompanhará – disse o nobre, mudando um pouco as feições.

Nesse momento foram interrompidos pela chegada de uma senhora de meia-idade e tez rosada, magra, com cabelos curtos e grisalhos, de aspecto agradável. Ela se aproximou e cumprimentou todos com educação:

– Sejam bem-vindos. Senhor conde, senhora condessa, que satisfação tê-los novamente aqui. – Fez uma pequena reverência, que foi correspondida pelos convidados. Depois voltou-se para Cédric e disse com carinho: – Senhor, o lanche que pediu está servido.

Cédric agradeceu e apresentou-a aos demais demonstrando respeito pela senhora:

– Esta é Pietra, a eterna administradora da Fortaleza. – Em seguida, pediu que o acompanhassem a outra sala, que tinha uma mesa farta com pelo menos uns trinta lugares. O local era decorado com flores, esculturas e pinturas de muito bom gosto.

Terminada a refeição, Charlotte ansiava por conhecer o restante da construção. Pediu ansiosa:

– Senhor duque, se não for pedir demais, poderia mostrar mais um pouco da Fortaleza?

Antes de ele responder, a condessa aproveitou a oportunidade e, com intenção de deixá-los sozinhos, sugeriu solícita:

– Tive uma ideia. Eu, o conde, Hugo e Eglatine iremos para uma ala, sendo guiados por Pietra. Charlotte, Cédric, Henry e Verena para outra, sendo guiados por Cédric. Depois nos encontraremos aqui. O que acham?

Cédric adorou a ideia, percebendo o que a condessa queria. No entanto, sem demonstrar seus sentimentos, respondeu inexpressivo:

– Por mim tudo bem! Podemos ir, senhorita?

Eglatine quase teve uma síncope de raiva. Todavia, fingiu estar gostando e seguiu com seu grupo para o lado oposto.

Charlotte acompanhou Cédric, que auxiliava gentilmente Henry a subir uma escadaria em mármore que dava para o primeiro piso. Uma vez lá, percebeu que se tratava dos dormitórios. Eram várias portas, cada uma dando para um quarto amplo e bem mobiliado. No final do corredor havia outra escada de madeira em caracol. Subiram e viram, maravilhados, uma espécie de torre aberta com uma cúpula parecendo um cone, toda em ferro. O vento fazia um barulho assustador, balançando a estrutura e "uivando" alto.

Cédric apressou-se em explicar:

– Isto aqui foi modificado em parte, pois era um farol que foi desativado. Contudo, foi mantido e transformado em uma grande varanda, um lugar para pensar.

Charlotte curiosa argumentou:

– Não entendi por que um farol, tendo em vista que estamos tão longe do mar.

Antes de Cédric responder, Henry, sendo amparado por Verena, olhou para a irmã e disse:

– Na época, Charlotte, as árvores aqui tomavam a visão e muitos se perdiam. Foi então que frei Christophe teve a brilhante ideia de construir o que na época era chamado de Luz do Templo. Todos os dias era colocado material para queimar, e a luz direcionava os irmãos.

Cédric, impressionado com o conhecimento do menino, perguntou:

– Henry, é isso mesmo. Como sabe disso?

– Eu já disse, senhor duque: ajudei a construir este local – respondeu a criança com naturalidade.

Verena deu um olhar sugestivo para Charlotte e, não suportando mais ficar calada, repreendeu a criança:

– Ora, pare já com isso, Henry! Este local já parece assombrado e você ainda vem me falar que foi você que o construiu? Onde já se viu isso! Quero mais é descer e ficar lá embaixo. Desculpe-me, senhor duque, mas estou com medo; é tudo muito tenebroso. Não vejo beleza nisso. Tudo antigo; só faltam os esqueletos dos moradores. Deus me livre! Eu estou pensando é na hora de dormir. – Fez o sinal da cruz três vezes.

Charlotte colocou a mão na boca, tentando disfarçar o riso. Henry, por sua vez, caiu na gargalhada ao ouvir a tagarela senhora. Cédric também não se conteve, sorriu e disse:

– Senhora, tenho que admitir que andar em sua companhia é no mínimo imprevisível. – Voltou-se para Charlotte e Henry, e arrematou: – E vocês ainda acham que eu sou sincero demais?

Charlotte e Henry continuaram a rir com vontade. Verena olhou-os e, dando de ombros, falou alto:

– Eu não vou ficar aqui mais nem um minuto. Meu Deus, e esse barulho! Para mim já chega; não quero conhecer mais nada desta casa. – Já ia saindo, quando Henry disse, ainda sorrindo:

– Espere por mim, Verena, pois é bem capaz de se perder. – Voltou-se para Charlotte e perguntou: – Não tem problema, não é, Charlotte, você ir sozinha com o senhor duque?

Ela sorriu e respondeu:

– Não, querido, acho até bom mesmo você ficar com Verena. Eu não sabia que ela era tão medrosa – brincou Charlotte, dando um olhar sugestivo para a senhora, que virou o rosto, fingindo não ligar.

Henry saiu acompanhado de Verena, que não parava de se lastimar. Cédric esperou eles saírem e perguntou curioso:

– Senhorita Charlotte, seu irmão acredita realmente no que relatou?

Charlotte olhou-o e, com cuidado, respondeu:

– Senhor duque, na verdade, eu desconheço algumas coisas que meu irmão fala. No entanto, existem algumas que para mim fazem tanto sentido, que fico a me perguntar se ele não tem razão.

– Por exemplo? – indagou o duque interessado.

– Outro dia ele me disse que nossa mãe tinha sido levada para um local de repouso e que ele também tinha vindo de lá. Relatou-me que é nesse local que alguns espíritos ficam para poderem renascer aqui na Terra...

O duque não esperou ela terminar; antes, indagou novamente:

– Como assim, renascer?

– De fato, não sei explicar direito, porém, pelo que entendi, temos, sim, outras vidas e renascemos muitas vezes para aprendermos a amar. – Ela parou um pouco, como se lembrasse de algo, e continuou a explicação: – Acho que, quando morremos, vamos para esse lugar, e depois não sei como voltamos aqui para a Terra.

– A senhorita acredita nisso? – perguntou o nobre surpreso.

– Ainda não tenho uma opinião formada; o que sei é muito pouco. Todavia, não critico. O que sei de verdade e em que acredito é que Henry é especial e fala das verdades dele com muita segurança, e também que essas verdades não desabonam ninguém – disse a jovem, advertindo o nobre.

Cédric entendeu o recado e por ora deixou aquele assunto de lado, mas ainda pensava em conhecer mais acerca do que aquela criança dizia. Fez um gesto para Charlotte, convidando-a, e mudou de assunto:

– Vamos, caso contrário, iremos nos atrasar!

10

O desabafo de Cédric

Eles desceram uma escada que havia na lateral da torre, seguindo para outros cômodos. Entraram em uma sala com uma mesa de pedra e algumas cadeiras dispostas em torno. No centro da mesa, um desenho de um cavalo com dois cavaleiros montados. Charlotte passou a mão sobre o desenho e perguntou:

– Que bonito! Era algum símbolo?

– Sim. Esse era o símbolo dos cavaleiros templários, que significava o voto de pobreza que faziam. Esta sala não foi alterada. Era aqui que eles se reuniam a fim de deliberar providências para o que queriam fazer – explicou Cédric.

No lado esquerdo da sala havia uma grande porta de

madeira, onde podia se ver, dos dois lados, o mesmo símbolo esculpido. Charlotte dirigiu-se até a porta e girou a maçaneta; todavia, estava fechada. Ela olhou para o duque e perguntou:

– Por que está fechada? O que tem aqui?

Ele mudou seu aspecto rapidamente. Contudo, respondeu com educação:

– Esta é a capela.

Charlotte, ansiosa por conhecê-la, pediu quase implorando:

– Senhor duque, será que não poderíamos dar apenas uma olhada rápida? Prometo não me demorar.

Ele não respondeu; ficou olhando-a sério por alguns segundos. Porém, sentiu a ansiedade da jovem e, motivado pelo sentimento que experimentava, dirigiu-se a uma bancada de pedra que havia à direita da porta e pegou um molho de chaves que lá estava. Procurou uma em especial, foi até a porta, colocou a chave na fechadura e girou devagar. Abriu e deu passagem a Charlotte.

A jovem adentrou rapidamente. Percebendo que entrara sozinha, voltou e perguntou ao duque, que estava no mesmo lugar:

– O senhor não vai entrar?

– Não. Aguardo a senhorita aqui mesmo. Fique à vontade.

Charlotte não insistiu e seguiu sozinha. Adentrou a capela, deslumbrada. Ela estava iluminada por muitas velas em castiçais e lampadários. Nas laterais da igreja havia afrescos da morte e ressurreição de Cristo. Na nave, um altar de mármore com Jesus crucificado ao meio e no alto. Nas laterais havia santos esculpidos em pedestais. No teto, várias pinturas de seres angelicais. A capela não era muito luxuosa, porém, podia-se observar a bela e robusta arquitetura romana, com pilares e paredes grossas. No local quase não havia janelas, já que esse tipo de arquitetura era usado à época para resistir a ataques de exércitos inimigos. Charlotte parou em frente ao Cristo na cruz e ficou contemplando-o. Sobressaltou-se quando escutou a voz do duque logo atrás dela dizendo algo inteligível:

– Desculpe-me, senhorita, não tive intenção de assustá-la – tratou de justificar-se com rapidez.

Charlotte sorriu e perguntou interessada:

– O que foi que o senhor disse antes? Não entendi.

– Disse que já estive muito aqui – respondeu ele, mirando a imagem do Cristo.

– Posso perguntar o que aconteceu para que o senhor não entrasse mais neste lugar? – indagou Charlotte curiosa.

Ele olhou-a e respondeu com seriedade, tentando resumir o acontecido:

– Minha esposa tinha problemas para engravidar. Ficou grávida três vezes, sem conseguir chegar ao fim. Na última, fiz uma promessa aqui mesmo nesta capela. Comprometi-me a ajudar muitas pessoas necessitadas. E, para meu espanto, ela conseguiu levar a gravidez adiante, pois nas duas primeiras vezes não conseguira chegar ao terceiro mês sequer. Então, comecei a distribuir alimentos e a ajudar na construção de outras capelas nos demais povoados. E foi assim até o sétimo mês, quando, naquele maldito dia, meu filho morreu sem ao menos tê-lo segurado em meus braços. – Olhou-a e disse sarcástico: – Foi assim que Deus me respondeu diante do meu empenho em ajudar seus filhos. – Deu um sorriso irônico e continuou: – Ele apenas me provou naquele dia que a fé é algo sem valor. Com ou sem fé, vivemos do mesmo jeito, senhorita.

Charlotte sentiu toda a amargura e dor daquele homem tão sério, que se mostrava tão forte. Sentiu uma angústia em seu peito, e lágrimas brotaram em seu rosto. Sem pensar, levada pela emoção, ficou na ponta dos pés e abraçou o nobre, dizendo emocionada:

– Eu lamento! Todavia, não se compra fé, senhor duque. Sua promessa foi em vão. No fundo, fazia algo em benefício próprio, e não se engana a Deus.

Cédric, sem esperar aquela reação da jovem, sentiu o perfume dela e seu corpo junto ao dele, tremendo de emoção.

Segurou sua cintura e não escutou mais nada do que ela dizia.

Charlotte, não sabendo o que se passava com o nobre, desvencilhou-se, fitou-o com brandura e continuou a falar:

— A fé não é uma barganha. Lamento profundamente pela sua dor, mas sei também o que é perder quem se ama. Não culpe Deus pelo seu infortúnio. Não iguale sua fé à condição das esmolas que o senhor deu. A fé é o que nos move, senhor duque.

Ele olhava para a jovem atônito, agora escutando suas palavras. Passadas as primeiras impressões, sentiu uma energia boa tomar conta de seu peito e resolveu falar o que tinha feito no fatídico dia:

— Quando soube da morte do meu filho, dirigi-me até uma capela que tinha construído em outra propriedade e a destruí completamente. Desde aquele dia, nunca mais entrei em capela alguma, até conhecer a senhorita e levá-la à Catedral de Notre-Dame outro dia.

Charlotte deixou as lágrimas rolarem por sua face livremente e pediu, levada pela devoção aos propósitos cristãos:

— Faças as pazes com Deus, senhor duque. O senhor precisa dele.

Cédric, sensibilizado com suas lágrimas e com sua convicção, disse gentil:

— Prometo pensar, senhorita. Contudo, por favor, não chore. — Levou a mão ao rosto da jovem e delicadamente enxugou sua face.

Charlotte, sentindo a mão dele, ficou paralisada, só então dando-se conta de que estavam sozinhos; de que havia abraçado o duque e que chorava por ele. Nervosa, enxugou as lágrimas e desculpou-se rapidamente:

— Meu Deus, perdoe-me, senhor duque! Não sei o que deu em mim. Às vezes me deixo levar pela emoção.

— Não peça perdão por sua espontaneidade, sensibilidade apurada, generosidade e principalmente por sua fé.

São coisas tão raras. A senhorita é uma mulher admirável – disse o nobre com sinceridade.

Fez-se silêncio. Cédric sentiu vontade de abraçá-la novamente, de beijá-la, de sentir seu perfume... Contudo, o escrúpulo o impediu, e convidou-a gentilmente a se retirar:

– Vamos, ainda resta muita coisa a ver!

– Claro – respondeu a jovem um pouco sem jeito. Girou nos calcanhares e saiu apressada.

Charlotte e o duque entraram e saíram de pelo menos uns dez cômodos variados até se encontrarem novamente com os demais. A condessa, ao avistá-los sozinhos, perguntou curiosa:

– Onde estão Verena e Henry? Eles não foram com vocês?

– Sim, foram. Mas Verena não quis continuar; estava com medo e disse que o local era tenebroso – respondeu, sorrindo, a sobrinha.

– Ela disse que só faltavam os esqueletos dos moradores daqui e que estava pensando em como iria dormir – disse Cédric, revelando um ótimo humor e fazendo todos rirem do comentário.

A condessa percebeu algo diferente no nobre. Ele parecia mais leve, mais bonito. Seus olhos, quando olhavam para sua sobrinha, brilhavam, e, astuta como era, percebeu que o duque estava apaixonado. Sentiu um júbilo na alma. Enfim, seus planos dariam certo, pois acreditava que Charlotte não fosse indiferente ao duque. Feliz, perguntou:

– Então, Charlotte, o que achou do que viu?

– Uma maravilha! Só não sei como o senhor duque consegue morar aqui sozinho. É muito grande! – respondeu a jovem ingenuamente.

A condessa aproveitou a oportunidade e arrematou, soltando uma insinuação para o nobre:

– Isso é verdade, Cédric. Está na hora de colocar uma alma feminina aqui. Não acha, querido? – Virou-se, pedindo ajuda do esposo.

O nobre rapidamente entendeu a indireta da esposa e, como fazia muito gosto naquela união, concordou rapidamente:

— Também acho, minha querida. É verdade, Cédric. Você já passou muito tempo sozinho. Todo homem de bem precisa de uma mulher ao seu lado. O que seria de nós, caro Cédric, se não fossem elas?

O nobre, muito discreto, apenas sorriu, sem querer fazer outro comentário. Entretanto, sentiu-se feliz; sabia que o conde e a condessa faziam muito gosto em uma possível união dele com a sobrinha. Charlotte, por sua vez, sentiu-se pouco à vontade com aquela conversa, já que sabia que se referiam a ela. Pensou em Aaron e experimentou uma pontada de tristeza no coração.

Eglatine, muito contrariada, escutava tudo em silêncio. Percebeu quais as intenções da condessa e não gostou; contudo, viu também que Charlotte não reagira positivamente, o que a deixou intrigada, porém, feliz. Resolveu investigar depois os sentimentos da moça.

A noite chegou rápido. Depois do jantar, todos se dirigiram a uma saleta bem confortável. O conde, a condessa e Cédric conversavam animadamente. Charlotte, Hugo, Eglatine e Henry, um pouco afastados, discutiam sobre a Fortaleza.

— Este tipo de construção nunca terá fim. Veja, seis séculos depois, e ainda permanece intacta. É fantástico! — disse Hugo empolgado.

— Eu também acho, meu irmão. E imaginarmos que muita gente que fez nossa história também já esteve aqui... É empolgante! O senhor duque me mostrou o símbolo dos cavaleiros templários. Não conheço muito sobre essa Ordem — arrematou Charlotte.

— Eu conheço — disse Henry.

Hugo olhou para o irmão e argumentou sorrindo:

— Lá vem você novamente com aquela conversa de que

viveu aqui. Logo, se isso fosse verdade, você também teria sido um templário, Henry.

– É isso mesmo, Hugo. Mas não vou falar mais das minhas impressões. Se vocês pudessem entender o que sinto! Não sei ainda dizer por que e como sei de tudo isso. Contudo, eu sei – afirmou a criança com ar de enfado.

Charlotte veio logo em seu socorro observando:

– Eu acredito em você, Henry. E acho que um dia você irá descobrir tudo o que quer saber.

A criança sorriu e agradeceu feliz:

– Obrigado, Charlotte. Você é mesmo uma irmã muito boa!

– Eu não acredito nisso. Desculpem-me, mas essa ideia de que tivemos outras vidas é meio horripilante. Eu acho que só temos esta vida, como a igreja nos ensina – redarguiu Eglatine.

– Eu também penso assim, senhorita Eglatine – concordou Hugo.

Henry olhou-os e, quando ia responder, a condessa, o conde e o duque aproximaram-se. Foi Agnes quem falou:

– Queridos, eu e seu tio vamos nos recolher. Estamos cansados! Por favor, não se demorem, principalmente você – disse a condessa, fazendo um carinho na cabeça de Henry.

Os jovens se levantaram com rapidez, fizeram uma reverência e anuíram positivamente, despedindo-se dos nobres. Cédric, no entanto, sentou-se junto a eles e perguntou interessado:

– Sobre o que conversavam?

– Sobre outras vidas. O senhor acredita, senhor duque? – disse Hugo, curioso em saber a opinião do nobre.

Todos silenciaram e fitaram o homem. Ele, no entanto, pensou um pouco e, lembrando-se das observações de Charlotte, respondeu com cuidado:

– Infelizmente não tenho muito conhecimento desse assunto. Contudo, não há provas de que isso realmente não exista. Não me parece uma ideia tão absurda assim.

Charlotte gostou da resposta e argumentou, concordando com o nobre:

– Eu também tenho a mesma opinião, senhor duque. Se pensarmos bem, faz até sentido.

– Confesso que estou surpreso, senhor duque – observou Hugo.

– Surpreso? Por quê? – perguntou o nobre interessado.

– Ora, o senhor é um homem tão racional. É de admirar achar uma ideia como essa provável – respondeu Hugo.

O duque olhou para o jovem e disse lacônico:

– Achar uma ideia provável não significa que acredite nela. Significa que não tenho como atestar ou não sua veracidade.

Eglatine, que escutava, aproveitou a oportunidade para alfinetar o duque, dizendo admirada:

– Eu também acho estranho o senhor sequer cogitar a ideia de algo positivo nesse assunto, pois todos sabem que nem em Deus o senhor acredita.

O silêncio foi geral. O duque fitou Eglatine sem mover um único músculo da face. Seu olhar demonstrava o quanto havia ficado contrariado.

Eglatine fitou o duque e se arrependeu rapidamente do comentário. Todavia, não tinha mais como voltar atrás; olhou para o chão e esperou a resposta. Cédric mirou Eglatine e comentou contundente:

– A minha fé ou não em Deus não exclui em hipótese nenhuma a possibilidade de buscar algumas respostas que por ora não consigo entender. Há muito me pergunto: por que Deus escolheu meu filho para sacrificar? Por que Geneviève tinha tantos problemas para engravidar, se nunca apresentou problema algum de saúde? – Soltou o ar, parecendo tirar algo de ruim de dentro de si, e concluiu: – Se algumas pessoas são, vamos dizer, agraciadas e outras simplesmente sofrem, posso então concluir que Deus nunca existiu, a não ser no imaginário de alguns que buscam nele o refúgio para suas dores, ou então que é muito injusto com alguns de seus filhos!

O silêncio caiu entre eles por alguns longos segundos, e Henry, um menino de quase sete anos, ousou responder às inquirições do duque:

– Sabe, senhor duque, suas perguntas são honestas; refletem a necessidade de o senhor encontrar a verdade, quando muitos apenas aceitam os fatos, por ser mais conveniente. – A criança fitou o nobre e continuou a narração, segura do que dizia: – Muitas vezes, quando durmo, me vejo com outras pessoas, em outro lugar. Essas pessoas me dizem coisas, e posso assegurar que refletem a mais pura verdade, pois vejo além do que os nossos olhos conseguem enxergar.

Charlotte, interessada no relato do irmão, perguntou curiosa:

– O que essas pessoas lhe dizem, Henry?

Todos se voltaram para a criança, interessados no que ela tinha para revelar. O pequeno olhou para a irmã, depois para um ponto fixo, e disse fitando o vazio, como se estivesse enxergando algo:

– Elas me dizem, por exemplo, que o filho do duque não foi sacrificado! Ao contrário disso, ele teve o tempo necessário aqui e tudo isso se deu porque Deus é misericordioso. Todo sofrimento pelo qual passamos é fruto de nossos desacertos. As muitas vidas são um meio para repararmos e nos livrarmos da culpa que nos atormenta a consciência...

O duque interrompeu a criança, impressionado com o que escutava, e perguntou:

– Quer dizer que tanto Geneviève quanto meu filho que não nasceu estavam sofrendo pelo mal que fizeram em outras vidas?

– Seu filho com certeza reparava algo de outras vidas. Quanto a Geneviève, podia estar reparando tanto algo de outra vida quanto desta mesma. O que nos acontece de bom ou de ruim é consequência direta de nossas ações desta ou de outras existências.

Eglatine, achando tudo muito tedioso e irreal, disse chocada:

– Pelo amor de Deus, ele só tem seis anos! É uma criança. São os adultos que ensinam as crianças, não o contrário. Principalmente em se tratando de algo tão sem propósito...

Charlotte, pela primeira vez, sentiu certa estranheza em relação à moça e rebateu com veemência:

– Eglatine, qualquer pessoa de bom senso teria pelo menos respeito por aquilo que não sabe. Uma pessoa inteligente entende que quem melhor pode ensinar são as pessoas que enxergam o mundo nas suas coisas mais simples, pois veem além do trivial, e essas pessoas são sem sombra de dúvida as crianças.

Eglatine não esperava uma resposta como aquela de Charlotte e ficou desconcertada. Mesmo a contragosto, tentando aparentar o que no fundo não sentia, falou:

– Desculpe, Charlotte, se a magoei; não quis menosprezar seu irmão. Desculpe, Henry, se fui impertinente.

Cédric sentiu uma alegria em seu íntimo com a resposta de Charlotte. Gostava do modo como ela defendia com convicção suas ideologias. Henry, fatigado, olhou para Charlotte e pediu:

– Charlotte, eu quero dormir. Estou cansado!

– Claro, querido, eu vou levá-lo até o nosso quarto – respondeu, também se sentindo cansada. Aproveitaria a oportunidade para se recolher. Levantou-se, sendo acompanhada imediatamente pelo duque, que se ofereceu gentil:

– Pode deixar, senhorita Charlotte, eu a ajudarei. – Aproximou-se do pequeno e pediu: – Posso, Henry?

A criança meneou a cabeça afirmativamente. O nobre segurou-o nos braços com facilidade, depois se voltou para Hugo e Eglatine e despediu-se:

– Aproveito para desejar-lhes uma boa noite. Irei em seguida para meus aposentos. – Fez uma reverência e saiu com a criança nos braços em direção às escadas.

Charlotte também se despediu:

– Boa noite, meu irmão e Eglatine, também irei me recolher.

– Olhou para a moça e informou-lhe: – Eglatine, a pedido de Henry irei dormir com ele. Como Verena está com muito medo, ela pediu-me para dormir com você, se não se opuser, é claro.

– Em hipótese nenhuma, querida. Já estou também indo me recolher. Boa noite – apressou-se em dizer, disfarçando a raiva que sentia com a proximidade entre ela e o duque.

Charlotte, alheia aos sentimentos da moça, fez uma reverência e saiu da sala, seguindo o duque, que, gentilmente, a aguardava no início da escadaria. A moça subiu logo atrás, até o quarto que ela e o irmão iriam dividir. Cédric, com desenvoltura, carregava Henry nos braços. Abriu a porta do quarto e com delicadeza depositou a criança em cima de uma confortável cama. Olhou-o com extremo carinho e disse:

– Boa noite, Henry. Amanhã quero saber se você teve algum sonho e como foi. Combinado?

– Combinado, senhor duque. Obrigado e boa noite – respondeu a criança sorrindo.

Charlotte, feliz com o carinho que o nobre dedicava a seu irmão, sorriu e despediu-se dele:

– Obrigada, senhor duque, foi muita gentileza trazê-lo até aqui. Boa noite. – Fez uma reverência.

Cédric, porém, aproximou-se, segurou a mão da jovem e a beijou com carinho. Disse, olhando-a:

– Boa noite, senhorita Charlotte. É sempre muito prazeroso ajudá-la. Durma bem. – Virou-se e saiu em seguida, deixando Charlotte entregue a mil sentimentos. O coração da moça batia forte. Olhou para Henry, com receio de que ele percebesse o que acontecia com ela, e disfarçou suas emoções, ajudando-o a se trocar. A criança, por sua vez, percebeu tudo, mas não disse nada.

11

Reencontro

O final de semana havia sido maravilhoso, todavia chegara ao fim, e todos retornaram com muitas impressões boas do local. Charlotte despediu-se do duque com a promessa deste de logo visitá-los. Eglatine, apesar de não ter conseguido o que queria, também gostou do passeio. Entretanto, não demorou muito para saber o que tanto queria. Quando chegaram à mansão, Charlotte foi avisada da visita de certo jovem, por nome de Aaron, que a havia procurado. Tinha deixado um recado de que dentro de três dias voltaria para falar com ela.

Charlotte, estranhamente, não sentiu tristeza por não

tê-lo visto. Contudo, ficou ansiosa para revê-lo. Eglatine, ao saber da notícia, ficou em êxtase, tamanho era seu contentamento. Enfim, tinha encontrado algo verdadeiramente importante para colocar entre Charlotte e Cédric. "Que maravilha! A notícia não podia ser melhor. Não suportaria muito mais tempo ao lado desta senhorita chata, sem ter algo a meu favor. Quero ver a cara de Cédric ao saber desse rapaz", pensou a jovem feliz.

O dia do reencontro havia chegado. Contudo, Aaron não havia dito a que horas viria. Eglatine se prontificou em ficar aguardando com Charlotte, fazendo-se de amiga e confidente. Descobriu o sentimento que Charlotte dizia sentir pelo rapaz; sentia cada vez mais vontade de conhecer esse jovem e ajudar no que fosse preciso para uni-los.

Era início da tarde. Cédric e alguns militares confabulavam em um salão na cidade.

– E então, comandante, como está o ânimo dos nobres? – perguntou um senhor, bebericando algo.

– Como havia dito aos senhores, está tudo se encaminhando para o planejado. Recebi esta manhã um bilhete de minha propriedade em Rouen. Os burgueses pedem mais escravos, contudo, enviei ordem expressa de não mais contratar mão de obra escrava. Mandei que contratassem os negros e que os remunerassem. Eles são resistentes e se mostram leais quando bem remunerados. Afinal, também não acho justo ter que escravizar homens e mulheres.

– Não sabia que era tão complacente, comandante – observou um oficial ironicamente.

– O senhor não sabe muita coisa – rebateu o nobre com seriedade.

– Só falta nos dizer que os negros não são uma raça inferior – satirizou outro.

— Realmente não os acho inferiores; creio que sejam apenas muito desunidos. Deveriam lutar até a morte e não permitir que outros homens os dirijam como se fossem animais. A raça negra é forte, resistente e numerosa; não necessitaria deixar que brancos invadissem suas terras e tomassem o que eles têm de mais precioso, que é a liberdade – explicou o nobre sem pestanejar.

— Bravo, Cédric. Não é à toa que o quero sempre perto de mim. Não tem medo de dizer o que pensa e defende seus ideais com coragem e valor. O homem que dá valor à liberdade do outro preza pela sua própria – disse o líder deles. Depois, colocando a mão no ombro de Cédric, concluiu: – Isso, é claro, não nos impede de defender nossa casa e aprisionar o inimigo se for preciso, afinal, só conquista quem tem competência para fazê-lo.

— Também penso assim, e, quando estou no campo de batalha, a única coisa que me vem à cabeça é vencer para não ser vencido, a fim de não cair nas mãos de mercenários, que não saberão nunca dar o devido valor à nossa terra.

— Não tenho prazer em matar, mas tenho prazer em vencer – concluiu o líder sorrindo.

Todos sorriram e brindaram. Cédric, mudando de assunto, perguntou:

— Senhor, quantos anos acredita que ainda falta até a revolta ocorrer?

— Acredito que ainda se estenda pelo menos por alguns anos, mas não posso dar garantia de nada. O importante é estarmos sempre preparados. Nas ruas, depois daquele incidente do baile, os mendigos foram contidos e acredito que estejam temporariamente sob controle – respondeu o homem com segurança.

Cédric, satisfeito com as notícias, levantou-se, despediu-se de todos e saiu em direção à casa do conde.

Na casa do conde, Charlotte e Eglatine conversavam na sala quando a serviçal entrou, anunciando a chegada de Aaron. As duas moças levantaram-se com rapidez e esperaram ansiosas. Em poucos minutos, um rapaz alto, magro, de cabelos negros e olhos cor de mel adentrou a sala, muito bem-vestido. Ao ver Charlotte, o jovem sorriu feliz, os olhos brilhando de contentamento. Fez uma reverência e disse com alegria:

– Charlotte, que bom revê-la!

Charlotte retribuiu o cumprimento com outra reverência e, sorrindo, respondeu:

– Aaron, também estou feliz em revê-lo. – Voltou-se para Eglatine e a apresentou: – Esta é uma amiga que conheci aqui em Paris; chama-se Eglatine.

– Senhorita – baixou-se levemente o rapaz, cumprimentando a jovem.

Eglatine também fez uma reverência e sorriu, encantada com a beleza do jovem. Era sem dúvida um belo rapaz, pensou a moça.

Charlotte, no entanto, estranhou sua reação. Ficara feliz com a chegada de Aaron, mas seu coração estava tranquilo! Balançou a cabeça, como que querendo tirar aquela ideia da mente, e pediu animada:

– Sente-se, Aaron. Vamos colocar o assunto em dia. Aposto que tem muita coisa para me contar.

– Claro que sim. Mas, primeiramente, dê-me notícias de Dijon. E Hugo? Ele não está em casa? Espero revê-lo também.

– Sim, ele estará conosco daqui a pouco. Está ajudando Henry – respondeu a moça com satisfação.

– Charlotte, se me permite, a cada dia que passa você está mais bonita – disse o rapaz, demonstrando intimidade.

Charlotte não teve tempo para responder, pois Hugo adentrou a sala, surpreendendo o convidado. Quando viu seu amigo de infância, levantou-se rapidamente e foi até ele, cumprimentando-o com alegria.

– Hugo, há pouco perguntei por você. Que bom estar aqui com vocês!

– Aaron, quando soube que você viria, nem quis sair de casa. É muito bom revê-lo, meu amigo.

Todos se uniram em uma conversa saudosista, relembrando os bons tempos de infância. Já havia passado algum tempo quando Cédric adentrou a sala, sem sequer ser anunciado, pois os criados já o consideravam alguém de casa. Estavam tão concentrados na conversa que não perceberam a entrada do nobre, e foi ele quem anunciou sua presença:

– Boa tarde a todos!

Charlotte foi a primeira a reconhecer a voz do duque, e seu coração se acelerou. Olhou-o imediatamente e levantou-se com a mesma rapidez. Nervosa, cumprimentou-o:

– Senhor duque, que surpresa! Boa tarde.

12

Aaron e o duque

Aaron percebeu o nervosismo de Charlotte e olhou para o homem que havia acabado de chegar, sério, trajando a farda do exército do seu país, agora parado na sala, também olhando para sua amada. Sentiu um frio percorrer seu corpo, e uma sensação desagradável tomou conta de si. Sem saber explicar, sentiu um ciúme instantâneo de Cédric.

Hugo cumprimentou-o com satisfação, apresentando-o ao amigo:

– Olá, senhor Duque. Quero que conheça um velho amigo nosso: Aaron Guerin, nosso conhecido desde pequeno. Somos da mesma cidade; todavia, ele está terminando de estudar Direito aqui em Paris e fazia pelo menos um ano que não nos víamos.

O jovem olhou decidido para o homem, tentando mostrar altivez. Contudo, quando cruzou com o olhar firme de Cédric, baixou a cabeça e cumprimentou-o com reserva:

– Senhor!

Cédric apenas anuiu com a cabeça, sem dizer uma só palavra. Mas, percebeu a hostilidade do rapaz. Sem dar muita importância ao fato, voltou-se para Charlotte e perguntou:

– Senhorita, seu tio está em casa?

– Não, senhor duque, ele saiu cedo – respondeu Charlotte, tentando parecer natural.

– Acredito, senhor duque, que ele logo esteja de volta, pois saiu com minha tia. Não deve demorar com certeza. O senhor não deseja esperá-lo, fazendo-nos companhia? – apressou-se Hugo em convidar.

– Devo esperá-lo; tenho assuntos importantes a tratar com ele. Agradeço e aceito com prazer o convite – respondeu o duque circunspecto.

Eglatine adorou; iria aproveitar para começar o "bombardeio". O duque sentou-se e observou melhor o jovem. Percebeu o olhar dele para Charlotte e não gostou. Experimentou algo que não sentira ainda por mulher nenhuma: ciúmes! Todavia, sem demonstrar, ficou em silêncio, só observando.

Charlotte, por sua vez, ficou mais nervosa. Percebeu os olhares de Aaron para ela, e sabia o quanto o duque era observador. Uma sensação de medo invadiu-a e ficou muda, tamanho era seu nervosismo.

Aaron, sentindo a apreensão da moça, não facilitou e, para mostrar ao duque intimidade com Charlotte, disse sorrindo:

– Algum bicho mordeu sua língua, Charlotte? Não se parece com aquela menina tagarela que se transformou na jovem mais bonita de Dijon!

Charlotte sentiu sua face corar. Deu uma olhada para Aaron e, sabendo o que estava fazendo, rebateu sem pestanejar:

— Era isso o que você dizia para todas as nossas amigas, Aaron. Sempre galanteador!

O rapaz, sentindo que ela não gostara do comentário, recuou um pouco, tentando estudar mais o homem que parecia estar mexendo com sua amada. Acrescentou, sarcástico:

— Você sabe que isso não é verdade. Só tive olhos para a senhorita.

Charlotte não gostou do rumo que a conversa tomava. Repreendeu o rapaz, desta vez mais direta e enérgica:

— Não gosto de olhos em cima de mim. Por favor, vamos mudar de assunto?

Eglatine divertia-se com a cena, percebendo que Aaron provocava Cédric, uma vez que devia ter percebido algo entre o duque e sua queridinha. Aaron, por sua vez, percebeu que Charlotte ficara ainda mais nervosa, e isso o confundiu. Sem controlar o ciúmes, provocou ainda mais. Desta vez, olhou diretamente para o duque e comentou:

— Como você está agressiva! Será que foi a presença do duque que a deixou assim? O que o senhor me diz, senhor duque?

Cédric aborreceu-se sobremaneira com o jeito do rapaz. Olhou-o com as sobrancelhas arqueadas e levantou-se. Aaron, surpreendendo-se com a reação do nobre, sentiu-se embaraçado. Entretanto, Cédric voltou-se para Charlotte e pediu, ignorando a pergunta de Aaron:

— Senhorita Charlotte, será que me daria o prazer de um passeio pelo jardim? Preciso falar-lhe.

Charlotte não sabia o que fazer. Ficou olhando para Cédric por apenas alguns segundos, que mais pareceram horas. Entretanto, tomada por uma vontade maior que ela, respondeu-lhe:

— Claro, senhor. Terei prazer em escutá-lo.

O duque esperou que Charlotte saísse na frente e, com uma reverência, saiu do local, deixando todos perplexos. Aaron, que não esperava uma desfeita daquelas de sua amada, olhou para Hugo e indagou ofendido:

— Quem é esse homem? Como Charlotte teve coragem de me destratar desse jeito? Afinal, estou aqui por causa dela!

— Você já devia conhecer Charlotte, Aaron. Foi você quem começou; não sei o que deu em você — respondeu Hugo, divertindo-se com a situação.

— Ora, Hugo, o que fiz de tão estranho? — perguntou o jovem. E, sem esperar uma resposta do amigo, disse decidido: — Pois tirarei isso a limpo, e será agora! — Levantou-se bruscamente.

Hugo, no entanto, segurou o jovem pelo braço e, sério, impediu-o dizendo:

— Se eu fosse você, não faria isso! Charlotte vai repreendê-lo, sem falar no duque.

— O que tem o duque? Eu não tenho medo desse senhor! Nem o conheço, mas já não gostei nem um pouco dele — respondeu o rapaz visivelmente contrariado.

— Você não o conhece mesmo. Não sei como ele não lhe respondeu há pouco, e acredito que saiu para não fazê-lo. Mas percebi o olhar que lhe lançou! Não o provoque, ou irá se arrepender — concluiu Hugo ajuizado.

Eglatine, prevendo que Aaron levaria a pior, rapidamente ajudou Hugo a demover o jovem da ideia, dizendo:

— Senhor Aaron, concordo com o senhor Hugo. Eu tanto conheço Charlotte quanto conheço o senhor duque. Acredite: é bem capaz de ele tomar uma atitude séria. O senhor não percebeu, mas estava sendo grosseiro e infantil. Tem que agir como homem se quiser conquistar o perdão de Charlotte.

— Mas, meu Deus, o que fiz de tão grave, afinal? — perguntou o rapaz contrariado.

— Mostrou intimidade com uma jovem senhorita, colocando-a em uma situação difícil, e tentou ridicularizar um cavalheiro que o senhor acabou de conhecer, e que é um dos melhores amigos da família Laforet, além de um dos homens mais influentes de Paris. Quer ir tomar satisfações, e ainda pergunta o que fez? — disse Eglatine enérgica.

O jovem, convencido diante das argumentações da moça, aquietou-se e, mudo, sentou-se acabrunhado.

No jardim, Cédric, irritado com a atitude grosseira de Aaron, ficou em silêncio, tentando controlar sua raiva. Charlotte, envolvida em um turbilhão de emoções, tentava acalmar seu coração. Pensava em Aaron, em suas palavras. Não conseguia entender por que o jovem tinha feito aquilo. Contudo, estranhou o fato de ela própria ter ficado do lado do nobre sem pestanejar e, percebendo a irritação dele, desculpou-se:

– Senhor duque, sinto muito pelo acontecido!

Ele olhou-a e respondeu sisudo:

– Não tem porque desculpar-se, senhorita. É aquele jovem quem deve desculpas à senhorita.

Ela preferiu não responder e perguntou, tentando mudar de assunto:

O senhor disse que queria falar comigo? Do que se trata?

Com a sinceridade que lhe era própria, ele respondeu:

– Foi apenas um pretexto, senhorita Charlotte, para não ter que ser grosseiro com um convidado de vocês.

– Entendo – disse Charlotte, constrangida com a situação.

Ele, percebendo seu acanhamento, tratou de mudar de assunto:

– O que a senhorita achou da Fortaleza?

– Nenhum elogio faria jus à grandiosidade de sua propriedade – respondeu a moça, gostando de ter mudado de assunto.

– Fico feliz que tenha gostado, senhorita. Também adoro aquele lugar. – Mais calmo, perguntou, mudando mais uma vez de assunto: – Senhorita, se não for inconveniência minha, posso perguntar desde quando Henry fala sobre aqueles assuntos?

– Desde sempre, senhor. Ele sempre foi muito precoce. Uma vez, quando tinha apenas três anos, meu pai chegou em casa muito doente. O médico foi chamado, mas a situação só piorava. À noite ficava com meu pai no quarto, velando-lhe o repouso. Estava com medo; o estado dele havia se agravado. Um dia, cansada, cochilei, mas fui acordada com um barulho. Levantei-me rapidamente e, para meu espanto, vi o pequeno Henry adentrar o quarto, andando como se não tivesse problema algum. Dirigiu-se até meu pai e colocou as duas mãozinhas acima da cabeça dele, ficando assim por alguns segundos. Depois olhou para mim e disse: "Não se preocupe, Charlotte, ele ficará bem!". Em seguida, saiu. Fiquei assustada e corri até seu quarto. Para meu espanto, ele estava lá, dormindo profundamente. Não sei explicar, mas tenho certeza do que vi. O mais incrível foi que, no outro dia, meu pai estava curado.

— Realmente, é estranho. Garanto que nunca escutei nada a respeito. Sabemos que existem muitas histórias intrigantes às quais, às vezes, não damos crédito. Todavia, percebo tanta segurança no que ele fala, que sinto ser injusto não acreditar nele. Por outro lado, ele só tem seis anos, embora seu vocabulário pareça o de um homem de pelo menos uns trinta – assegurou o duque.

— Sinto a mesma coisa, senhor – concordou Charlotte.

— Quando a senhorita se casar, vai deixar ele com seu irmão? – perguntou o duque, sem demonstrar a verdadeira intenção de sua curiosidade.

Charlotte estranhou a pergunta, contudo respondeu com sinceridade:

— Se eu me casar, Henry e Verena virão comigo, senhor. Eles são parte de mim.

Cédric ficou alguns segundos em silêncio, depois disse, parecendo feliz:

— Vamos torcer para que seu esposo entenda e aceite!

Charlotte rebateu rapidamente:

— Se ele não entender ou não aceitar, não se casará comigo, senhor duque.

Ele achou melhor não responder. Queria perguntar sobre

Aaron, mas seu orgulho o impediu. Por sua vez, Charlotte, não querendo ficar em silêncio, indagou:

— Como estão as coisas na política?

Ele fitou a jovem e respondeu com sinceridade:

— Muito complicadas, senhorita. Acredito que em breve teremos uma revolução.

— Revolução? — Charlotte repetiu assustada. Perguntou com interesse: — Isso é certo, senhor?

— Sim, senhorita, aposto até minha vida em que essa revolução irá acontecer. Só temo por quem estará comandando a política.

— Meu Deus, muita gente irá morrer, não é? — inquiriu a moça preocupada.

— Certamente, senhorita. — Fitou-a e, percebendo que falava demais, disse, tentando amenizar: — Não acredito que isso se dê neste exato momento. Muita coisa ainda irá acontecer.

— Isso será em toda a França?

— Acredito que o foco será aqui em Paris. No entanto, se refletirá por todo o país com certeza.

— O senhor irá lutar? — perguntou Charlotte preocupada.

— Senhorita, sou comandante do exército da França, tenho que defender o rei e meu país. Se for preciso, tenho que lutar — respondeu ele, com uma ponta de felicidade por ter sentido preocupação na voz de Charlotte.

— Deve ser difícil ter que matar alguém, não é, senhor duque? — perguntou com tristeza.

— O mais difícil, senhorita Charlotte, não é matar, mas ver morrer. — Ele parou, mirou um ponto imaginário e revelou: — Quando lutamos, o sangue está quente, a cabeça só pensa em defender a si e os ideais. Entretanto, quando você acerta a espada no inimigo, o mais difícil é puxá-la e vê-lo cair, debatendo-se em sangue. Na maioria das vezes são jovens. Aquela imagem você irá carregar para o resto da vida, e os motivos para sorrir, por vezes, somem.

Em silêncio, ela olhava para aquele homem, que parecia

tão indiferente à dor. Contudo, sentia tanta sensibilidade em seu relato que, mais uma vez, admirou-o no silêncio de sua alma.

Ele olhou-a e, acreditando que estivesse assustando-a, desculpou-se:

– Perdoe-me, senhorita Charlotte. Não deveria ter contado algo tão triste para a senhorita.

– Não se desculpe, senhor. A vida não é só feita de alegrias. As tristezas fazem parte dela tanto quanto a felicidade. A vida de um homem como o senhor não deve ser fácil, pois tem que tomar decisões que invariavelmente comprometem outras vidas! Contudo, é necessário ter que tomá-las. – Fitou o homem à sua frente e desabafou: – O homem que não consegue ter essa sensibilidade com a vida do próximo morre um pouco a cada vida que ele tira. As honras são franqueadas apenas a momentos tormentosos e, com certeza, não deve ser nada bom. Cada medalha, cada insígnia, representa a perda de vidas alheias.

O duque fitou-a admirado e exclamou:

– Às vezes a senhorita fala como uma pessoa de grande sabedoria, sem aparentar a idade que tem.

Charlotte colocou as mãos na cintura e, fingindo mágoa, perguntou:

– Será que devo receber como elogio ou acreditar em suas palavras?

Ele, sem entender, perguntou curioso:

– Não consigo entender a pergunta da senhorita.

– Ora, senhor duque, o senhor acabou de dizer que só às vezes falo com sabedoria – explicou sorrindo.

Ele sorriu e ratificou suas palavras, para espanto de Charlotte:

– Claro que só às vezes! A senhorita tem apenas vinte e um anos, é mulher, e não conhece nada de guerras nem de gente!

Ela revirou os olhos e tornou:

– Esqueci que o senhor é sempre tão sincero. Por que fui perguntar?

O duque ia responder, quando viu o conde e a condessa chegarem.

13

O pedido

A condessa abriu um sorriso ao ver o duque com Charlotte. Foi ao encontro dos dois, acompanhada do esposo.

– Queridos, que maravilha vê-los! – disse aproximando-se.

Cédric fez uma reverência e a cumprimentou com satisfação. Seu esposo olhou para o jovem e disse, também feliz em vê-los juntos:

– Que dia maravilhoso para um passeio.

Cédric, entendendo a indireta, tratou logo de mudar de assunto:

– Vim até aqui conversar com o senhor. Todavia, como não estava, resolvi esperá-lo, e sua sobrinha gentilmente me fez companhia. – Fez uma pausa, olhou para Charlotte e disse, sem se importar com os demais: – Aliás, maravilhosa companhia!

Charlotte corou e desviou o olhar, sem jeito. A condessa sorriu com o galanteio do duque. Percebendo a vergonha da sobrinha, tratou de salvá-la:

– Querida, já que os homens agora vão conversar, será que pode me ajudar com umas coisinhas novas que comprei?

– Claro, com o maior prazer. – Olhou para o duque, fez uma reverência e saiu com sua tia. Quando estavam perto da entrada da casa, Aaron apareceu, acompanhado de Eglatine e Hugo. O jovem parou e cumprimentou a condessa com educação:

– Senhora condessa – fez uma reverência, retribuída pela mulher, que, surpresa com a presença dele, perguntou interessada:

– Aaron, não sabia que estava em Paris. Faz tempo?

– Sim, senhora. Estudo aqui. Estou terminando o curso de Direito.

A mulher anuiu com a cabeça e deu a entender que a conversa estava encerrada. Ele então olhou para Charlotte e perguntou sem jeito, inibido pela presença de sua tia:

– Será que eu poderia falar com a senhorita?

– Claro, Aaron. – Olhou para sua tia e disse gentil: – Tia, vou logo mais ajudá-la.

– Não demore – retrucou a condessa contrariada.

Charlotte seguiu para um banco do jardim acompanhada de Aaron. Fato esse que não passou despercebido por Cédric, que vinha logo atrás, conversando com o conde. Ele, fingindo não ver, passou sem olhar para os dois. No entanto, sentiu um ciúme violento dentro de si.

Charlotte, acreditando que ele não os havia visto, perguntou a Aaron com calma:

– Pois não, Aaron, o que você quer?

O jovem, meio sem jeito, desculpou-se com a moça:

– Quero pedir desculpas pelo acontecido. – Passou as

mãos nos cabelos, demonstrando nervosismo, e continuou:
– Fui muito grosseiro com a senhorita. É que não gostei do modo como esse senhor olhou para você. Parecia que você era propriedade dele.

– Pare com isso, Aaron, não sou propriedade de ninguém – rebateu enérgica.

– Eu sei, Charlotte, desculpe. – Tomando certa liberdade, segurou as mãos dela e disse empolgado: – Não tardarei a voltar e lhe farei uma surpresa! É algo com que me comprometi, e agora sei que posso cumprir. Tenho que ir. Até, Charlotte. – Beijou a mão da jovem e saiu com pressa.

Charlotte, atônita, não conseguiu dizer nada. Sentiu a tristeza invadir sua alma, já que sabia muito bem o que Aaron iria fazer e não podia acreditar no que estava sentindo. Tinha esperado anos por isso, contudo não estava feliz! As lágrimas molhavam sua face e, aflita, encostou-se no banco, pensando: "Por que isso está acontecendo comigo? Por que não estou feliz? Aaron não é o homem de minha vida? Meu Deus, o que vou fazer?" Enxugou o pranto e deu um jeito de sair dali apressadamente, com receio de que o duque retornasse e a encontrasse daquele jeito. Porém, não parava de pensar no que Aaron havia dito e refletia aflita: "Não posso machucar Aaron. Ele está cumprindo o que sempre disse que faria. Mas não posso aceitar se os meus sentimentos por ele não são como antes. O que fazer, meu Deus?"

Os dias seguintes se passaram com rapidez. Fazia pouco mais de um mês que Charlotte estava em Paris. Era tarde, e Charlotte estava sozinha, pois não quisera acompanhar Hugo, Eglatine e Henry em um passeio. Preferira ficar em casa. Estava na sala, tentando ocupar a mente com um bordado, quando escutou uma voz que ela conhecia muito bem:

– Boa tarde, senhorita Charlotte.

A jovem levantou o olhar e viu o duque parado na sala, olhando-a. Levantou-se e o cumprimentou:

– Boa tarde, senhor duque.

– Encontrei seus irmãos e a senhorita Eglatine em um passeio. Perguntei pela senhorita, e me disseram que preferiu ficar em casa – disse olhando-a enigmático.

Charlotte, sentindo a intensidade do olhar do nobre, experimentou o coração disparar novamente. Disfarçou como pôde seus sentimentos e respondeu sorrindo:

– É verdade, senhor duque. Estava meio indisposta.

– Espero não estar sendo inconveniente; contudo, sabendo que a senhorita estava a sós, aproveitei a oportunidade para falar-lhe.

Charlotte engoliu em seco e, estranhando a conversa, perguntou nervosa:

– Falar comigo a sós? O que seria, senhor duque?

Ele aproximou-se, fitou-a bem próximo e disse resoluto, sem preâmbulos:

– Senhorita Charlotte, sei que parece precipitado, afinal, eu a conheço há pouco tempo. Todavia, nunca imaginei que algum dia pudesse sentir algo parecido ao que sinto quando estou com a senhorita. Parece que ganhei alma nova desde que a encontrei. Sua naturalidade, sua sensibilidade, seu jeito doce e firme algumas vezes, tomaram meu coração, minha alma, e hoje não imagino minha vida distante da senhorita. Pensei bastante a respeito.

O nobre fez uma pequena pausa e continuou:

– O que quero dizer é que eu acredito que a amo como nunca imaginei amar alguém. Não sou dado a romantismo, senhorita. Acredite, nunca mulher alguma escutou o que ora falo à senhorita.

Fez novamente uma pequena pausa e rematou:

– A senhorita quer me dar a honra de ser minha esposa?

Charlotte olhava para o nobre fixamente, sem conseguir desviar o olhar. Quando escutou o pedido, sentiu as pernas fraquejarem e, sem aguentar as emoções, desfaleceu. O duque rapidamente segurou a jovem, para que ela não caísse, abraçando-a. O olhar de ambos se cruzou mais uma vez, desta vez bem próximo. Ela podia sentir a respiração dele.

Cédric, apesar de também estar nervoso, controlou as emoções, colocou-a sentada e perguntou preocupado:

– A senhorita está bem?

Charlotte, sem suportar mais a tensão em que vivia, caiu num pranto compulsivo. Baixou a cabeça e chorou, lembrando-se de Aaron, do que ele havia falado, do amor que desde pequena havia prometido, embora agora o que mais desejasse era poder dedicar esse amor a outro homem. Sentiu uma dor tão forte em seu coração!

O duque, sem entender o que se passava com a moça, sentou-se a seu lado e perguntou:

– A senhorita está bem? Por favor, não chore! Desculpe se causei algum constrangimento, não foi minha intenção. Todavia, não conseguia mais ficar com isso guardado dentro de mim. Queria muito que a senhorita pudesse entender.

Charlotte respirou fundo e, buscando forças em Deus, olhou para o nobre e disse, enxugando suas lágrimas:

– Sou eu quem deve desculpas ao senhor. É que estou muito sensível estes dias, senhor duque.

O nobre então perguntou ansioso:

– A senhorita escutou tudo o que falei?

– Sim, claro! Estou lisonjeada com os seus sentimentos, apesar de não esperar algo assim do senhor – respondeu a jovem, tentando ganhar tempo para pensar no que iria responder.

– Eu sei, senhorita, realmente não sou um galanteador e muito menos um falso romântico – comentou, olhando-a com seriedade e perguntando novamente: – Então, qual a resposta da senhorita?

O coração de Charlotte parecia prestes a saltar pela boca. Seus sentimentos gritavam para que aceitasse, todavia, sua razão a impedia. Não podia fazer isso com Aaron. Contudo, estar com o duque era tudo o que desejava. Mas sua consciência a acusava. Então, teve uma ideia e, olhando para o nobre, perguntou:

— Senhor, posso pensar um pouco antes de lhe responder?

O homem levantou-se e, sentindo-se ofendido, inquiriu contrariado:

— Qual é a inconveniência que não lhe permite responder agora?

Charlotte não poderia mentir para ele e, olhando-o fixamente, disse com toda asinceridade de sua alma:

— Senhor, há uma outra pessoa. Desde criança, prometemos casamento um ao outro. Só que, quando o conheci, esse sentimento ficou confuso dentro de mim. Porém, quero lhe assegurar que nunca tive nada além de promessas de criança com esse rapaz. Sempre fomos amigos, nada mais!

Cédric sentiu o chão desaparecer sob seus pés. Uma dor se apoderou de seu peito. Controlou a emoção, levantou-se, ergueu o tronco em posição de altivez e, olhando para Charlotte com seriedade, disse, tomado pelo orgulho que tinha, e que era ainda muito maior do que seus bons sentimentos:

— Senhorita, não precisarei esperar tempo algum. Sua explicação já foi o suficiente para mim! Não quero atrapalhar sua vida. Desculpe se a prejudiquei de alguma maneira. Nunca mais a senhorita irá escutar de mim um pedido, seja ele qual for. Adeus, senhorita Charlotte, lamento por tudo.

Charlotte ficou estática, sem conseguir falar nem fazer nada, mesmo que dentro dela uma voz gritasse pedindo que ele não a deixasse. Todavia, apenas assistiu a partida do nobre, que saiu decidido de sua frente e de sua vida. Fez menção de chamá-lo, mas uma força a paralisou. Passados alguns minutos, Charlotte sentiu as lágrimas caírem,salgadas, em sua face, e uma sensação de vazio, uma dor imensurável, tomou conta de seu coração.

Cédric tomou a condução com o coração muito diferente de quando havia entrado na casa. Não queria escutar as justificativas da jovem e mal ouvira o que ela tinha acabado de falar. Sua mente refazia suas palavras, e uma vergonha enorme tomava conta dele, fazendo-o pensar: "Fui um tolo! Como isso foi acontecer comigo? Fiz papel de um qualquer, relegado a segundo plano, por causa de um moleque!" Passou as mãos nos cabelos e disse alto para si mesmo, raivoso:

— Nunca mais mulher nenhuma irá escutar o que pronunciei para aquela senhorita, muito menos ela. Que fique com este ou qualquer outro que a quiser!

A condessa, que voltava de um passeio, adentrou a sala e assustou-se quando viu Charlotte chorando, inconsolável. Aproximou-se da jovem e perguntou preocupada:

— Minha querida, o que aconteceu?

A jovem olhou para sua tia e, com um fio de voz, balbuciou:

— O duque, ele foi embora!

Agnes, sem entender o que acontecia mas também sem querer que o conde observasse a sobrinha daquele jeito, chamou-a:

— Vamos para seu quarto, querida, os outros estão chegando. Não vamos deixá-los preocupados.

A jovem consentiu e deixou-se levar pela tia, seguindo até seu quarto. Lá narrou para a condessa o acontecido. Agnes escutou tudo, sentindo tristeza na alma, lamentando muito o ocorrido e, olhando para a sobrinha, disse com tristeza:

— Querida, lamento. Fazia muito gosto nesse casamento.

Charlotte olhou para sua tia e pela primeira vez admitiu:

— Eu o amo. Eu o amo tanto! Mas não poderia dar essa resposta sem antes falar com Aaron; não seria honesto. Quando falar com Aaron, irei procurar o senhor duque, titia, e falarei do meu amor por ele também.

— Querida, lamento ter de lhe dizer isso, todavia, conheço Cédric. Ele não vai mais aceitar seus sentimentos. Ele é muito orgulhoso! Infelizmente, acredito que suas chances morreram por completo.

Charlotte olhou para a tia e falou em uma atitude desesperada:

— Eu vou orar; Deus há de me escutar. Agi corretamente; ele saberá me recompensar.

Agnes abraçou a jovem e, sentindo sua dor, calou-se. Não queria entristecê-la mais. Contudo, tinha quase certeza de que aquele casamento não mais aconteceria. Ficou com Charlotte até ela adormecer.

No outro dia bem cedo, o conde recebeu um bilhete do duque comunicando que havia viajado para Marselha, sem dia para voltar. A condessa olhou para o marido e, com os olhos rasos d'água, disse triste:

— Cédric está fugindo, querido. Coitada de minha Charlotte!

14

Uma nova vida

Dijon, França. Quatro anos depois.

Era tarde de um belo dia de sol. As folhas secas no chão, as árvores ressequidas, o vento que soprava quente, demonstravam que a chuva se fazia escassa na região.

– Charlotte, um homem a procura – comunicou Verena entristecida.

Charlotte sentiu o coração apertar-se; temia ser o que pensava. Respirou fundo e dirigiu-se para a varanda da casa da propriedade de seu pai. Lá encontrou um homem alto, forte e barbado, trajando roupas sujas, que a esperava. Ela falou com educação:

– Pois não.

– A senhorita é Charlotte Laforet? – perguntou o homem, intimidado pela beleza da jovem.

– Sim, eu mesma – respondeu.

– Vim buscar Jasmine, senhorita – disse o homem.

– O quê? Como assim, buscar? Por quê? – Charlotte perguntou. Todavia soubesse a resposta, ainda não se acostumara com aquela nova vida.

O homem sentiu piedade da jovem, contudo, tinha que cumprir ordens do seu patrão. Respondeu acanhado:

– Infelizmente, senhorita, seu pai perdeu no jogo.

Nesse momento, Hugo apareceu, subindo a escadaria da propriedade que dava para a varanda e, ao encontrar sua irmã com aquele homem, perguntou preocupado:

– O que aconteceu, Charlotte?

– A Jasmine, Hugo. Papai perdeu no jogo e esse senhor veio buscá-la! – respondeu com lágrimas nos olhos.

Hugo, extremamente chateado, disse para o homem em um tom agressivo:

– O senhor não irá levar coisa nenhuma. Jasmine não é propriedade de papai, é de Henry. Logo, se ele apostou, o fez indevidamente. Diga ao seu patrão que a égua não sai desta propriedade.

O homem, inibido pela autoridade do rapaz, meneou a cabeça e partiu em silêncio. Charlotte esperou o homem retirar-se e perguntou a Hugo preocupada:

– Será que essa foi a melhor solução, meu irmão? Tenho medo. Esse camponês é um dos trabalhadores de Fabrice.

– Charlotte, ele não pode fazer nada – respondeu o jovem seguro.

– Sim, ele pode, Hugo. Esqueceu-se da última vez? – lembrou Charlotte, fazendo alusão à surra que seu pai levara por causa de uma dívida de jogo.

O rapaz deu de ombros e, sem querer mais conversar, retirou-se, deixando Charlotte apreensiva. A jovem sentou-se em uma cadeira que havia na varanda e pensou consigo: "Fabrice é bem capaz de fazer isso. Ele é abominável!" Estava compenetrada em seus pensamentos e não viu Henry aproximar-se, andando com ajuda de muletas. Sobressaltou-se quando ele disse:

– Charlotte, pode entregar Jasmine. É melhor evitar contrariar Fabrice. Ele é bem pior do que se pode imaginar – advertiu o menino com segurança.

Charlotte sentiu um frio percorrendo seu corpo quando pensou no rapaz e fez imediatamente o sinal da cruz três vezes. Olhou para o irmão e perguntou aflita:

– Como vamos deter papai, Henry? Daqui a pouco, não teremos mais nada. Estamos praticamente falidos! Só nos resta esta casa e nossa terra. Meu Deus, como algo pode dominar alguém desse jeito, a ponto de ficar completamente fascinado e colocar a própria família diante do escárnio público?

– Tenhamos fé em Deus, minha irmã. Ele nunca deixa seus filhos à mercê da própria sorte, a não ser se procurarmos por isso – respondeu Henry, confortando a irmã.

– Henry, por que os homens se viciam? Como podem não ter controle sobre suas vontades?

– Existem muitas explicações, Charlotte. Entretanto, a que mais vejo como certa é seu afastamento das leis de Deus. Se o homem entendesse que seus atos recairão inevitavelmente sobre ele mesmo, talvez pensasse de outra maneira – disse o menino sabiamente.

– Será, Henry, que eles não sabem disso?

– Não podemos dizer que sabemos de algo simplesmente por ter o conhecimento de que esse algo existe. Uma coisa é você ter o conhecimento, outra coisa é vivenciar esse conhecimento. Por exemplo: quantos de nós dizem amar Jesus, amar Deus? No entanto, dizer e praticar esse amor são coisas distintas e distantes. O viciado é primeiramente vítima do ócio, da busca desenfreada das facilidades do mundo e dos prazeres – explicou o rapazinho com determinação.

— Todavia, Henry, papai é um bom homem. Ele apenas não superou a falta de nossa mãe – argumentou a moça.

— Bom, só Deus, Charlotte! Papai, como muitos, usa a desculpa da perda para atenuar suas faltas morais. A fé em Deus é principalmente para os dias de tormenta. Ele coloca a culpa de sua desdita na morte de nossa mãe, no entanto, quem está "morto" é ele mesmo! A cada dia, cai em profunda imersão em energias degradantes – disse o jovenzinho preocupado.

Charlotte olhou para Henry e sentiu um arrepio esquisito. Sem entender ao certo do que o irmão falava, pediu explicações:

— Do que está falando, Henry?

— Falo das companhias dele, Charlotte, tanto aqui na carne quanto no invisível.

Charlotte fitou-o, já acostumada com as ideias de seu irmão caçula, e sentiu um frio esquisito envolvê-la. Henry, a cada dia, tornava-se mais sensível, e os fenômenos que o rodeavam, mais frequentes. Charlotte respeitava e acreditava no que ele dizia, apesar de sua pouca idade. Seu irmão era o que conheciam como prodígio. Interessada no assunto, perguntou:

— Querido, como agem essas energias do lado de lá? Por exemplo, no caso de papai?

O jovem sentou-se em outra cadeira, ficando de frente para a irmã, e elucidou:

— Nós, que estamos aqui, emitimos energia que podemos chamar de ondas eletromagnéticas. Do lado de lá, os espíritos, ou seja, quem já teve declarada a morte de seu corpo físico, também emitem energia. Essas energias podem se atrair ou se repelir, dependendo do teor das vibrações. Papai emite ondas baixas, curtas e lentas, pois seus sentidos estão ligados a desejos frívolos, logo, ele se liga a energias do mesmo teor, ou seja, pessoas no mesmo círculo de interesses que ele, tanto na matéria quanto no mundo invisível.

Essas ondas não alcançam ondas mais longas, rápidas e altas, próprias de espíritos mais desenvolvidos moralmente. Então, Charlotte, papai e muitos de nós ficam imersos nessas energias, das quais vai se tornando cada vez mais difícil de se livrarem. Esse é o mundo dos vícios, do egoísmo, do orgulho, da luxúria, da inveja, do ciúme...

Charlotte escutava tudo com bastante atenção e, lembrando-se de seu outro irmão, perguntou preocupada:

— Henry, tenho notado uma mudança muito grande em Hugo em relação a papai. Ele parece não se importar mais. Está agressivo! O que quero saber é se uma pessoa que esteja servindo ao bem pode cair nessas energias ruins.

— Qualquer um de nós pode cair, Charlotte! Se não tivermos o cuidado de continuar com nossa vontade firme em auxiliar, as energias que emitimos mudam de padrão, logo, fatalmente cairemos em alguma emboscada. Hugo está sendo cercado por outros irmãos do mundo invisível, pois está dando condições para isso — disse o jovem, que mais parecia um homem, tal a sua sabedoria.

— Irmãos do mundo invisível? Como assim? — inquiriu a irmã confusa.

— Charlotte, fazemos amigos e inimigos ao longo das nossas muitas existências. Alguns inimigos não conseguem perdoar e seguem em uma busca implacável, mesmo estando do lado de lá, acreditando que justiça é fazer com o inimigo a mesma coisa da qual foi vítima. Essas perseguições são muito mais frequentes do que supomos, e muitos de nós somos guiados por outras inteligências que se associam a nossa vontade por causa do distanciamento de Deus e de suas leis.

— Henry, não deveríamos todos ter conhecimento disso? Você, tão jovem, já sabe de tantas coisas — comentou a irmã curiosa.

— Infelizmente, a Igreja se distanciou também dos propósitos de Jesus, servindo a um Deus criado por eles para satisfação de seus interesses. Com algumas exceções, certos religiosos são verdadeiros incitadores ao não cumprimento da mensagem de Jesus – disse o menino com tristeza.

Charlotte ficou impressionada com tudo que escutou e, levada pelas palavras de Henry, resolveu conversar com Hugo.

– Henry, vou falar com nosso irmão. Não suportaria vê-lo sofrer. – Ao dizer isso, saiu em seguida à procura do outro irmão. Encontrou-o no seu quarto, debruçado sobre alguns papéis, estudando um caso que estava atendendo. O quarto do jovem era grande e luxuoso. Havia uma bela cama com dois criados-mudos, um a cada lado; um guarda-roupa; uma mesa redonda com um grande vaso de flores; uma janela com cortinas finas e luxuosas; além de uma lareira, que embelezava e aquecia o local, e um lustre, que pendia do teto, dando um toque de requinte. As paredes continham frisos e duas belas pinturas. Charlotte entrou e chamou pelo irmão, que ainda não a tinha visto.

– Hugo, preciso falar com você.

Ele olhou-a ressabiado e respondeu ríspido:

– Charlotte, tem que ser breve. Tenho muito a fazer!

Ela anuiu com a cabeça, aproximou-se e se sentou em uma cadeira. Sem preâmbulos, proferiu para o irmão:

– Hugo, estou preocupada com você.

– Preocupada comigo? Por quê? – interrompeu o irmão surpreso.

– Você tem estado diferente, agressivo. Parece não ligar mais para papai.

– Ora, Charlotte, você quer que eu beije a mão do nosso pai quando ele só falta vender a nossa alma, para garantir seus prazeres em uma mesa de jogo? Não vou ser complacente com ele – rebateu com veemência.

– Eu entendo e acho também um absurdo o que ele faz. Mas, Hugo, ele é nosso pai e precisa de nossa ajuda. Não podemos esquecer isso, afinal, não é uma atitude cristã.

– Ajuda? Ele que se ajude! Jesus, minha querida irmã,

também foi enérgico com seus discípulos quando eles erravam. Em hipótese nenhuma passou a mão na cabeça deles, com a desculpa de os estar ajudando – argumentou.

– Não somos Jesus, Hugo, e não temos a condição dele. Você não vê, mas está agressivo comigo, com Henry e com Verena. Jesus por certo não era agressivo com ninguém. – Ela segurou as mãos do jovem e disse com os olhos rasos d'água: – Não quero perder você também, como estamos perdendo papai. Só tenho você e Henry. É difícil, eu sei, estamos quase sem nada. Todavia, podemos perder tudo o que o dinheiro pode comprar, mas não podemos perder um ao outro por conta de sentimentos menores que nós!

Eles não podiam ver, mas uma forte luz apresentou-se, transformando-se em uma mulher de aspecto doce. Ela se postou atrás de Hugo e disse-lhe, ligando-se a ele através de um fio prata:

– Hugo, meu filho, escute sua irmã. O sofrimento que ora se passa não é nada comparado ao que pode encontrar, acaso não escute os bons conselhos de quem nos ama e só quer nosso bem. Sua irmã está consubstanciada nas lições do evangelho; não a despreze.

Hugo, sentindo as boas emanações fluídicas, acalmou os ânimos e, olhando para Charlotte mais sereno, disse, sossegando a irmã:

– Desculpe, Charlotte, se tenho sido grosseiro. Você pode ter razão, mas sinto tanto em ver nosso pai vilipendiando nossos bens. Nunca irei deixar você e Henry, pode acreditar. Vou protegê-los até o dia de minha morte. Prometo rever minhas atitudes, todavia, não vou facilitar com nosso pai. Embora reconheça que tenho que respeitá-lo.

Charlotte abraçou o irmão com lágrimas nos olhos. Henry, sem ser percebido, entrou no quarto e, emocionado, viu sua mãe ao lado de seus irmãos, o que fez seus olhos se encherem de lágrimas. A jovem senhora olhou para seu filho mais novo, sorriu e desapareceu.

15

A carta

Na casa dos tios de Charlotte, a condessa desdobrava-se para cuidar de seu esposo, que fora acometido por uma doença. Andava de um lado para outro na imensa sala, preocupada, esperando o médico sair do quarto.

– Meu Deus, como esse médico está demorando. Será que é grave? – A nobre dirigiu-se até uma imagem de Nossa Senhora e orou: – Minha santa mãe, proteja meu marido. Não deixe que ele se vá. O que será de mim, minha mãe? Eu o amo tanto!

Paris vivia um clima tenso, na iminência de uma revolução que a cada dia dava sinais de que não demoraria a acontecer. Um jornal sensacionalista tratava de incitar o povo à luta. O discurso de um jovem parlamentar ficara cada vez mais árduo, arrancando aplausos e admiração dos demais. Por outro lado, Luís XVI ignorava todas as advertências que chegavam aos seus ouvidos, acreditando que solucionaria a situação.

Cédric chegara a Paris atendendo a um chamado urgente de alguns oficiais. Seguiu para um salão da capital, convidado a uma reunião. Chegou ao local trajando a farda de seu exército.

– Comandante, ainda bem que chegou! – recebeu-o outro oficial, que liderava os demais. – Quais as notícias de Marselha, meu amigo, e dos demais lugares? – perguntou o homem, indicando um lugar para o nobre sentar-se.

– Boas notícias eu trago, senhor! Marselha está apoiando a causa, Lyon também. Rouen não está muito envolvida com as notícias, todavia, comparada às demais, não faz muita diferença. Troyes ainda está se definindo – relatou o nobre.

Outro oficial perguntou interessado:

– E Dijon? Tive notícias de que um alto comerciante de lá está incitando a todos! O nome dele é Alexis Guerin. Conhece-o, comandante?

Cédric, ao escutar o sobrenome Guerin e o nome da cidade, fechou a cara, respondendo com um monossílabo:

– Não!

– Contudo, isso realmente é uma boa notícia. Por aqui, o tempo está se fechando. Entretanto, o rei continua na mesma – disse o líder com satisfação, sem notar o aborrecimento do nobre e fazendo outra pergunta: – O senhor já ouviu falar de um jovem oficial que vem se destacando por sua inteligência e pela maneira destemida com que luta?

– Sim. Todavia, ainda não o conheci – respondeu o nobre.

O oficial fez um gesto e um jovem baixo, de olhos claros

e bem expressivos, aproximou-se altivo. O homem apresentou-o ao duque:

— Este é o jovem de quem estão falando, comandante.

Cédric olhou para o rapaz à sua frente e observou algo diferente. O jovem possuía um olhar astuto, sua expressão corporal denotava segurança. O nobre cumprimentou-o solícito:

— Nosso exército está precisando de homens como você, meu jovem. Parabéns pela sua conquista!

O jovem olhou para o homem diante dele e, demonstrando respeito, disse firme:

— É um prazer conhecê-lo, senhor. Sua fama o precede. Espero ainda ter a honra de lutar ao seu lado.

— Pelo andar da carruagem, iremos ter esse prazer antes do que imaginamos – respondeu o duque, simpatizando com o jovem. Contudo, deu uma olhada em volta e perguntou intrigado: – Estão todos aqui?

— Não, meu caro. O conde Laforet se encontra doente e lamentaremos muito se tivermos que perdê-lo; sabemos o quanto o apoio dele é valioso – respondeu outro oficial.

Cédric silenciou e, depois da reunião, decidiu visitar o velho amigo. Desde o ocorrido com Charlotte, só estivera na casa do conde duas vezes. Antes se certificara de que os sobrinhos já haviam partido. Passava a maior parte do tempo viajando, resolvendo problemas em fronteiras, em portos, e administrando outras revoltas...

O serviçal recebeu o duque com educação. Encaminhou-o até a sala onde a condessa ainda permanecia e anunciou a entrada do nobre.

O coração de Agnes, ao escutar seu nome, encheu-se de júbilo. Gostava do nobre como se fosse um filho e, ao vê-lo, fez uma reverência. Com lágrimas nos olhos, pronunciou:

— Meu querido, que satisfação tê-lo aqui!

O nobre retribuiu a reverência e perguntou preocupado:

— Soube que o conde está doente. Como ele está?

— Sim. Infelizmente, as notícias não são boas, Cédric.

Meu pobre esposo está doente já há cinco dias e não tem melhorado. Temo perdê-lo. – Uma lágrima desceu pelo seu rosto.

O homem, sensibilizado, segurou sua mão e disse, confortando-a:

– Acalme-se, senhora. O conde é um homem forte, não há de perecer agora.

Ela anuiu com a cabeça. Nesse momento, o médico, enfim, saiu do quarto e foi dar notícias do doente.

– Senhora, felizmente seu marido está melhorando. A febre baixou e os medicamentos começaram a surtir efeito. Todavia, não se pode relaxar. Ele deverá manter repouso total até segunda ordem. No momento, está dormindo. Amanhã virei novamente. – Despediu-se e saiu acompanhado por uma serviçal.

– Que notícia maravilhosa! – festejou a condessa. Mais calma, olhou para o duque e perguntou, mudando de assunto: – Por onde esteve desta vez, Cédric?

– Em vários lugares, senhora. Está tudo muito conturbado devido aos rumores daqui de Paris.

Um serviçal adentrou a sala e, pedindo licença, entregou uma carta à condessa. Agnes reconheceu a letra de Hugo e abriu-a rapidamente, temendo algo. Ao terminar de ler, estava com o semblante aflito e, olhando para o nobre, disse cabisbaixa:

– Infelizmente, não é notícia boa.

Cédric, sem desconfiar o que seria, perguntou, querendo ajudar:

– Algum outro problema com o conde?

– Não! Desta vez, é com o irmão dele, o pai de Hugo. A carta é de meu sobrinho. – Ignorando os sentimentos do nobre, disse-lhe preocupada: – Hugo me relata uma quase tragédia. Meu cunhado deixou toda a família sem recurso algum. Perdeu todas as propriedades no jogo. Agora só resta a casa onde moram. Hugo teme que isso não dure muito e pede a ajuda de seu tio. Ele quer assegurar que o pai não possa colocar a propriedade como pagamento de dívida de jogo.

Cédric, tentando não se envolver com os problemas

ligados a Charlotte, silenciou por alguns segundos. Todavia, vendo o aspecto da condessa, perguntou por educação:

– O que ele pretende fazer?

– Aqui ele me pede para usar a influência do conde e mudar a escritura da propriedade, colocando-a em nome dele ou de qualquer um dos outros irmãos. Se ele a perder, o ganhador não poderá reclamá-la, tendo em vista que a mesma não mais lhe pertencerá. Infelizmente, o conde não poderá ir até lá, e ele pede uma providência em caráter de urgência – respondeu a condessa, tendo o cuidado de não pronunciar o nome de sua sobrinha para o duque; sabia que ele era muito orgulhoso. Desde o acontecido, nunca falara a respeito com ele.

Infelizmente, agora a situação se fazia muito séria. Tomou coragem e, olhando para o nobre, solicitou:

– Cédric, eu nunca pediria nada dessa natureza a você se a felicidade das pessoas que eu mais amo não estivesse em jogo. Nunca toquei no assunto em respeito ao seu jeito, que bem sei como é! Todavia, se puder ajudar, eu serei grata a você pelo resto de minha vida.

Cédric levantou-se, agastado com o pedido, arrependendo-se da pergunta que fizera. Contudo, não podia ignorar um pedido vindo de pessoas que ele tinha como verdadeiros amigos. Fora o conde e a condessa que haviam lhe dado o amor de pais que a vida lhe negara. Passou as mãos nos cabelos, sentou-se novamente e falou:

– Senhora, eu sinceramente não sei como posso ajudar seu sobrinho.

– Mas eu sei – respondeu a mulher com uma ponta de esperança em seu peito.

Ele sabia que iria se arrepender, porém, fez a pergunta que tanto evitava:

– Como, senhora? Como posso ajudar seu sobrinho?

– Você terá que ir a Dijon; terá que resolver isso lá mesmo. – E ela lhe explicou o que fazer detalhadamente e a quem procurar, depois segurou a mão do nobre e agradeceu: – Vou lhe ser grata pelo resto de minha vida, meu querido. – Para finalizar a conversa, arrematou: – Não precisa ver Charlotte, se assim desejar. Mande um mensageiro e marque um encontro com Hugo, só vocês dois.

Quando escutou o nome de Charlotte, Cédric sentiu-se pouco à vontade e perguntou, tentando encontrar outra solução que não fosse aquela:

– Condessa, posso enviar uma pessoa de minha confiança, e isso será tratado diretamente com o esposo de sua sobrinha e com seu sobrinho.

Agnes, ao escutar as palavras do nobre, olhou-o com espanto e respondeu rapidamente:

– Cédric, Charlotte não está casada! Infelizmente, não podemos confiar essa tarefa a mais ninguém que não seja você ou o conde, que não sei quando se recuperará.

O nobre estranhou e perguntou curioso:

– Como assim, não está casada? Havia um jovem ao qual, desde a infância, ela estava prometida.

– Você deve estar falando de Aaron. Esse jovem encontra-se noivo de outra senhorita, Cédric – disse a condessa, sem entrar em detalhes, temendo a reação do nobre.

Ele silenciou e resolveu mudar de assunto, embora tenha concluído em seus pensamentos que Charlotte sofrera uma decepção com o rapaz, pois ele havia preferido outra.

– Tudo bem, condessa. Irei para Dijon amanhã mesmo, já que o rapaz pede urgência. Vou procurá-lo em segredo e resolverei essa questão. – Dito isso, despediu-se. Sua cabeça estava confusa; deveria estar feliz com a desdita de Charlotte, uma vez que ela o trocara por esse rapaz. Balançou a cabeça, tentando não pensar mais naquilo. Naqueles últimos anos se entregara ao trabalho de corpo e alma, já que não tinha o hábito de afogar suas mágoas na bebida. Os dias se passavam, e acreditava não gostar mais de Charlotte, prometendo a si não vê-la nunca mais. Lembrou-se da jovem que conhecera em Montpellier. Sorriu. Era sobrinha de sua ex-sogra; fora ela quem apresentara a bela jovem de nome Johanne.

A carruagem entrou em sua propriedade e andou mais um pouco, até parar em frente da bela e antiga construção. Cédric desceu da condução com a cabeça fervilhando. Entrou em casa e estacou bruscamente ao encontrar marquesa Amelle Bonnet, seu esposo e sua sobrinha na sala, aguardando-o. Rapidamente dirigiu-se até lá e cumprimentou a todos.

– Marquesa Bonnet, que satisfação! Marquês Aloysius. Senhorita – fez uma reverência.

– Cédric, que bom que chegou. Espero que não se importe de fazermos essa surpresa; não sabíamos se você estaria aqui. Todavia, resolvemos arriscar. Viemos a Paris para trazer essa bela jovem, que ainda não conhecia a capital – respondeu a senhora adiantando-se.

– Fico feliz com a visita – disse Cédric com sobriedade.

Amelle conhecia muito bem o ex-genro. Sentiu que, por algum motivo, não ficara feliz. Todavia, ignorou as primeiras impressões e continuou a falar com cautela:

– Cédric, pensei que você poderia, se não fosse atrapalhá-lo, mostrar Paris a essa jovem, que está deslumbrada com esta cidade sem ao menos conhecê-la.

Cédric conhecia aquela conversa muito bem. Respirou fundo e respondeu de pronto:

– Lamento, marquesa Bonnet. Amanhã estarei de partida para Dijon e não sei quando retornarei. Estou indo a trabalho.

A jovem fechou a cara até então sorridente e fuzilou o nobre com o olhar. O senhor Bonnet estranhou a viagem e perguntou interessado:

– Acabou de chegar, Cédric, e já tem de partir? Acaso é referente aos rumores que escutamos logo que chegamos a Paris?

– Não, senhor. Todavia, aconselho a saírem de Paris. Infelizmente, essa revolução não tardará a acontecer e será muito perigoso aqui estar nesse momento – advertiu o duque com sinceridade.

– Mas, senhor duque, eu quero tanto conhecer Paris – protestou a jovem.

— Eu sei, senhorita. Entretanto, é melhor ficar viva do que conhecer a morte – respondeu o duque com seriedade.

Johanne mais uma vez olhou-o com raiva, e foi marquesa Bonnet que se colocou em defesa da moça:

— Cédric, querido, não se tira as esperanças de uma jovem desse jeito. Em todo caso, acredito que só queira o nosso bem, por isso vou perdoá-lo.

Cédric, sem querer prolongar a conversa, apenas anuiu com a cabeça.

Os convidados não se demoraram por mais tempo. Despediram-se e prometeram encontrá-lo em outra oportunidade. Sozinho em seu quarto, Cédric lembrou-se da jovem e lamentou a maneira como tinha agido há pouco. Todavia, apesar de sua beleza, a moça não tinha nada que o atraísse de verdade. Sabia muito bem que Amelle queria casá-lo. Porém, a ideia não o agradava e, pensando alto, falou:

— Mulheres... São todas iguais!

16

Charlotte enfrenta seu pai

Quando Cédric pegou a estrada ainda era madrugada, uma vez que não queria ser visto. No seu íntimo, apesar de acreditar que Charlotte não mais mexia com seu coração, estava decidido a não encontrá-la e, se acaso isso acontecesse, ele a ignoraria, como fizera nesses últimos anos. Nenhuma força é maior do que a vontade de alguém quando quer algo, e, nesse caso, estava determinado. Seus pensamentos voltaram-se para Charlotte: lembrou-se de seu sorriso, de seu jeito espontâneo, de seu perfume... Apesar de tudo, admirava a jovem pela sinceridade com que agira; ela não o enganara. Seu coração algumas vezes se mostrava confuso e dava sinais de querer fraquejar. Todavia, sua razão, movida pelo orgulho, falava sempre mais alto e não se permitia esse tipo de romantismo.

Na sua propriedade, Claude Laforet tomava seu café em uma pequena mesa no quarto, pensando consigo: "Hoje conseguirei ganhar daquele imprestável do Fabrice!"

Do lado de fora, Charlotte aguardava o pai. Estava decidida a ter uma conversa definitiva com ele e, assim, ficou no corredor que dava acesso aos quartos. Já estava quase desistindo, quando ele abriu a porta e deu de cara com a filha. Cumprimentou-a rapidamente, tentando se desvencilhar dela. Todavia, Charlotte, preparada, colocou-se na frente dele e proferiu:

— Papai, precisamos conversar.

— Tudo bem, minha filha. Quando voltar, conversaremos — disse o homem, mostrando pressa.

— Não, papai, agora! — rebateu enérgica.

Quando Claude ia protestar, Henry surgiu no corredor e ficou olhando fixamente para o pai.

Claude não se sentia à vontade com o filho caçula. Não conseguia olhá-lo nos olhos. Sentia-se pequeno diante da criança. Todos acreditavam que era por causa da sua deficiência, entretanto, Henry sabia o motivo. O olhar da criança parecia ir fundo em sua alma, e isso o incomodava, deixando-o com vergonha de si mesmo. Era como se ele sentisse a superioridade moral do filho, e suas faltas ficassem evidenciadas. Tentando fugir do olhar do filho, aceitou conversar com Charlotte no escritório e seguiu para lá, acompanhado pela moça.

Charlotte sentou-se em frente do pai, que dava sinais de impaciência, e disse decidida:

— O senhor está proibido de jogar a partir de hoje, papai. Não sairá mais desta casa sem algum de nós.

– O quê? Acaso enlouqueceu, minha filha? – perguntou aborrecido.

– Não, papai. Nunca estive tão lúcida como estou hoje. Pensei bastante esta noite e tomei uma decisão muito importante, para tentar seguir com nossa vida.

– Do que você está falando, menina? – perguntou nervoso.

– Estou falando de nossas vidas, que o senhor está levando para o lixo no qual está metido – rebateu a jovem determinada.

– Charlotte, eu sou seu pai e não admito que fale assim comigo! – disse, intimidado pelo jeito da filha.

– Eu também não admito que, por causa do seu egoísmo, por causa da sua fraqueza em não desejar nada mais da vida, jogue a nossa família na degradação! Não admito que venda os nossos bens para satisfazer seus prazeres mundanos. Não admito que manche o nome de minha mãe, que morreu honrada e lutando, dando a vida pelo próprio filho. Não admito que deixe seus filhos entregues à própria sorte, porque não podemos contar com o senhor para nada. Não admito que não seja um pai de verdade e que prefira se fazer de coitado – rebateu Charlotte com firmeza, porém contida.

Claude calou-se; nunca ouvira a filha falar daquele jeito. Sentiu a energia de suas palavras e recuou como um bicho acuado. Olhava-a, sem ter como responder a nenhuma das acusações.

Do lado de fora do escritório, Verena e Henry ouviam as palavras de Charlotte com alegria. Hugo, que passava por ali, vendo-os, aproximou-se e perguntou interessado:

– O que significa isto?

Verena olhou para o jovem e, sussurrando, respondeu:

– A sua irmã está dando uma bela lição em seu pai. Escute.

O rapaz estranhou, contudo também parou para ouvir.

– Chega, papai. Hoje vou chamar os camponeses e dizer da nossa atual situação, de como não temos como pagá-los.

A única solução que encontrei foi dar uma parte da produção, ou seja, todos irão ser sócios do senhor e...

Seu pai, estupefato, interrompeu a jovem, alarmado:

— Você está louca! Nunca que vou deixar você fazer isso. Você é apenas uma mulher que tem que se casar, e rápido.

— Não, papai, o senhor não tem como me impedir. E irá fazer tudo que estou dizendo, agora! Essa é a única solução para o problema que o senhor nos criou. Estou comunicando isso ao senhor por respeito, todavia, já é uma decisão tomada – disse a jovem sem pestanejar.

— Chega, Charlotte! Cale-se, ainda tenho autoridade sobre você – gritou Claude enfurecido.

— Cale-se o senhor! A única autoridade que reconheço no senhor é o que meu respeito me impõe – rebateu a jovem, firme e sem medo algum.

Hugo, que escutava tudo do lado de fora, admirado com a atitude da irmã, decidiu ajudá-la. Abriu a porta do escritório e, olhando para seu pai, disse firme:

— Charlotte não está sozinha, papai, estamos todos juntos e, querendo ou não, o senhor terá que fazer conforme ela explicou.

O pai olhou para os dois e, sem força pela determinação dos jovens, tentou outro recurso:

— Meu Deus, nunca imaginei que meus próprios filhos fizessem isso um dia comigo – reclamou ele choroso.

— E eu nunca imaginei ter que tomar uma atitude dessas com meu próprio pai, para que ele não destrua de vez tudo o que construímos – rebateu Hugo, demonstrando que não se compadecia da falsa tristeza do homem.

Claude, encurralado de todas as formas, não teve como recuar e aceitou a proposta dos filhos. Seguiu para um pátio que havia na bela propriedade e, juntos, comunicaram aos trabalhadores a situação, lançando a proposta e respondendo a todas as dúvidas. Alguns aceitaram felizes, outros nem tanto, porém não tinham alternativa. Pelo menos eram livres e passariam a ter o próprio sustento.

Já passava do meio-dia quando tudo foi dado por encerrado e todos voltaram ao trabalho. Claude, cabisbaixo, entrou em sua casa sem falar com nenhum dos filhos. Feliz, Hugo despediu-se da irmã dizendo:

— Parabéns, Charlotte. Foi uma decisão sábia. Agora tenho que ir. Logo mais estarei de volta.

Charlotte despediu-se do irmão com o coração opresso. Apesar de ter conseguido o que queria, não sabia explicar as fortes impressões que experimentava. Caminhou para dentro de casa com o propósito de conversar com Henry.

Encontrou seu irmão caçula no quarto. Aproximou-se, abraçou-o com carinho e disse:

— Meu querido, quero lhe perguntar algo.

A criança retribuiu o carinho e, sorrindo, indagou:

— O que é, Charlotte?

— Estou sentindo algo tão ruim dentro de mim. Era para estar feliz, afinal, conseguimos deter as desventuras de papai. Infelizmente, sinto como se algo estivesse para acontecer. Será que você poderia me explicar o que seria isso?

Henry sorriu e, para descontrair o ambiente, falou:

— Não conte a ninguém que você está pedindo conselho a uma criança com menos de onze anos, caso contrário, vão dizer que enlouqueceu!

Charlotte sorriu e respondeu:

— Não se menospreze, Henry. Você sabe que conhece muito mais do que muitos adultos presunçosos que andam por aí a arrotar conhecimento.

O menino apenas sorriu e, mudando de aspecto, respondeu à irmã:

— O que você pode estar sentindo é algum tipo de sensação ligada às energias malfazejas que estão sendo lançadas diretamente em você. – Pensou um pouco e disse ainda: – Ou, devido à sua sensibilidade, pode estar prevendo algo ruim que possa estar por acontecer.

— Meu Deus, Henry! E o que devo fazer? – perguntou preocupada.

— Orar. Nada tem mais força do que uma oração sincera dirigida a Deus. Aproveito para me colocar à sua disposição para acompanhá-la nas preces — disse, escondendo suas reais impressões dos fatos, pois presenciara junto ao pai um quadro aterrador. Viu, entristecido, vários espíritos se locupletando dos pensamentos emitidos por ele. Pareciam vermes colados ao corpo do homem, sugando-lhe fluidos e dirigindo-lhe os pensamentos.

Charlotte disse, satisfeita com a sugestão:

— Vamos almoçar primeiro, depois iremos até a capela e lá faremos nossas orações.

A criança aceitou a ideia com alegria.

Depois do almoço, o barão foi para seu quarto e andava de um lado para o outro, sentindo-se injustiçado pelos filhos. Falando consigo mesmo, dizia:

— Como, nessa idade, um homem pode sofrer algo dessa natureza? Afinal, filhos são para obedecer aos pais, e não o contrário. E agora, o que será de mim? Minha única diversão nesta maldita vida é meu jogo! Ninguém vai apostar comigo quando souber do acontecido.

Claude acreditava estar sozinho naquele quarto, todavia, tinha a companhia de vários espíritos que mais pareciam criaturas saídas de um conto macabro. Um deles, demonstrando ser o líder da turba, aproximou-se do pobre homem, deu-lhe uma gravata e disse a seu ouvido:

— Frouxo! Como não tem autoridade sobre aqueles moleques que pensam que são gente? — Fungou no cangote do homem com raiva, tossindo uma gosma em cima dele, e continuou a falar: — Eu não devia, mas vou ajudá-lo. Primeiro, vá para cidade se encontrar com os seus amigos. Não diga nada do que aconteceu aqui hoje e, quando lá chegar, conto o resto do plano. Temos que mostrar para sua filha quem manda aqui.

Um dos asseclas, ao escutar, perguntou sarcasticamente:

— Por que não damos um jeito no aleijado? Ele é quem protege a todos!

O homem deu um pulo, ficando em frente ao subordinado, e disse:

– Asno! Como você é ignorante. Por isso é que comando vocês. Tente se aproximar daquele aleijado maldito e verá o que acontece. Acaso não sabe quem se esconde naquele corpo todo torto, seu imbecil?

A infeliz criatura olhou para o chefe e fez uma cara de interrogação.

– Vocês não percebem nada! Têm que ser escravos mesmo. Aquele aleijado é o negro Ernesto, que, quando estava aqui deste lado, era o diretor da colônia espiritual. Agora voltou na pele desse aleijado.

Todos se entreolharam surpresos e um deles perguntou:

– Mas, senhor, não fica mais fácil pegar um iluminado quando eles estão na carne do que do lado de cá? Por que não montamos uma estratégia e derrubamos esse infeliz?

– Porque, seu ignóbil, fica mais fácil quando eles dão liberdade para isso. Todavia, é quase impossível fazê-lo: além da firme vontade de seguir o Crucificado, ele ainda possui proteção do lado de cá. Perceba que ele é apenas uma criança, mas todos já o respeitam como um adulto cheio de saber. Basta apenas um olhar dele para fazer estremecer uma pessoa, como esse imprestável do Claude. – Andou até sua vítima e, vendo a apatia dela, ordenou enérgico:

– Vamos deixar de conversa fiada e trabalhar! Deem uma injeção nesse malfazejo para ver se ele reage; caso contrário, nossos planos não irão dar certo. Adormeça-o; fica mais fácil dominá-lo e fazer o que queremos do lado de cá.

Os espíritos cercaram Claude e começaram a penetrar seus pensamentos, sugerindo que ele obedecesse. O homem, totalmente interligado pelas afinidades, unia-se aos espíritos, que, sem problema algum, o dominavam. Adormeceu em seguida e, em questão de minutos, seu espírito deixou o corpo, encontrando-se com os infelizes que o espreitavam. Sem dificuldades, implantaram as ideias que queriam. Horas depois, o nobre acordou com uma forte impressão consigo. Levantou-se, ajeitou-se, encaminhou-se na ponta dos pés para fora da casa e saiu sem ser notado, seguindo para a cidade a pé. No caminho, pegou carona na carroça de um camponês.

17

A aposta

    Um dia e meio depois, a carruagem levada por quatro cavalos fortes entrou na cidade de Dijon. A viagem havia demorado mais do que o previsto, já que foram feitas quatro paradas para não sobrecarregar os animais. Cédric encaminhou-se para um hotel e exigiu um banho quente, já que naquela época quase não existiam banheiros. O próprio palácio de Versalhes, que possui setecentos quartos, não tem nenhum banheiro. O nobre fez a criadagem providenciar-lhe uma tina onde pôde tomar seu banho. Depois, procurou descansar um pouco.

Na propriedade dos Laforet, Charlotte, acreditando que seu pai não tentaria mais sair, entregou-se ao trabalho. No final da tarde, sentindo uma forte angústia no peito, convidou o irmão a seguir até a capela e, juntos, oraram fervorosamente. Entretanto, a angústia que sentia aumentava, e ela não conseguia entender o porquê. A jovem olhou para o irmão e, não suportando mais, chorou. Foi um choro contido, mas levava uma carga emocional muito forte. Ela não sabia, mas seu pai se afastava da propriedade a passos largos naquele momento.

Henry olhou para a irmã e apiedou-se. Aproximou-se, abraçou-a com carinho e disse:

– Chore, Charlotte. Faz bem desabafar, e as lágrimas às vezes ajudam.

Charlotte sentia uma dor, uma solidão, uma sensação de perda, tudo de uma só vez. Lembrou-se da mãe, da falta que ela fazia; lembrou-se dos tios, tão amáveis; dos irmãos; do pai, que se transformara em um morto-vivo; e de Cédric, do amor que perdera... Eram tantos sentimentos ao mesmo tempo, que as lágrimas caíam com facilidade pelo seu belo rosto.

Passados longos minutos, respirou fundo e, sentindo-se um pouco melhor, olhou para o irmão e disse sorrindo:

– Com toda essa seca, dá para encher um rio, Henry!

– Bom para nós, que já temos um reservatório – respondeu ele, também descontraído.

Charlotte, sentada em um dos bancos da capela, olhou para Jesus na cruz e comentou:

– Sabe, Henry, mesmo sentindo isso, ao mesmo tempo sinto também que estou protegida. É estranho, não é?

– Não é estranho, Charlotte. Isso acontece porque estamos mais próximos do bem. Deus nos ama tanto que faz tudo por nós. Coloca tantos recursos à nossa disposição, sempre pensando no melhor para seus filhos. Se conseguíssemos enxergar, nos sentiríamos mais felizes – respondeu Henry, olhando para um ponto imaginário.

– Contudo, não enxergamos e ainda colocamos, muitas vezes, a culpa dos nossos infortúnios em Deus – desabafou Charlotte.

De repente, ela escutou um grito. Olhou assustada para Henry e falou:

– É Verena, Henry? O que foi que aconteceu? – Levantou-se rapidamente e disse para o irmão: – Vou ver o que aconteceu e volto em seguida para buscá-lo. – Segurou a saia do vestido e saiu correndo em direção à casa. No meio do caminho, encontrou com Verena, que vinha esbaforida procurando por Charlotte. A mulher parou, respirando com dificuldade enquanto tentava recuperar o fôlego, e disse ainda cansada:

– Seu pai, Charlotte, ele fugiu. Não está em lugar nenhum da propriedade.

– Ninguém o viu sair, Verena? – perguntou a moça preocupada.

– Não! Com certeza, minha menina, ele foi para a cidade jogar.

Charlotte olhou para a senhora sem acreditar, mas infelizmente teve que concordar:

– E agora, Verena, o que vamos fazer? Já está tarde, daqui a pouco vai anoitecer. Se ele apostar a fazenda, o que vamos fazer, meu Deus? – Passou as mãos nos cabelos, sem saber o que fazer, e disse triste: – Vamos conversar com Henry.

Contaram o acontecido ao irmão, e ele imediatamente teve uma ideia:

– Verena, vá com o Jean até a cidade e sigam direto para o local onde papai costuma jogar. Fiquem escondidos e, quando ele apostar a fazenda, vocês aparecem e contam o ocorrido a todos. Falem em nome dos filhos dele e, se alguém questionar, peça que venha tomar satisfação conosco.

— E se ele já tiver apostado a propriedade, Henry, o que faço? – perguntou a senhora preocupada.

— Se ele for fazer isso, a deixará por último, pois é também seu último trunfo. Se a perder logo, não terá mais como jogar – concluiu o menino com segurança.

Verena, como gostava dessas aventuras, adorou a ideia e seguiu com um trabalhador em uma carruagem para a cidade, dando o máximo que os cavalos podiam dar.

Cédric adormecera e, ao acordar, deu-se conta de que já estava perto de anoitecer. Decidiu procurar Hugo só no outro dia. Contudo, queria dar uma volta pela cidade. Arrumou-se e saiu pelas ruas de Dijon passeando em uma carruagem alugada. Dijon era sem dúvida uma bela cidade, com belas construções...

Verena chegou à cidade quando ainda estava claro. Todavia, escurecia rapidamente. Não foi difícil encontrar o local das apostas. Colocou-se um pouco afastada, observando o barão, que bebia sem parar. Olhou para Jean e disse triste:

— Pobres dos filhos dele! Antes ele tivesse morrido no lugar da senhora Giulia – desabafou a criada com raiva.

— Não diga isso, Verena. Traz má sorte! – protestou o homem com medo.

A mulher deu de ombros e ficou escutando tudo escondida de todos. Já haviam se passado longos minutos quando ela viu, assustada, Fabrice entrar na taberna. O barão, quando viu o jovem, levantou-se e gritou bêbado:

— Hoje eu o pego, Fabrice. Hoje é meu dia de sorte!

O jovem olhou-o e, aproximando-se, falou agressivo:

– Não aposto mais com o senhor. A égua que ganhei, não pôde trazê-la. O senhor apostou algo que não lhe pertencia, e aquele seu filho metido a besta não a deixou sair de sua propriedade. O senhor é um mentiroso, barão Laforet.

– Mas não estava sabendo disso, meu rapaz. Não seja por isso: vou resolver o assunto assim que chegar em casa. Agora, deixe isso para lá e vamos jogar. Hoje eu sinto que vou lhe dar um baile.

Fabrice pensou um pouco e, vendo a disposição do nobre, percebeu que tinha a oportunidade de conseguir algo que há anos nutria em seus pensamentos inferiores: Charlotte. A imagem da filha do nobre veio à sua mente, e ele sorriu. O desejo que nutria pela moça era potencializado por inteligências inferiores que se locupletavam com ele. Passou a mão na imensa barriga e, olhando para o homem, deu o golpe:

– Só tem uma coisa que desejo agora do senhor, barão Laforet. Mas não sei se o senhor está disposto a colocar em jogo.

O homem franziu o cenho e perguntou curioso:

– O que é, meu rapaz?

Verena arregalou os olhos, esperando a resposta do jovem com ansiedade, pronta para entrar em cena e fazer tudo o que fora combinado.

Fabrice sentou-se e, olhando para o nobre, disse sem pestanejar:

– A mão de sua filha, barão. Quero me casar com Charlotte. Desejo apostar a mão da senhorita Charlotte Laforet.

O nobre olhou-o com estranheza; sabia da aversão que sua filha tinha pelo rapaz, e sua primeira vontade foi negar. Todavia, como estava associado mentalmente a uma corja de espíritos infelizes, lutou um pouco contra a própria vontade, enquanto os espíritos gritavam em seu ouvido:

– Ela o ridicularizou; agora chegou a vez de mostrar que quem manda é você. Vamos, seu parvo, aceite. Você é um homem ou um burro de carga qualquer, que só serve para carregar os filhos nas costas?

A investida continuou ferrenha, até o nobre ceder. Ele olhou para o jovem e falou:

– Tudo bem. Aposto a mão de minha Charlotte.

Fabrice, que já viera previamente preparado, entregou a ele um papel que continha por escrito que, se perdesse no jogo, teria que pagar a aposta. O homem olhou para o papel e, acreditando que ganharia, assinou sem problema.

Verena olhou para Jean, alarmada, e perguntou nervosa:

– E agora? Meu Deus, Jean, minha menina está perdida. O que eu faço? Meu Deus, o que eu faço? Devo entrar lá e dizer o quê? Vamos, ajude-me – falava a mulher em total desespero.

O homem, um pouco mais calmo, pensou rápido e disse, tendo uma ideia:

– O senhor Hugo não está aqui na cidade? Vamos até ele contar o ocorrido. Certamente ele saberá o que fazer, Verena.

A mulher, ao escutar o outro, sentiu alegria e disse eufórica:

– É verdade, Jean, vamos. Eu sei onde Hugo está. – Sem esperar pela condução, a mulher seguiu correndo pelas ruas da cidade. Minutos depois, entrou em um prédio e parou diante do recepcionista. Com alguma dificuldade devido ao cansaço, perguntou:

– Hugo! Onde está o doutor Hugo Laforet?

O homem olhou para a mulher e, vendo a aflição desta, logo respondeu:

– Ele já foi, senhora. Só amanhã que a senhora poderá falar com ele.

– Não, não pode ser! – gritou Verena, desesperada. Sem se importar com as reações alheias, perguntou a si mesma: – E agora, meu Deus, como posso salvar minha menina? Aju-de-me, minha santa Maria; tenha piedade dessa jovem tão sofrida. – Saiu em seguida com as mãos na cabeça, aturdida. Parou ao encontrar Jean, que, ao vê-la, teve certeza de que a notícia não iria ser boa.

– Está tudo perdido, Jean. Hugo já foi embora. – A mulher olhou para os lados, como se quisesse procurar por Hugo.

Todavia, mesmo naquele estado de alma, reconheceu Cédric descendo de uma carruagem no outro lado da rua. Verena, sem pensar direito no que fazia, correu em direção ao nobre, desesperada, uma vez que viu naquela figura de que pouco gostava uma luz. Aproximou-se rapidamente e, ainda de longe, gritou seu nome com força:

– Senhor duque, por favor! Senhor duque!

Cédric escutou seu nome e, assustado, olhou imediatamente em direção à voz, para ver, aborrecido, Verena aproximar-se parecendo uma louca. Ficou parado, com receio de que ela continuasse a chamá-lo aos gritos, e esperou contrariado.

Verena, sem se importar com qualquer impressão do nobre, aproximou-se e disparou a falar:

– Senhor duque, o senhor tem que ajudar minha Charlotte. O barão Laforet, seu pai, acaba de apostar a própria filha com aquele porco imundo do Fabrice. Sei que o senhor não deve amá-la; bom, duvido de que ame alguém, pois o senhor é de meter medo! Porém, tem que ajudá-la. Esqueça tudo, senhor, e faça esta caridade à mulher que um dia o senhor desejou para ser sua...

Cédric, sem aguentar mais, ordenou enérgico:

– Cale-se, senhora, ou me afastarei imediatamente! Não sou obrigado a escutar sua voz irritante.

Verena calou-se; todavia, bem devagar e baixinho, perguntou:

– O senhor pode ajudar minha Charlotte?

Ele respirou fundo, tentando entender o que acabava de escutar, e, olhando para Verena, pediu taciturno:

– Diga devagar e sucintamente o que está acontecendo.

A mulher anuiu com um gesto de cabeça e, falando como se soletrasse, disse com medo de o duque não entender:

– Se-nhor du-que, o pai de Char-lot-te a-ca-ba de a-pos--tar a fi-lha no jo-go! Se e-le per-der, o por-co do Fa-bri-ce le-va Char-lot-te. En-ten-deu?

Cédric teve que se controlar para não sair dali. Contudo, o caso era muito mais sério do que ele pensava. Lembrou-se de Fabrice e da aversão que Charlotte confessara sentir pelo rapaz. Uma raiva súbita se apoderou dele e, movido por esse sentimento, perguntou a Verena:

– Onde está o pai de Charlotte?

Verena sorriu feliz e continuou a soletrar:

– É lo-go a-li. Se o...

O nobre interrompeu Verena com rispidez:

– Ora, fale direito, senhora! Não sou nenhum idiota. Diga de uma vez.

A mulher entendeu o recado e não demorou a responder:

– Acompanhe-me. Se o senhor vier a pé, será mais rápido.

Sem dizer mais nada, ele seguiu a mulher com passos decididos.

18

Fabrice e Cédric

Minutos depois, Cédric adentrou a taberna, altivo, e, com a indicação de Verena, aproximou-se da mesa de jogo, parou ao lado de Claude e chamou-o enérgico:

– Barão Claude Laforet?

O nobre olhou para o jovem a seu lado e, sem conhecê-lo, disse curioso:

– Sim, sou eu mesmo. E quem é você?

– Sou o duque Cédric Lefevre, também comandante do exército da França.

O nobre, intimidado pela autoridade do rapaz, levantou-se e perguntou:

— O que quer de mim?

Antes de ele responder, Fabrice levantou-se e interrompeu-o, dizendo:

— Senhor, está interrompendo um jogo muito importante. Será que não poderia conversar com o barão outra hora? Já vamos acabar; falta uma única jogada.

Cédric olhou para o rapaz e teve vontade de avançar sobre ele e dar-lhe uma boa surra, já que sabia do que se tratava. Contudo, ignorou-o e, voltando-se para Claude, pediu ríspido:

— Senhor, acompanhe-me agora! Temos assuntos urgentes a tratar.

Claude olhou para Fabrice, sem saber o que fazer. Todavia, foi Fabrice quem respondeu, ansioso em realizar o que há tanto aguardava:

— Senhor, ele não pode sair agora. – Pegou as cartas que estavam em sua mão, jogou em cima da mesa, sem se intimidar pela presença de Cédric, e, olhando para Claude, disse sorrindo: – O senhor perdeu, agora sua filha é minha. Charlotte vai ser minha esposa.

Cédric, escutando aquilo, controlou os ânimos e perguntou friamente ao nobre, tendo uma ideia de súbito:

— O que o senhor apostou, barão?

O homem, envergonhado, respondeu de cabeça baixa, sem olhar para ele:

— A mão de minha filha, senhor.

— Só a mão não. Ela todinha – rebateu Fabrice sarcástico.

Cédric, ainda controlando suas emoções, andou até Fabrice e falou, olhando-o com firmeza:

— Você não terá a mão nem nenhuma outra parte da senhorita Charlotte.

Fabrice recuou um pouco e perguntou intrigado:

— Posso saber por quê?

Verena assistia a tudo vibrando com a coragem do

duque. Estava tão absorvida com o ocorrido, que nem percebeu a chegada de Hugo. O jovem reconheceu Verena e Jean do outro lado da rua quando passava e veio saber o que estava acontecendo. Foi Jean quem o viu primeiro.

— Senhor Hugo, seu pai apostou a mão de sua irmã com Fabrice e acabou de perder. Fabrice está exigindo que a senhorita Charlotte se case com ele — explicou o homem rapidamente.

Verena, escutando Jean conversar com alguém, viu Hugo, então aproximou-se do rapaz dizendo tudo o que estava acontecendo. Hugo, abismado com o que escutava, disse boquiaberto:

— Meu Deus, meu pai deve ter enlouquecido de vez!

Dentro da taberna, Cédric olhou para Fabrice e disse decidido:

— A senhorita Charlotte é minha noiva e vim aqui para marcar a data do nosso casamento.

— O quê? Isso é mentira! Nunca ouvi dizer que a senhorita Charlotte estivesse noiva. Ele perdeu a aposta e assinou um papel, portanto, a senhorita Charlotte é minha — rebateu o jovem agressivo.

Cédric, sem aguentar mais, segurou Fabrice pelo colarinho e jogou-o na parede como se fosse um bolo de carne. Os demais clientes do estabelecimento levantaram-se e saíram do local com medo, provocando um vozerio. Cédric, sem se importar, suspendeu-o novamente e, olhando-o nos olhos, advertiu:

— Não fale mais assim de Charlotte ou eu o mato aqui! Ela não será sua nunca, entendeu? — Soltou-o, deixando-o cair.

O rapaz levantou-se, furioso, e, segurando o papel assinado, gritou para o barão que assistia a tudo sem reação:

— Onde está sua autoridade de pai? Sua filha noiva e você nem sabe? Quero que cumpra sua parte da aposta ou vou matá-lo. Você tem autoridade; a filha é sua. Você assinou este papel, seu imprestável! Vou levar essa situação às últimas consequências. Não vou aceitar isso.

Nesse momento, já sabendo de tudo e escutando em parte o ocorrido, Hugo entrou na taberna e disse enérgico:

— Esse papel não tem validade alguma, Fabrice.

O rapaz olhou para o outro e perguntou, babando de raiva:

— Como não tem? Claro que tem, e vou fazê-lo valer.

— Meu pai está sob interdição por incapacidade de gerir a própria vida. Sem falar que ele assinou isso sob o domínio da bebida. E asseguro que é verdade; o duque é noivo de minha irmã. A pedido de meus tios, decidimos não falar nada. Contudo, ele veio aqui para oficializar a união.

— Malditos, isso não vai ficar assim. Vou acabar com vocês. — Sentindo que não podia fazer mais nada, pegou o papel, colocou-o na mesa com força e, olhando para o barão, fitou o duque, depois Hugo, e saiu jogando as cadeiras no chão.

Cédric olhou para Hugo e, surpreso com a coragem do jovem em enfrentar Fabrice, falou:

— Muito bem, meu rapaz. Acaba de salvar sua irmã!

Hugo, feliz em reencontrar o duque, respondeu sorrindo:

— Não, senhor duque, quem a salvou foi o senhor. — Aproximou-se do nobre e estendeu-lhe a mão com satisfação: — Bem-vindo a Dijon, senhor duque. É uma alegria revê-lo.

O nobre sentiu a sinceridade daquele jovem rapaz e, apertando sua mão com vontade, falou sério:

— Acho que acabei de comprar um briga com esse tal de Fabrice!

Verena entrou na taberna e, olhando para Cédric, murmurou:

— Meu Deus, Charlotte livrou-se de Fabrice. Entretanto, terá que casar com o senhor? Coitada de minha menina!

Hugo interrompeu a mulher, com medo da reação do duque, e disse enérgico:

– Cale-se, Verena. Deveria beijar os pés do senhor duque. Se não fosse por ele, a sua menina estaria perdida!

A mulher olhou para o duque e falou com rapidez:

– Desculpe, senhor. Tenho mesmo que agradecer ao senhor. Melhor o senhor do que aquele porco imundo.

Cédric olhou para a senhora e, apesar das asneiras que ela dizia, deu-se conta do que acabara de acontecer. Preocupado, pensou: "O que eu fiz? E agora, como vou me livrar dessa? Tenho que pensar em algo!"

Claude, que até agora não havia dito nada, olhou para o duque, aproximou-se e disse envergonhado:

– Posso dizer que minha filha escolheu um homem de coragem. Todos aqui têm muito medo de Fabrice.

O duque fulminou-o com seu olhar e disse ríspido:

– Com o senhor eu vou tratar daqui a pouco. Agora, quero falar com seu filho, e em particular. – Fez um sinal chamando o rapaz em um canto do salão. Então perguntou: – Hugo, o que vamos fazer agora? Você bem sabe que é mentira. Não vou e não quero me casar com sua irmã.

Hugo, astuto, sabia que o duque havia gostado de sua irmã e fazia muito gosto com o casamento. Pensou rápido e, com a intenção de aproximá-lo de Charlotte, pediu com humildade:

– Sei muito bem disso. Acredito que o senhor tenha vindo a pedido de meus tios para nos ajudar, o que já começou a fazer. Contudo, quero lhe pedir um último favor: continue a sustentar essa mentira; se meu pai souber da verdade, tenho certeza de que irá contar ao pústula do Fabrice, e não sei se tenho autoridade suficiente para impedir que aconteça o pior. Como o senhor bem viu, ele vai tentar se vingar. – Suspirou e, triste, relatou: – Fabrice, desde que chegou à cidade, corre atrás de minha irmã. Todavia, ela tem por ele verdadeiro pavor.

Cédric olhou para o jovem e disse indeciso:

– Eu sei, Hugo, ela já havia me relatado. Contudo, não sei se posso fazer isso.

— Senhor duque, eu jamais pediria algo dessa natureza a alguém como o senhor se não fosse uma situação tão grave. Conheço o caráter de Fabrice e posso lhe assegurar que ele não tem nenhum! Temo inclusive pela segurança e pela vida dela. Se ele acreditar que isso é verdade, não terá coragem de investir contra ela. – O rapaz, com sinceridade, desabafou: – Minha irmã já sofreu tanto que, se fosse obrigada a se casar com alguém como Fabrice, preferia vê-la morta. Ela tem segurado a situação de nosso pai, que se tornou insustentável, e ainda ontem obrigou-o a se tornar sócio de todos os trabalhadores da propriedade, para não termos de perder a única coisa que nos restou.

O duque sentiu todo o drama daquele jovem de quem gostava desde que o conhecera. E, sem poder negar aquele pedido, concordou:

— Tudo bem, Hugo. Todavia, tenho que ver como irei sair dessa sem, no entanto, manchar o nome de sua irmã.

Hugo sorriu, vendo ali uma oportunidade de conseguir o que no fundo queria. Respondeu agradecido:

— Obrigado, senhor duque. Também vou pensar em algo. – O jovem teve uma ideia e começou a colocar o plano dele em funcionamento, falando para Cédric: – Senhor, vamos até a minha propriedade. O senhor tem que ficar hospedado lá, caso contrário, meu pai irá achar muito estranho, e Fabrice também. Tenho quase certeza de que amanhã mesmo ele vai tentar aprontar alguma, mas, ao saber que o senhor está em nossa propriedade, pensará melhor.

Cédric assustou-se. Essa era a última coisa que queria: ficar perto de Charlotte. Contudo, o rapaz podia ter razão e, se acontecesse algo a eles, não iria se perdoar. Mesmo a contragosto, aceitou a proposta. Antes de seguir para a propriedade, enviou uma mensagem à capital pedindo homens à sua disposição, pois sentia que Fabrice iria dar trabalho, e um serviçal para buscar suas coisas no hotel e pagar pela breve estadia lá. Depois, seguiu com os demais para a propriedade dos Laforet.

Já era noite quando as carruagens adentraram os altos muros da propriedade. Apesar da pouca luminosidade, Cédric pôde perceber que se tratava de uma boa e bela propriedade. Porém, não deu muita importância àquilo; só pensava no encontro com Charlotte. Tentou enganar a si mesmo, disfarçando as emoções, mas por dentro vivia um conflito intenso. De um lado, queria vê-la, olhá-la novamente... Por outro lado, queria distância da única mulher que havia machucado seu coração...

Charlotte, sem saber de nada do que havia acontecido, continuava na capela, orando fervorosamente a Deus. Henry havia voltado para casa a fim de esperar os outros, deixando a irmã sozinha, entregue às próprias angústias.

"Meu bom Deus, permita que meu pai não caia novamente em tentação! Como poderemos continuar a suportar essa situação? Ajude-nos, senhor. Não sei se tenho mais forças para aguentar tudo isso. Minha vontade é ir morar com meus tios. Contudo, não posso deixar tudo para trás assim. Afinal, todos aqui ajudaram na construção do que temos!" Sem mais forças, sentindo um forte cansaço, seguiu para o local reservado ao padre, quando ele vinha de quinze em quinze dias, para rezar a missa.

O local era pequeno, porém confortável. Havia uma cama de solteiro ali e alguns poucos móveis. A jovem dirigiu-se à cama e deitou-se. Vencida pelo cansaço, adormeceu profundamente.

19

Emocionante reencontro

Todos desceram da carruagem, tensos. O barão Laforet sentia os olhares de censura do filho e evitava encará-lo. O duque, por sua vez, observava o casarão estilo colonial muito bem cuidado. No alto da escadaria reconheceu Henry, aguardando. Hugo tomou a iniciativa e convidou o nobre:

– Por favor, senhor duque, acompanhe-nos.

Todos subiram rapidamente. Hugo, encontrando Henry na varanda, anunciou com calma, embora com um olhar sugestivo para o jovenzinho:

– Henry, o duque dará o prazer de sua presença em nossa casa alguns dias. Ele veio acertar a data de casamento com nossa irmã.

O menino olhou para o nobre, sorrindo com sinceridade, e disse feliz, apesar de não entender muito bem o que estava acontecendo:

– Que notícia maravilhosa! Seja bem-vindo, senhor duque. Estou muito feliz por reencontrá-lo. – Estendeu a mão com satisfação.

– Olá, Henry. Estou feliz também por revê-lo. – Apertou a mão do menino com carinho.

Verena, ansiosa, olhou para o jovenzinho e perguntou com curiosidade:

– Onde está Charlotte, Henry?

– Está na capela orando.

Verena adiantou-se e anunciou eufórica:

– Eu vou chamá-la, senhor duque.

Hugo impediu a mulher e disse, enquanto olhava para o duque, tentando impedir que a serviçal assustasse a irmã com o seu falatório:

– Não, Verena, acho que quem deveria ir encontrar minha irmã é o senhor duque. Eles têm muito que conversar e muita saudade a matar, afinal, já faz muito tempo. Jean irá levá-lo até a capela.

O barão olhou para ele desconfiado. No início, acreditara que aquilo era apenas para dissuadir Fabrice da aposta. Contudo, depois que o filho mais novo dera provas de que também tinha conhecimento do fato, ficou mais convencido do evento.

O duque entendeu a preocupação do jovem e teve que concordar:

– Claro, meu rapaz. – Decidido, Cédric saiu atrás de Jean.

Seu coração estava opresso, ansioso, feliz, triste... Eram tantos os sentimentos que o confundiam, e não sabia se podia controlar aquilo; apenas andava e tentava ao máximo manter o domínio de si mesmo. Quando chegou à capela da propriedade, já estava mais senhor de si. Seu orgulho impusera-lhe essa condição e pensou consigo mesmo, parado em frente da pequena capela: "Tinha que ser logo aqui?"

Jean, alheio a tudo que intimamente o nobre vivia, olhou e falou solícito:

— Senhor, a senhorita Charlotte deve estar lá dentro. Quer que eu entre com o senhor?

— Não, obrigado. Daqui sigo sozinho – respondeu decidido.

Jean anuiu com a cabeça e se retirou em seguida.

O duque adentrou a capela devagar. Parou logo após a entrada e, olhando em volta, não viu ninguém. Respirou aliviado e continuou entrando. Ao chegar ao altar, olhou mais uma vez, girando em torno de si mesmo, sem no entanto encontrar Charlotte. Franziu as sobrancelhas, estranhando. Henry havia falado com segurança que ela estaria ali. Viu um tipo de passagem depois do altar e seguiu para lá. Andou por um pequeno corredor até uma única porta. Bateu levemente, sem obter resposta. Decidido, segurou na maçaneta e girou-a, abrindo a porta devagar. Entrou em uma pequena sala iluminada por dois castiçais de quatro velas cada um, posicionados em cima de uma pequena mesa de madeira. Cédric virou-se e viu Charlotte deitada em uma cama de solteiro, dormindo profundamente. Seu coração sentiu forte emoção. Ficou parado, olhando para aquela bela jovem, e agradeceu por ela estar dormindo, assim teria tempo de recompor suas emoções.

O duque pegou uma cadeira, aproximou-se da cama, sentou-se e, observando-a mais de perto, pensou: "Como é linda!" Contudo, seu orgulho falou mais alto novamente. Bem devagar, tocou no braço de Charlotte e chamou-a:

— Senhorita Charlotte! Senhorita Charlotte!

Charlotte sentiu aquele toque e, bem devagar, abriu os olhos. Piscou algumas vezes. Entretanto, quando viu o nobre diante de si, abriu e fechou os olhos, pensando que sonhava. Percebendo que não se tratava de um sonho, levantou-se às pressas e disse assustada:

— Senhor duque?

O homem levantou-se também e respondeu sério:

— Sou eu mesmo, senhorita.

Charlotte ficou alguns segundos olhando-o como se não acreditasse. Sem controlar a emoção, esqueceu as formalidades da época, venceu a distância que os separava e atirou-se nos braços do nobre, com os olhos cheios de lágrimas, dizendo:

— Meu Deus, que bom revê-lo, senhor duque.

Cédric, que não esperava aquela reação, ficou estático, o coração batendo forte ao sentir a proximidade da jovem. Buscou forças em seu orgulho para reagir e, segurando sua cintura, falou sério, afastando-a:

— Senhorita, temos assuntos muito graves para tratar.

Charlotte sentiu a frieza do nobre e, novamente tomada pela sua espontaneidade, desvencilhou-se com rapidez, desculpando-se sem jeito:

— Desculpe-me, senhor. — Procurando mudar de assunto, logo perguntou: — O senhor disse que temos assuntos graves? Do que se trata?

Cédric, sem saber como iria falar tudo para ela, pediu:

— Vamos sentar, senhorita.

Charlotte obedeceu e sentou-se em uma das cadeiras da mesa, sendo acompanhada por Cédric. O nobre olhou para a moça e começou sua narração:

— Senhorita, ontem estive na casa de sua tia; seu tio encontra-se doente. Todavia, se recupera bem! Ela, entre outras coisas, me expôs a dificuldade que a senhorita e seus irmãos estão passando devido ao seu pai. — Parou um pouco e continuou seu relato: — A condessa recebeu uma carta de seu irmão na qual ele pedia ajuda para não deixar que seu pai se desfizesse da última coisa que restou a vocês: esta propriedade.

— Sim, é verdade. Hugo me disse que havia enviado a carta — interrompeu Charlotte, lembrando-se do ocorrido.

— Todavia, devido à enfermidade de seu tio, ele não pôde estar aqui, e ela me pediu que viesse em seu lugar para ajudar seu irmão.

Cédric silenciou; não sabia como contar a ela a outra parte. Respirou fundo e, olhando para a jovem, disse de uma vez:

— Hoje, no final da tarde, passeava nas ruas de Dijon quando sua serviçal, Verena, interpelou-me desesperada pedindo ajuda, por causa de seu pai.

Charlotte sentiu um aperto no peito; sabia que não iria escutar boa notícia. Contudo, manteve-se em silêncio.

— Ela me disse que o barão havia apostado sua mão em casamento com aquele rapaz, Fabrice.

Charlotte sentiu como se uma espada houvesse entrado em seu peito. Levou as mãos à cabeça, e lágrimas brotaram rapidamente em seus olhos. Olhou para o duque, chocada, e perguntou com voz entrecortada:

— Ele teve coragem de fazer isso? Meu Deus, o que será de meu pai?

Cédric apiedou-se da jovem, vendo o sofrimento estampado em seu rosto, e continuou o relato:

— Sim, senhorita, infelizmente, ele teve coragem. Contudo, fui atender ao pedido da senhora Verena e entrei em uma briga com Fabrice. Para tentar reverter a situação, disse que a senhorita era minha noiva e que vim marcar a data do nosso casamento. O rapaz não aceitou a ideia de bom grado, entretanto, não teve muito o que fazer. Saiu jurando vingar-se. Pelo menos por enquanto, a senhorita está a salvo de um casamento com aquele rapaz.

Charlotte não conseguia pronunciar uma só palavra; apenas olhava para o duque, espantada, tentando absorver tudo o que escutara. Depois de alguns longos segundos, ela enfim falou:

— Meu Deus, senhor, que lástima ter de envolvê-lo em algo tão delicado.

— Eu também lamento profundamente, senhorita. Porém, o que está feito não pode ser mudado. Agora só nos resta encontrar um jeito de reverter isso. Todavia, por enquanto e a pedido de seu irmão, temos que manter essa mentira. Ele acredita que Fabrice poderia tentar algo, mas que minha presença aqui vai de alguma maneira intimidá-lo.

Charlotte sentiu as duras palavras iniciais dele, sabendo que eram direcionadas a ela. Entretanto, deixou essas impressões de lado e concentrou-se no mais importante:

– Meu irmão pode ter razão. Aquele rapaz está associado a mentes terríveis e perturbadas. Não duvido de que já esteja planejando algo muito pior – confirmou Charlotte.

– Então, como vim para ajudá-los, estou disposto a seguir com essa mentira durante alguns dias, até encontrarmos uma solução viável. Estarei hospedado em sua casa a pedido de seu irmão. Espero não ser nenhuma inconveniência para a senhorita – disse o nobre circunspecto.

– Em hipótese alguma, senhor. É uma honra para mim, pode acreditar – respondeu a moça com sinceridade.

– Só mais uma coisa: seu pai não sabe de toda a verdade. Ele também acredita que nosso compromisso seja verdadeiro. Agora, devemos voltar; todos nos aguardam – finalizou o nobre sério.

Ela anuiu com a cabeça. Levantaram-se e seguiram para a casa em silêncio, embora com mil pensamentos e sentimentos. Quando estavam se aproximando, o duque estendeu o braço para Charlotte e disse circunspecto:

– Vamos começar a encenação.

Ela segurou em seu braço e disse tímida:

– Obrigada, senhor duque. O senhor é muito generoso.

– Não, senhorita, não sou. Devo estar é louco, isso sim – desabafou o nobre.

Chegaram a casa e foram recebidos com um longo sorriso por parte de todos. Claude, no entanto, magoado com sua filha, perguntou agressivo:

– Como é, Charlotte, já marcou a data? Afinal, o pai da noiva é o último a saber, não é?

Charlotte olhou para o pai angustiada e, sem saber o que responder, ficou em silêncio. Todavia, Cédric, profundamente chateado com o barão, olhou-o altivo e, voltando-se para ele, disse ríspido:

— Agora chegou minha vez de conversar com o senhor, barão Laforet. Se o senhor é o último a saber, foi devido à sua total incapacidade de ser um pai de verdade. Como teve a coragem de oferecer a cabeça de sua filha em uma bandeja para um tipo daquele? Acaso ainda acredita ter motivo para indignação? Se o senhor não fosse o irmão de um dos melhores amigos que tenho, e pai da mulher que escolhi para me casar, eu o prenderia agora mesmo! O que o senhor fez e vem fazendo com os seus filhos é imperdoável. Todavia, sou um homem correto e quero acertar para daqui a três meses meu casamento com sua filha. Quero pedir a mão dela oficialmente ao senhor. Foi para isso que felizmente vim até aqui.

Charlotte ficou extremamente comovida pela atenção daquele homem, que não precisava estar ali. Todavia, a tinha defendido com tanta vontade que quem não soubesse da verdade acreditaria, com certeza, que estavam noivos mesmo.

Todos, menos o barão Laforet, estavam felizes. O pai de Charlotte sentiu-se intimidado com a autoridade do nobre. Contudo, não quis facilitar as coisas e, olhando para a filha, disse, externando toda a sua raiva:

— Espero que ela não faça com o senhor o que fez com o outro pobre rapaz. Ela arrebata corações, depois os descarta como baralho velho!

Charlotte, admirada com o que escutara, olhou para Hugo, que também se mostrava surpreso.

Cédric, intrigado e sem entender o que o homem havia falado, adiantou-se e perguntou ríspido:

— Do que o senhor está falando?

— Pergunte a ela. Pois é com ela que se casará — respondeu, jocoso, o barão.

Charlotte, indignada, não suportou a insinuação e aproximou-se decidida do pai. Olhando-o com firmeza, disse enérgica:

– Papai, hoje o senhor ultrapassou todos os seus limites. Pela primeira vez em minha vida, desejei não ser sua filha. Infelizmente, tenho que continuar com essa realidade. Todavia, a partir de hoje, o senhor só terá a minha piedade, porque até meu respeito o senhor perdeu. Não preciso do seu aval para coisa nenhuma, já que, até em uma mesa de jogo, apostou minha vida, e, se não fosse por este homem, não sei o que seria de mim. Portanto, não precisa responder ao senhor duque, pois, quando não temos algo de útil para falarmos, é preferível que fiquemos calados, para não passarmos por tolos.

Charlotte voltou-se para o duque, pediu licença e retirou-se da sala, carregando consigo a dor que sentia no íntimo.

Cédric nunca a tinha visto daquele jeito e conheceu mais uma das qualidades de Charlotte. Logo, pensou: "Ela não é tão frágil como achei que fosse!"

20

Charlotte assume a propriedade

O pai de Charlotte sentiu a energia das palavras de sua filha e arrependeu-se do que havia dito. Tentou ir atrás dela, todavia, foi impedido por Hugo, que, enérgico, segurou-o pelo braço e disse:

– Não diga mais nada, mesmo que seja para consertar o disparate que acabou de cometer. Se fizer mais alguma coisa com minha irmã, não respondo por mim. O que o senhor fez hoje a Charlotte não tem explicação. Não há palavras que possam ajuizar o tamanho do absurdo que perpetrou. – Soltou o braço do nobre bruscamente e, olhando para Cédric, pediu educadamente: – Senhor duque, por favor, queria me acompanhar. Vou levá-lo até seu quarto. – E saíram, deixando Claude entregue a suas próprias desgraças.

No seu quarto, Charlotte chorou, sem suportar o peso das últimas notícias, a cabeça afundada nos travesseiros. Era um choro de dor, de indignação, de tristeza. Perguntava-se o porquê de tudo aquilo. Como seu pai fora capaz de um ato daquela natureza? Sentia como se sua vida estivesse fugindo de suas mãos. Falando consigo mesma, perguntou-se:

– E agora, o que faço? Sei muito bem que o senhor duque não quer se casar comigo. Embora, se não fosse por ele, estaria entregue àquele homem repugnante. – Sentiu o estômago revirar imaginando essa possibilidade. Só havia uma coisa boa naquela história toda: o fato de rever o duque. Lembrou-se do abraço que dera no nobre, e seu coração bateu mais forte...

A porta do seu quarto foi aberta, tirando a jovem de seus pensamentos. Voltou-se e viu seu irmão mais novo olhando-a, parado, em silêncio. Enxugou as lágrimas e falou:

– Pode entrar, Henry.

– Como você está, minha irmã? – perguntou o menino preocupado.

– Não muito bem, mas sei que vou melhorar – respondeu mais calma.

– Claro que vai. Não se espante com o que papai anda fazendo, Charlotte. Nessa altura, ele já não tem mais vontade própria – explicou Henry.

Charlotte sentou-se na cama e perguntou intrigada:

– Como assim? Eu não entendi.

O jovem dirigiu-se até sua cama, sentou-se e explicou:

– Lembra que lhe falei de inteligências do mundo invisível que dominam algumas pessoas? Pois é o que está acontecendo com nosso pai. Infelizmente, ele está em um estágio muito avançado desse processo. Ele permite que essas criaturas o manipulem como queiram.

– Não há nada que possamos fazer? – indagou a jovem preocupada.

— Tudo depende dele! Todavia, podemos tentar. — O menino olhou para a irmã e revelou: — Há algumas noites tenho ido ao seu quarto quando ele dorme. Porém, as criaturas afastam-no. Oro com o firme propósito de, pelo menos, aplacar tamanha dominação, já que...

Charlotte interrompeu o irmão, perguntando espantada:

— Henry, não estou entendendo muito bem. Você disse que essas criaturas afastam nosso pai? Como isso pode acontecer?

Ele, mais uma vez, tentou explicar à moça:

— Quando dormimos, nosso espírito se afasta do corpo e adentramos o mundo invisível. Logo, de acordo com nossos pensamentos, somos levados para regiões variadas e nos encontramos com nossos semelhantes. Papai é levado para cidades sombrias, onde são oferecidos prazeres com os quais ele tem estreita ligação. É uma forma de essas criaturas conseguirem dominá-lo; se ele não obedecer, tiram o que ele mais procura: o prazer que esse tipo de atividade oferece.

Charlotte, escutando tudo com bastante atenção, perguntou abismada:

— Henry, o que você está me dizendo é algo impressionante. Então essas criaturas podem fazer isso com qualquer um de nós?

— Sim. E não é só isso: podem fazer muitas outras coisas, só basta permitirmos — respondeu seguro.

— Como podemos evitar isso?

— Jesus nos deu a fórmula: "Ajuda-te e o céu te ajudará". Temos que pelo menos tentar seguir o exemplo de Jesus. Ou seja, vencer nossas limitações, que nos seguem em nossas existências. Perdoar quem nos ofende, compreender o próximo, ter paciência com os erros dos outros, repartir um pouco do que temos com quem não tem nada. Isso não é só válido apenas para as muitas esmolas que alguns dão aos mendigos...

— Como assim, Henry? O que mais devemos repartir? — interrompeu novamente Charlotte.

– O que temos de melhor, minha irmã: nossa boa vontade. Transmitir nossa fé, incentivar o trabalho honesto, espalhar a esperança, acalentar um coração sofrido com um abraço, uma palavra... São muitas as formas que Deus nos oferece para nos protegermos dessas criaturas das sombras, sabendo, minha irmã, que um dia todas elas também irão aprender a respeitar as leis de Deus! Estão apenas dormindo, e devemos entender esse fato.

Charlotte olhou para o irmão mais novo, lembrou-se de seu pai e indagou:

– O que devo fazer com papai então? Será que não fui dura demais com ele?

– Charlotte, fazer o bem não significa que temos que dizer sim a tudo ou baixarmos nossa cabeça. Um não, ou uma advertência bem-feita a alguém com o firme propósito de ajudar, é uma excelente forma de auxiliar. Papai, infelizmente, só entende hoje esse tipo de tratamento. A única coisa que lhe peço é para não guardar qualquer tipo de mágoa dentro de si, pois isso é um verdadeiro veneno, desencadeador de muitos males.

A moça anuiu com a cabeça e, mudando de assunto, perguntou:

– Henry, como vamos livrar o senhor duque disso? Nós sabemos que esse casamento não é de verdade. Nem sei como vou agradecer por tudo que ele está fazendo por nós.

Henry olhou para a irmã e disse sorrindo com toda sua sabedoria:

– Como é bonito o amor, Charlotte. Sei que ainda ama o senhor duque. Não se preocupe, minha irmã. Confiemos em Deus; nos planos Dele ninguém interfere.

Enquanto isso, no quarto de visitas, Hugo acomodava o nobre.

– Fique à vontade, senhor. Daqui a pouco, o jantar irá ser servido. – Hugo ia saindo quando o duque perguntou curioso:

– Hugo, o que seu pai quis dizer com aquilo?

O jovem voltou-se para Cédric e respondeu com segurança:

– Eu não sei, senhor. Todavia, o que posso lhe assegurar é que minha irmã é uma moça de muita honra. Eu admiro muito Charlotte. – Dito isso, pediu licença e saiu em seguida.

O nobre olhou para o amplo quarto, certificando-se de que estava limpo, e relaxou. Caminhou até uma confortável cama, sentou-se e pensou em tudo o que estava acontecendo: "O que fui fazer? Como me livrar dessa situação agora? Eu, que pensava em nem vê-la mais, agora estou em sua casa e de casamento marcado!" Suspirando, deitou-se e olhou para o teto, continuando com suas interrogações: "O que aquele infeliz do pai dela quis dizer com aquilo? Será que tem ligação com aquele outro rapaz?"

A noite transcorreu sem maiores problemas. Cédric, logo depois do jantar, recolheu-se. Estava cansado e não queria conversar com Charlotte; a jovem ainda mexia muito com ele. Os demais fizeram o mesmo. O dia havia sido bastante tumultuado.

No dia seguinte, Charlotte acordou cedo com o firme propósito de assumir as rédeas da propriedade. Convocou uma reunião com os camponeses e traçou planos para o plantio, a colheita e a criação dos animais. Todos, surpresos pela desenvoltura da moça, gostaram das propostas dela e acalentaram dentro de si esperanças de dias melhores.

Cédric, cansado, acordou com o sol já quente. Tomou seu café sozinho, uma vez que os demais já haviam saído. Estava na varanda, admirando a bela propriedade, quando viu ao longe Charlotte aproximar-se a cavalo e não pôde deixar de admirá-la. Contudo, estranhou; não era comum uma mulher montar. A jovem chegou rapidamente e desceu do cavalo, entregando-o a um serviçal. Subiu as escadarias com agilidade e deu de cara com o duque, que a fitava com seriedade. Fez uma pequena reverência e cumprimentou o nobre:

– Bom dia, senhor duque.

Ele retribuiu a reverência e respondeu sisudo:

– Bom dia, senhorita. – Fitou-a e perguntou no mesmo tom: – Posso perguntar o que faz uma moça montada em um cavalo a essa hora do dia?

Charlotte sentiu seu tom de repreensão e respondeu com calma:

– Eu assumi a propriedade, senhor; estava tratando disso neste exato momento com os camponeses.

– A senhorita acha apropriado sair a cavalo sozinha para tratar com homens? – insistiu o nobre.

Charlotte estranhou a preocupação do duque bem como sua insinuação. Contudo, respondeu novamente, desta vez mais firme:

– Senhor, eu não estava sozinha. As mulheres dos camponeses acompanham-nos. E não vejo problema em andar a cavalo, uma vez que monto muito bem!

Ele sentiu a firmeza de suas palavras e resolveu acalmar os ânimos, já que, também, não tinha nada com isso. Interessado, fez outra pergunta:

– Como a senhorita está providenciando esse trabalho, visto não ser comum uma mulher tratar de tão delicada tarefa.

– O senhor tem toda razão. Todavia, a necessidade impõe a possibilidade de conhecermos novas tarefas. Nem eu sabia que poderia fazer isso – disse Charlotte orgulhosa.

– Como está fazendo, senhorita? Ainda não me respondeu – insistiu o nobre sério.

– Foi oferecida aos camponeses uma parte de toda a produção. Alguns ficam na lavoura, outros com as vendas, outros com os rebanhos. No final, os lucros são divididos em partes iguais, ou seja, nós entramos com a terra e os materiais, e eles, com o trabalho. Não tínhamos como pagar esses trabalhadores, já que papai acabou com todos os nossos demais recursos. Acredito, senhor duque, que dará certo. Traçava metas com eles, neste momento, para a colheita que terá início em dois dias, apesar da seca que tivemos. Temos a sorte de passar, em nossa propriedade, um lago imenso e que, graças a Deus, nos livrou da perda total do plantio.

Cédric não disse nada, apenas anuiu com a cabeça. Charlotte, contudo, perguntou, mudando de assunto:

– O senhor quer conhecer a propriedade? Posso lhe mostrar.

O nobre pensou em não aceitar, mas, como não tinha outra coisa para fazer, pelo menos por enquanto, resolveu aceitar:

– Claro. Quero sim.

Charlotte sentiu um aperto no estômago e convidou alegre:

– Venha, senhor, acompanhe-me.

Desceram a escadaria e seguiram andando. Foram primeiro ao estábulo. Charlotte apresentou, empolgada, os últimos cavalos que seu pai não conseguira colocar em jogo. Depois, foram a um imenso galpão, lugar que era usado para fazer as festas dos camponeses. Logo mais, a capela, que ele já conhecia, a casa de queijo, a fornalha, onde se produziam pães, bolos e outras iguarias, a criação de bovinos, suínos e caprinos. Subiram por um caminho que foi dar em um imenso lago, com muito verde ao redor. Charlotte respirou profundamente e disse:

– Quando eu era criança, vinha sempre aqui com Hugo tomar banho. Ele me assustava dizendo que tinha um monstro no lago. Nossa mãe também sempre vinha conosco. – A jovem parou como se voltasse no tempo e silenciou, olhando para um ponto imaginário.

Cédric olhou-a e sentiu um aperto no peito. Teve que reconhecer que a vida não fora muito generosa com Charlotte. Tão jovem e já havia passado por tantas coisas! Lembrou-se também da própria história.

Sem que percebessem, a esposa de um dos camponeses se aproximou, tirando Charlotte de seus pensamentos:

– Senhorita Charlotte, esse é seu noivo? Todos já estão sabendo que a senhorita irá casar.

Charlotte olhou para a mulher e, meio sem jeito, confirmou, apresentando Cédric:

– Sim, Pepita, este é meu noivo. Senhor duque, esta é Pepita, esposa de um dos trabalhadores da propriedade.

A mulher adiantou-se e estendeu a mão com gosto. Contudo, Cédric ficou olhando para ela e, muito a contragosto, segurou sua mão dizendo:

– Encantado, senhora!

A mulher não percebeu sua aversão e respondeu com alegria:

– Fico feliz de a senhorita Charlotte ter encontrado um homem tão corajoso; é só do que se fala, aqui e na cidade.

Charlotte não deixou de perceber o gesto de Cédric ao tocar a mão da mulher. Na mesma hora, colocou a mão para trás e ficou com ela suspensa, escondendo-a atrás de si como se estivesse com nojo dela. Todavia, Charlotte perguntou, interessada, à mulher:

– O que se fala, Pepita?

– Ora, senhorita Charlotte, fala-se que seu noivo enfrentou aquele pústula do Fabrice. Todos estão dizendo que ele é um verdadeiro herói.

Charlotte e Cédric calaram-se surpresos. A mulher despediu-se e seguiu sozinha.

Charlotte olhou para o nobre sem saber o que dizer. Entretanto, Cédric encaminhou-se para a margem do lago e lavou sua mão, esfregando-a com vontade. Depois a sacudiu várias vezes, enxugando-a, e se aproximou novamente de Charlotte. A jovem, estranhando tal atitude, perguntou com cuidado:

– Senhor, eu posso lhe fazer uma pergunta?

Ele olhou-a e respondeu sucintamente:

— Sim, pode.

— Eu já percebi que o senhor, quando toca uma pessoa, sempre lava as mãos. Por quê?

— Não sei, me dá vontade. Sinto algo ruim. É como se minha mão estivesse suja. É uma mania que tenho; não consigo me livrar dela – respondeu, sério, sem querer entrar em mais detalhes.

Charlotte não quis fazer mais nenhum comentário, porém não achava aquilo normal. Alheio aos pensamentos de sua falsa noiva, o nobre perguntou, mudando de assunto:

— Senhorita Charlotte, já pensou em algo para resolvermos o nosso problema? Depois do que essa mulher acabou de dizer, essa notícia se espalhará como rastro de pólvora. Logo, ficará mais difícil para mim.

— Infelizmente, não. Não consigo pensar em nada, todavia, tenho certeza de que encontraremos um jeito de livrar o senhor desta situação – respondeu a moça triste.

Ele se arrependeu imediatamente do que havia falado ao perceber a tristeza na voz dela. Tentando atenuar as palavras, comentou:

— Claro que encontraremos. Por ora, está saindo tudo como pensamos, afinal, todos estão acreditando.

Charlotte sorriu e disse, mudando o clima:

— Isso é verdade. Podemos dizer que o senhor é um bom mentiroso. Que situação, senhor duque, logo o senhor, que só fala a verdade!

O nobre, que não havia pensado sob essa óptica, teve que concordar com a jovem, e, deixando-se contagiar pela sua alegria, disse animado:

— Está vendo, estou mentindo por um bem maior. Sem querer, a senhorita me levou a fazer isso.

Charlotte fitou-o feliz e elogiou-o:

— O senhor é um homem incomum, senhor duque. Estou feliz em reencontrá-lo.

Ele ficou sério de repente, sentindo-se envolvido por

sentimentos que ainda insistiam em se manter em relação àquela bela jovem. Esquecendo a resistência que tinha imposto a si mesmo, aproximou-se, olhou-a fixamente, tocou sua face com delicadeza, tirando alguns fios de cabelo que voavam em seu rosto, e desceu suas mãos pelos braços de Charlotte, parando na cintura. Puxou-a para mais perto e, bem próximo, disse:

– A senhorita é muito bonita.

Charlotte sentiu a respiração dele, tamanha a proximidade em que se encontravam. Pensou que seria capaz de escutar seu coração batendo. Não conseguia se mexer; apenas olhava para os olhos dele, as emoções à flor da pele.

Cédric observava detalhadamente o rosto de Charlotte, sentindo o perfume da jovem. Ia beijá-la, quando escutou uma voz ao longe, chamando-o. Imediatamente, afastou-a e, nervoso, disse:

– Temos que ir, senhorita.

Charlotte tentou se recompor. Suas emoções estavam confusas mas, encontrando forças, respondeu sem jeito:

– Claro, senhor.

Hugo alcançou-os, sem perceber o que quase tinha acontecido, para o alívio de sua irmã.

– Senhor duque – disse ele –, que bom que está dando uma caminhada. Gostou de nossa propriedade?

O nobre, controlando as emoções, respondeu, olhando para Charlotte, circunspecto:

– Muito, meu rapaz; é muito bonita.

Charlotte aproveitou a presença do irmão e pediu que continuasse com o nobre. Sua única vontade era sair dali o mais rápido possível. Despediu-se e partiu quase correndo...

21

Benjamin

Depois do ocorrido, Cédric decidiu evitar Charlotte, e ela notou a frieza do nobre. Entretanto, respeitou sua vontade e se manteve afastada.

Dias depois, a jovem voltava da lavoura. Fora dar uma olhada na colheita e encontrara na estrada uma negra que trazia também o filho, ambos fugindo do patrão. A mulher, desesperada, pediu que a jovem a ajudasse, pois Fabrice queria matar seu filho. Charlotte não pensou duas vezes:

– Claro. Vamos, venha comigo.

Todavia, não andaram muito, e Fabrice os encontrou:

– Senhorita Laforet, esta negra me pertence. Se a levar, será roubo!

Charlotte olhou para o homem, assustada, sem saber o que dizer. Um trabalhador da fazenda que vinha logo atrás, vendo Fabrice, correu sem ser visto para a casa, que já estava próxima, procurando pelo irmão da jovem. Foi avisado de que Hugo e Cédric estavam na cidade, mas logo deveriam estar de volta. O homem pensou e teve a ideia de ir ao encontro dos dois. Pegou um cavalo e saiu em disparada.

Já fazia três semanas que o nobre chegara a Dijon. Havia, enfim, conseguido com Hugo mudar o nome do proprietário da fazenda, como prometera à condessa, e acreditava haver chegado a hora de voltar. O duque e Hugo retornavam para a casa, passando por uma ponte bem próxima da propriedade, quando encontraram com o trabalhador, que vinha correndo a cavalo. Quando avistou a carruagem do patrão, brecou bruscamente rapidamente e, alarmado, gritou para Hugo:

– Corra, senhor Hugo. Fabrice está interpelando sua irmã. Eles estão na estrada do lago, no grande carvalho.

Cédric pulou da carruagem e ordenou:

– Tome meu lugar na carruagem e me dê o cavalo; sei onde fica.

O homem atendeu ao pedido rapidamente. O nobre montou no cavalo e saiu em disparada.

Charlotte, em silêncio, viu no semblante de Fabrice uma satisfação macabra. Uma revolta cresceu dentro dela e, mudando de aspecto, olhou-o altiva e disse:

– Ninguém é propriedade de ninguém, Fabrice.

— Engano seu, senhorita. Eu paguei por esses dois, portanto são meus sim! – respondeu o moço em tom jocoso.

A moça rebateu imediatamente:

— Eles estão na minha propriedade, e você não pode invadi-la. Portanto, retire-se!

O jovem estranhou o jeito de Charlotte; ela sempre fora doce e frágil. Pensou um pouco e, buscando provocá-la, indagou:

— Não sabia que agora a senhorita mordia. Do jeito que fala, é bem capaz de chamar-me para uma briga e, acredite, terei o maior prazer em aceitar.

— Não perco meu tempo com quem não merece, Fabrice. Muito menos com atividades que só lhe dizem respeito – tornou firme.

O homem sorriu pelo canto da boca e fitou a jovem por alguns instantes. Desceu do cavalo, levantou as calças que usava e, tentando intimidá-la, ficou encarando-a por mais algum tempo. Cuspiu um pedaço de galho seco que trazia mascando no canto da boca, aproximou-se lentamente, parando diante dela, e perguntou zombando:

— Quer dizer que é a senhorita quem toma conta da propriedade agora? Estava há muito querendo ver isso. Pelo que vejo, tomou pulso firme! – Deu outra cuspida de lado e continuou irônico: – Bem que eu queria a senhorita tomando conta de minhas propriedades. Como você bem sabe, tenho muitas. A senhorita seria o enfeite mais bonito.

Charlotte sentiu uma forte dor de cabeça com a proximidade do rapaz. Pediu ajuda a Deus em uma prece silenciosa, sem recuar de onde estava. Olhou firme para ele e disse resoluta:

— Fabrice, estou pedindo; caso você não queira atender, terei que tomar outras providências.

O duque, para não espantar Fabrice e querendo lhe dar uma boa lição, desmontara um pouco antes e seguira a pé para o local, em silêncio.

Fabrice, sem saber que o nobre estava logo atrás dele, avançou mais um pouco e perguntou ameaçador para Charlotte, que também não vira Cédric:

— Outras providências? Quais? Chamar seu noivinho? Onde ele está agora? Está sozinha, senhorita Charlotte. Apenas eu e a senhorita.

— Engano seu. Estou aqui e vou lhe quebrar a cara se não sair de perto de minha noiva agora mesmo – rosnou Cédric, bufando de raiva.

Fabrice olhou para trás assustado e afastou-se rapidamente. Cédric, por sua vez, aproximou-se de Charlotte e, passando a mão em seu ombro, perguntou atencioso:

— Está tudo bem?

Ela respirou aliviada e agradeceu a Deus na mesma hora. Olhou para o duque e fez um gesto afirmativo com a cabeça. Fabrice, colocando fogo pelas ventas, caminhou até a negra e segurou-a com brutalidade, dizendo:

— Sua maldita, você agora terá o que merece, você e esse seu filho infeliz.

— Piedade, senhor. Piedade! – gritava a pobre mulher, temendo o pior.

Charlotte, penalizada, pulou na frente do homem e disse:

— Ela está em minha propriedade; você não pode levá-la.

— Ela me pertence e vou levá-la, queira ou não – rebateu ele raivoso.

Cédric, sem entender o que acontecia, perguntou agastado:

— O que está ocorrendo?

— Vim pegar o que é meu, e sua noiva não quer deixar. Coloque-a no lugar em que uma mulher deve sempre estar, meu caro: na cama!

Cédric, escutando aquilo, avançou no jovem e, segurando-o pelo pescoço, imobilizou-o. Com um punhal em sua garganta, disse:

— Se você falar mais uma vez desse jeito, será um homem morto, e espalharei seus restos para os cães, insolente!

O suor desceu rápido pelo rosto de Fabrice, que ficou lívido, temendo o pior. Levantou o braço em sinal de rendição. O duque então soltou-o com violência. Fabrice olhou para aquele homem e admirou sua técnica, contudo, tentou explicar aborrecido:

— Esta negra e seu filho me pertencem; são fugitivos, e a senhorita Charlotte estava disposta a ajudá-los. Portanto, se o senhor é um homem da lei, faça essa lei ser cumprida. Eu paguei por estes infelizes.

Nesse momento, Hugo chegou e perguntou preocupado:
— O que está acontecendo aqui?
— Pronto, só falta o aleijado agora! – resmungou Fabrice irritado.

Charlotte explicou a situação para o irmão e pediu ajuda. Contudo, Hugo disse abatido:
— Infelizmente, Charlotte, não podemos fazer nada.
— Pelo menos uma vez, você disse alguma coisa sensata, Hugo – respondeu Fabrice, segurando a negra pelos cabelos e a arrastando consigo.

Charlotte, sentindo a dor daquela mulher, ajoelhou-se e pediu chorando para Fabrice:
— Por favor, pelo menos uma única vez, faça alguma coisa com a qual possa se sentir bem. Deus saberá recompensá-lo. Ela é apenas uma mãe que está tentando defender seu filho.

Cédric, muito incomodado com toda aquela situação e vendo-a ajoelhada, ordenou ríspido para a moça:
— Levante-se, Charlotte. – Depois se voltou para Fabrice e disse altivo: – Quanto quer pelos dois, Fabrice?

O rapaz, como gostava de dinheiro, parou bruscamente, virou-se para o nobre e perguntou irônico:
— Quanto está disposto a pagar, senhor?
— Diga seu preço – respondeu o duque.

O homem, percebendo que podia ganhar com aquela situação, resolveu colocar preço no sentimentalismo de Charlotte. Sabia que o nobre fazia aquilo pela sua suposta noiva. Pensou um pouco e respondeu:

– Trezentos escudos.

– Amanhã mando deixar com você – respondeu o duque sem pestanejar.

Contudo, Fabrice deu um sorriso sarcástico e arrematou:

– Só pela criança. A negra não vendo, irá comigo. É pegar ou largar.

A mulher, escutando, pediu aos gritos:

– Aceite, senhor. Salve meu filho. Deus lhe dará o que o senhor mais quer nesta vida.

Cédric, ao escutar o que aquela pobre negra havia dito, olhou para Charlotte e, vendo em seu rosto um pedido de compaixão, respondeu:

– Deixe a criança.

Fabrice sorriu, tomou o pequeno de apenas três meses das mãos de sua mãe e o entregou a Charlotte, que o recebeu chorando, sentindo uma grande dor ao ver a mãe ser levada logo em seguida.

– Fabuloso. Nunca um negrinho valeu tanto – resmungava o homem distanciando-se.

Charlotte, com o pequeno nos braços, olhou para Cédric, que se mantinha calado, e novamente agradeceu:

– Obrigada, senhor duque. Que Deus possa abençoá-lo por tão nobre gesto.

Cédric olhou para a moça com seriedade. Contudo, experimentou algo tão bom em seu íntimo que acreditou ser felicidade. Sentiu-se forte em ter ajudado aquela pobre criança que chegava ao mundo em sofrimento, sem ter culpa de ter nascido pobre.

Charlotte, olhando para o bebê que ardia em febre, disse, passando a mão em sua fronte:

– Você se chamará Benjamin. Agora vamos, ele precisa de cuidados. Está ardendo em febre – e entrou na carruagem rapidamente.

Cédric surpreendeu-se, já que aquele nome era o que iria dar ao seu filho que não nascera, e ninguém sabia desse detalhe. Nunca havia falado a respeito. Olhou para Charlotte com aquela criança nos braços, e uma forte emoção tomou seu coração. Imaginou ela como mãe de seu filho. Afastou aqueles pensamentos, impondo-se controle contra os sentimentos que aquela jovem despertava em si.

22

As visitantes

Depois do episódio com Fabrice, o duque decidiu ficar mais um pouco, receoso de que o rapaz ainda pudesse criar problemas. Apesar de não querer admitir, procurava apenas uma desculpa para continuar perto de Charlotte. Estava gostando de ser seu noivo. Cada dia que passava, seu orgulho ia perdendo força para o sentimento que sempre tivera pela jovem. Admirava-a de todas as formas possíveis e gostava daquele lugar, das pessoas de lá. Sentia como se tivesse uma família de verdade. Aquilo acalentava sua alma; no fundo, sempre sonhara em criar raízes.

Três dias haviam se passado, e Benjamin já dava sinais de melhora. Charlotte saiu do quarto de Henry, onde o bebê ficara, a pedido do irmão. A jovem encontrou os irmãos e o duque na sala conversando e, com um sorriso no rosto, anunciou:

— A febre de Benjamin cedeu! Não é maravilhoso? Ele está melhor.

Todos concordaram, menos seu pai, que acabara de entrar caminhando com dificuldade e dizendo irritado:

— Era só o que faltava, Charlotte: comemorar melhora de negro que divide o quarto com o dono da casa. Que disparate!

Charlotte olhou para o homem que a cada dia ficava mais debilitado devido ao vício. Fez-se silêncio. Ao contrário do que todos pensavam, ela apiedou-se e, sem deixar que aquele comentário a amargurasse, caminhou até o pai, abraçou-o com carinho, ajudando-o a se sentar, e disse afetuosa:

— Não fale assim, papai. Somos todos filhos de Deus. Ele é tão lindo! Parece um anjinho com aqueles olhinhos, com aquela pele aveludada. Uma verdadeira obra de arte.

O pai, diante de tanto carinho da filha, desarmou-se e olhou-a sem jeito, sentindo vergonha de sua atitude.

Cédric e Hugo olharam para a jovem admirados. Henry, porém, vendo sua mãe ao lado de Charlotte, influenciando-a e tentando ajudar o pobre homem, sorriu.

Os dias passavam céleres e, um mês depois da chegada do duque, os rumores de seu casamento haviam ultrapassado as fronteiras da cidade de Dijon, chegando a outras localidades.

Em uma ensolarada manhã, Charlotte havia saído para o campo enquanto o barão ainda dormia. Hugo estava de saída para a cidade com o duque Cédric; o nobre despachava documentos lá mesmo e aproveitava para fazer reuniões com os burgueses da cidade, buscando aliados para o que estaria por vir.

Uma carruagem se aproximou rápido. Os dois ficaram esperando; não aguardavam ninguém. Para espanto do nobre, marquesa Bonnet e sua sobrinha desceram da carruagem, altivas. A mulher, ao avistar seu ex-genro, aproximou-se e cumprimentou-o feliz:

— Cédric, que bom que está aqui. Viemos falar com você.

O nobre olhou para as duas mulheres e não gostou da visita. Acreditava que Amelle Bonnet estivesse tentando interferir em sua vida e, controlando a irritação, cumprimentou-as com educação, perguntando logo em seguida:

— Em que posso ser útil, marquesa Bonnet?

A mulher, sentindo sua indiferença, olhou para Hugo e perguntou sorrindo:

— Não vai nos apresentar seu jovem amigo, Cédric?

Ele voltou-se para Hugo e, muito a contragosto, fez as devidas apresentações:

— Este é Hugo Laforet, um dos donos da propriedade na qual entraram sem pedir licença.

Marquesa Bonnet sentiu a advertência do nobre e, tentando minimizar sua total falta de compostura, desculpou-se:

— Muito prazer. Permita-me pedir perdão, meu jovem. Deveria ter enviado um recado. Todavia, a ansiedade de encontrar meu ex-genro foi maior. Chegamos a Dijon ontem; procurei pelo duque e me informaram que estava hospedado aqui.

Hugo, encantado com a beleza da sobrinha da senhora, respondeu gentil:

— Não precisa se desculpar, senhora. Uma amiga do duque é sempre bem-vinda em nossa casa. Por favor, vamos entrar. — Fez um gesto, deixando as mulheres passarem.

Johanne olhou para Hugo com satisfação. Achou o rapaz muito bonito. Todavia, já pensava em usar o jovem para causar ciúmes no duque.

Diferente de Hugo, Cédric concluiu que sua ex-sogra havia vindo devido aos boatos de seu falso noivado com

Charlotte e sentiu uma ponta de satisfação. Apesar de ter muita consideração por Amelle Bonnet, estava indo longe demais com suas ideias de casá-lo com quem ela escolhesse.

As mulheres não deixaram de admirar a bela casa. Apesar de não ser muito luxuosa, era confortável e de um requinte especial. Instalaram-se em um bonito sofá da época. Hugo, educadamente, chamou a serviçal, pedindo que servisse um refresco às convidadas. Em seguida, puxou assunto:

– Já haviam estado em Dijon antes?

– Oh, sim, meu jovem. Meu esposo, durante um tempo, pensou em comprar uma propriedade aqui. Passamos uns três meses, todavia, minha filha queria muito morar em Paris, então resolvemos voltar, e esquecemos a casa e a propriedade. Porém, é um lugar maravilhoso para se morar.

Johanne, sem poder conter mais a curiosidade, perguntou como se não soubesse de nada:

– Senhor Hugo, o senhor é filho único?

O rapaz, sem desconfiar das intenções daquela bela jovem, respondeu solícito:

– Não, senhorita. Tenho mais dois irmãos. Uma irmã que se chama Charlotte e o mais novo, que se chama Henry.

– E onde estão? Não moram com o senhor? – insistiu a jovem, louca de vontade de conhecer sua rival.

– Moram sim. Charlotte deve estar perto de chegar. É ela quem toma conta da propriedade, e Henry está em seu quarto. Contudo, posso pedir para vir conhecê-las. – Levantou-se, pediu licença e saiu em busca de seu irmão.

Cédric, sozinho com as mulheres, manteve-se calado e taciturno.

Johanne aproveitou a oportunidade para alfinetar o nobre e sua rival:

– Senhor duque, os ares de Dijon parecem não lhe ter feito bem. Deve ser o trabalho que veio realizar! Está com a aparência cansada. – Parou, como se estivesse pensando, e continuou, já mudando o assunto: – Que coisa mais estranha...

Uma mulher tomando conta de uma propriedade! Deve ser muito indelicada. Não imagino algo assim para uma jovem com educação.

Marquesa Bonnet aproveitou a oportunidade e concordou célere:

— Também concordo, querida. — Fitou o nobre, que se mantinha calado, e perguntou interessada: — O que você me diz, Cédric?

Chateado com as provocações das duas, respondeu de pronto:

— Acho a senhorita Charlotte a mulher mais incrível que já conheci, uma vez que, diferente do que pensam, é muito mais bem-educada do que algumas moças que só servem de enfeite dentro de uma casa.

As duas mulheres olharam para o nobre, bastante incomodadas com a resposta grosseira. Contudo, marquesa Bonnet conhecia o nobre e sabia que ele era muito sincero. Logo, tratou de tomar cuidado para não provocá-lo mais. O mesmo não ocorreu com Johanne, que, contrariada, rebateu com veemência:

— Que decepção, senhor duque. Logo o senhor, que dá tanto valor à boa educação, principalmente em se tratando de uma senhorita, dizer algo assim... Pensei que gostasse de ter uma mulher bela enfeitando sua casa.

O duque, sem alterar a voz, respondeu à jovem circunspecto:

— Não me lembro de ter falado de minha vida nem de minhas pretensões. Contudo, se estivéssemos falando dos meus anseios, diria que não desejo apenas uma mulher bela dentro de minha casa, mas também que ela seja inteligente. Caso contrário, poderia comprar um belo quadro e apreciá-lo, sem ter a inconveniência de estar escutando o interminável falatório de uma mulher.

A jovem, ainda mais aborrecida, olhou para o nobre e rebateu:

— Que despropósito, senhor duque, responder-me desse jeito.

Ele olhou-a sem preocupar-se com seu aborrecimento e tornou:

— Lamento, senhorita, não ter a resposta que a senhorita queria. Porém, penso por mim mesmo e, se não quiser minha opinião, não me pergunte absolutamente nada.

A jovem calou-se, extremamente contrariada, e preferiu não dizer mais nada. Um sentimento de raiva surgiu em seu íntimo em relação a Charlotte, sem ao menos conhecê-la, e desconfiava de que ele só estivesse defendendo-a.

Nesse ínterim, Hugo adentrou a sala ajudando Henry a caminhar e, feliz, apresentou-o:

— Senhora! Senhorita! Este é meu irmão mais novo, Henry Laforet.

As mulheres olharam para Henry boquiabertas, chocadas! Marquesa Bonnet venceu as fortes impressões e, contendo o espanto, cumprimentou o jovem:

— Prazer, meu rapaz, em conhecê-lo.

Johanne, sem conter a língua e tentando humilhar a família de Charlotte, arrematou ferina:

— Meu Deus, não bastasse ter nascido aleijado, ainda nasceu diferente, com esses olhos trocados. Você deve sofrer muito, não é?

A criança sorriu sem, no entanto, se magoar com as duras palavras da moça e respondeu enérgico, olhando-a firme:

— O que são meros defeitos externos, senhorita, quando muitos carregam verdadeiras deformidades na alma, como a inveja, o ciúme, a maledicência, e usam de todos os artifícios para conseguir o que querem? Esses sim devem sentir dores inimagináveis.

A moça ficou paralisada diante do olhar da criança e de suas palavras. Baixou a cabeça com vergonha, experimentando a profundidade daquelas palavras, e calou-se.

O duque sentiu uma satisfação muito grande com a resposta de Henry e completou, ajudando o jovem:

— Isso é verdade, Henry. Muitos estão mortos e nem sabem.

Hugo sorriu das palavras do duque, uma vez que havia achado deselegante o comentário daquela bela jovem. No entanto, relevou. Sentou-se com Henry e, tentando quebrar o clima ruim que se instalara, perguntou:

— Pretendem ficar muito tempo em Dijon?

— Ainda não sabemos. Vai depender de algumas coisas... – respondeu marquesa Bonnet, agradecida ao rapaz por puxar conversa.

Nesse momento, Charlotte adentrou a sala e, vendo que tinha visitas, cumprimentou a todos solícita:

— Muito bom dia. Que satisfação receber visitas!

Cédric olhou para a jovem e sentiu enorme alegria em vê-la tão bonita. Ela trajava um vestido rosa de muito bom gosto. Os cabelos estavam presos apenas na frente por duas tranças, que a deixavam muito mais jovem. Seus belos olhos azuis pareciam imitar o azul do céu. A pele rosada dava-lhe um aspecto saudável... O nobre aproveitou a situação e, pensando rápido, tomou uma decisão. Levantou-se imediatamente, aproximou-se de Charlottee, segurando sua mão com gentileza, apresentou-a às mulheres:

— Marquesa Bonnet. Senhorita Johanne. Esta é Charlotte Laforet, minha noiva.

A moça, acreditando que o duque estivesse apenas encenando, olhou para as duas mulheres, fez uma pequena reverência e disse gentil:

— Muito prazer. Que maravilha poder conhecer pessoas queridas do senhor duque.

As duas mulheres, sem conter o espanto, entreolharam-se abismadas com o que acabavam de escutar. Marquesa Bonnet não se conteve e disse indignada, demonstrando seu aborrecimento com a notícia:

— Você não me disse, Cédric, que havia uma jovem que tinha tomado seu coração.

O nobre, irritado com toda aquela encenação das duas mulheres, proferiu ríspido:

— Não sabia que tinha que dar satisfação de minha vida à senhora! Sou um homem livre e faço aquilo que quero, e isso se refere também a quem vou escolher para ficar comigo pelo resto da vida.

— Quando foi isso, senhor? – perguntou a outra, furiosa.

— Há aproximadamente um mês – respondeu ele em um tom de voz firme.

Marquesa Bonnet, percebendo que fazia um papel muito feio, conteve seus ânimos e, olhando para Charlotte, disse, disfarçando sua insatisfação:

— Prazer, minha jovem. Desculpe a surpresa, mas, realmente, não imaginávamos que Cédric se comprometeria com o casamento sem nos comunicar. Sou a mãe de sua ex-esposa e amiga dele há tempos. Todavia, desejo aos dois toda a felicidade do mundo. Ele é um homem muito digno. Parabéns!

Todos, inclusive Charlotte, estavam sem entender o porquê daquela situação. Entretanto, aceitou as desculpas da senhora e disse solícita:

— Eu entendo a senhora, não se preocupe. O senhor duque é mesmo imprevisível.

23

Aaron retorna a Dijon

Cédric, chateado com as visitantes, perguntou resoluto:
– Marquesa Bonnet, o que queria mesmo comigo?

A mulher engasgou-se; não sabia o que responder. Todavia, teve uma ideia de súbito e disse:

– Meu marido chegou doente e, sabendo que estava aqui, resolvi lhe pedir auxílio. Contudo, como não o encontrei, alguns conhecidos ajudaram e no momento ele já passa bem.

Johanne olhou para sua tia, surpresa, e, entendendo que estava mentindo, resolveu ajudá-la:

– Ele pediu, senhor duque, que, se possível, o senhor fosse vê-lo.

Cédric, desconfiado de tudo aquilo, respondeu sem muita convicção:

– Amanhã irei ter com ele.

– Ótimo. Agora temos que ir, já nos demoramos demais – disse marquesa Bonnet, levantando-se e sendo imitada pela sobrinha. Despediu-se de todos e saiu em seguida.

Na carruagem, Johanne foi a primeira a falar do ocorrido, externando toda a sua raiva:

– Tia, como ele pode fazer isso conosco? Aquela aguada! Parece um pão seco. Nem bonita consegue ser, com aqueles cabelos desgrenhados. E onde já se viu uma mulher cuidar de uma propriedade? Mas isso não ficará assim. E aquela criança, que mais parece um homem velho deformado?

Marquesa Bonnet olhou com tristeza para a jovem; era como ver sua própria filha diante dela. Resolveu ficar em silêncio, já que discordava de tudo que a sobrinha expunha. Achara Charlotte linda, educada e doce, qualidades que o nobre mais valorizava em uma mulher. Percebera ainda como ele olhava para a moça, diferente de como olhava para sua filha tempos atrás. Viu sentimento nos olhos dele e, apesar de tudo, ficara feliz. No fundo, gostava do rapaz como se fosse de um filho.

Na propriedade, Cédric tratou de se desculpar pelas visitas inoportunas.

– Queria pedir desculpas a vocês, principalmente a você, Henry, pela falta de sensibilidade da senhorita Johanne!

– Não há porque se desculpar, senhor duque – disse Henry, olhando para o nobre. E ainda brincou: – Se irá fazer parte desta família, seus amigos serão nossos também, até mesmo senhoritas indelicadas. – Virou-se para Charlotte e perguntou brincalhão: – Não é verdade, Charlotte?

A moça olhou para o irmão sem entender muito bem do

que falavam. Todavia, vendo que ele zombava do assunto, o mesmo estava caçoando, resolveu continuar com a brincadeira:

— Com certeza, senhor duque. Henry tem toda a razão.

Hugo olhou para os irmãos e, aderindo também à brincadeira, disse:

— Pois é, senhor duque, pior para o senhor, que está tendo que engolir aquele pulha do Fabrice!

Nesse momento, o barão adentrou a sala e perguntou, percebendo que estavam felizes:

— Qual o motivo de tanta alegria? Acaso estamos ricos de novo?

Hugo, ao ver seu pai, fechou o semblante rapidamente, seguido do duque, que, ríspido, respondeu ao jovem, ignorando o barão:

— É verdade. O que não fazemos por um casamento?

Charlotte olhou para Henry, que, diferente de Hugo, não se aborrecera com a chegada do pai. Vendo o semblante de felicidade do irmão mais novo, ela começou a sorrir também, respondendo:

— Sim, papai, estamos ricos de otimismo, pois fazemos piada de tudo. — Aproximou-se de seu pai e, passando as mãos pelo seu ombro, falou: — Imagine o senhor que o tema é: "o que não se faz por um casamento"?

Seu pai, sem entender nada, mas feliz com o carinho da filha, sorriu sem jeito e disse, envolvido pelas boas energias:

— Casar com mulher feia, isso não se faz! E, nesse caso, o duque está despreocupado, pois você, Charlotte, é a moça mais bonita que estes olhos cansados já viram.

Todos sorriram da resposta, e Cédric completou:

— Concordo com o senhor e acrescento outra coisa: mulher ignorante também não dá!

O clima havia mudado, e todos continuaram a conversa, animados.

Três dias depois, marquesa Bonnet e sua sobrinha preferiram continuar em Dijon, embora seu marido tivesse de partir. Johanne pensava em como poderia separar o duque de Charlotte e perguntou à sua tia, interessada:

— Tia, a senhora não conhece nada dessa jovem?

— Não, querida. Vim conhecê-la só agora. Por que pergunta? – indagou a mulher curiosa.

— Ora...por quê! Porque vou separar os dois. O senhor duque estava interessado em mim e tenho certeza de que em breve iria pedir minha mão. Agora, essa amazona chegou e tomou-o assim? Não vou permitir.

A mulher olhou-a e sentiu um frio percorrer seu corpo. Não concordava com aqueles pensamentos e rapidamente tentou demovê-la dessa ideia:

— Johanne querida, temos que saber deixar as coisas passarem por nós sem macular nossa alma. Confesso que tentei casá-la com Cédric, contudo, ele não quis você. Existem muitos outros rapazes pelo mundo e correr atrás de um homem que não a quer é desmerecer a si mesma. Portanto, esqueça isso e continuemos com nossa amizade com Cédric.

A mulher olhou a sobrinha bem nos olhos e prosseguiu segura:

— Saiba de uma coisa: conheço Cédric muito bem, e, se ele sequer desconfiar de algo assim, nunca, repito, nunca irá perdoá-la!

A jovem escutou, entretanto, não aceitou as sábias palavras da tia, prometendo no silêncio de seu coração que não iria desistir. Iria procurar saber tudo de Charlotte e encontrar uma maneira de fazer o que pensava. Descartara Fabrice de seus planos; achava-o grosseiro demais. E, como energia ruim atrai energia ruim, a jovem não custou a encontrar o que procurava. À tarde, naquele mesmo dia, passeando com sua tia, entraram em uma confeitaria e encontraram Aaron, que havia chegado a Dijon naquela manhã.

O jovem olhou para as mulheres e admirou Johanne, que

inicialmente não lhe deu atenção, apesar de achá-lo bonito. Contudo, Aaron aproximou-se das duas e perguntou solícito:

– Nunca as vi por aqui! São visitantes?

Marquesa Bonnet respondeu educada:

– Sim, meu jovem, somos visitantes. Você é da cidade?

– Sim, sou. Todavia, moro em Paris, cheguei hoje. Vim passar alguns dias, rever alguns amigos e meus familiares – respondeu o rapaz feliz.

Marquesa Bonnet percebeu que se tratava de um rapaz de boa família e perguntou interessada:

– Quem são seus pais e seus amigos?

– Sou da família Guerin e conheço muitos em Dijon. Fui criado aqui.

– Conhece Charlotte Laforet, senhor? – perguntou Johanne, abrindo um diálogo.

– Oh, sim. Desde criança. Íamos nos... – Calou-se repentinamente; não queria ter que relatar que fora dispensado pela jovem, por isso inventou outra coisa: – Íamos nos encontrar hoje, todavia, soube que ela não poderá vir.

A jovem, arguta, não acreditou muito na segunda versão e disse, alfinetando o rapaz:

– O senhor sabia que sua amiga irá casar-se em breve?

– Infelizmente, já soube – respondeu o rapaz com seriedade.

Johanne, intrigada com o jeito dele, perguntou interessada:

– Conhece seu noivo, o duque Lefevre?

– Sim! Um homem muito indelicado. Não sei o que Charlotte viu naquele lá. Acredito que isso se deva ao fato de tê-la salvado de um casamento ainda pior com o imprestável do Fabrice – desabafou o rapaz indignado.

Johanne quase gritou de felicidade ao escutar as palavras do rapaz. Ele poderia ser um ótimo aliado para o que queria fazer. Olhou para o jovem e perguntou exultante:

– Como se chama?

– Aaron Guerin, senhorita. E a senhorita? – indagou o jovem, fazendo uma reverência.

– Johanne Bonnet, e esta é minha tia, Amelle Bonnet, senhor. – Retribuiu o cumprimento pensando: "Este é muito melhor do que aquele ignorante do Fabrice!"

Não muito longe dali, em um dos salões da cidade, Cédric, Hugo, nobres e burgueses discutiam sobre política e os rumores da revolução, a portas fechadas.

– Senhores, a hora é chegada, e todos têm que tomar suas posições. Não podemos imaginar nosso país pior do que já está. Não nos esqueçamos de que perdemos para a Inglaterra. Nosso país está entregue à miséria, à fome e aos gastos excessivos da Coroa, em especial da rainha.

– Aquela mulher é a desgraça do nosso povo – disse um burguês exaltado.

– Sem falar que nosso exército está enfraquecido. E se formos atacados? Como nos proteger, se estamos em guerra em nosso próprio território? Mudanças são necessárias e se fazem urgentes. A França, meus amigos, é hoje uma referência para o mundo; não podemos deixar que isso acabe. Em outras cidades, cidadãos franceses se organizam para lutar por novos ideais – disse Hugo, inflamando os ouvintes.

Cédric, que escutava atento o discurso do jovem, foi chamado por um soldado que acabara de chegar. Preocupado, saiu apressado para dentro de uma sala nos fundos, onde ninguém podia escutá-los, e perguntou ansioso:

– O que foi? Aconteceu alguma coisa?

– Sim, senhor! A Bastilha foi tomada. Ela caiu. Deloner foi morto e decapitado, um verdadeiro massacre – respondeu o jovem soldado.

– O quê? Quem tomou a Bastilha? – perguntou o nobre espantado.

– O povo, senhor. E estão colocando-a abaixo – disse o rapaz sério.

– Então, tenho que voltar imediatamente – falou Cédric preocupado.

– Não. Por isso estou aqui. O capitão pediu para dizer-lhe que continue por aqui, pois, se voltar, terá que lutar pela Coroa. A ausência do senhor foi notada, todavia foi explicada, já que o senhor se encontra aqui para defender outros interesses da Coroa. Entendeu?

Cédric escutou e entendeu logo a desculpa.

– Entendo. E qual foi a atitude do rei?

– Colocou homens na rua para aplacar a sanha do povo. Entretanto, o comandante acredita que não demorará muito para isso também acabar. Foi terrível, senhor. O povo formou uma guarda própria e criaram uma bandeira – explicou o jovem.

– O que o parlamento irá fazer agora?

– Foi lida uma Declaração dos Direitos dos Homens, contudo, ainda falta ser aprovada. Eles irão atrás do rei e da rainha, senhor – sussurrou o soldado.

Cédric não respondeu, apenas lamentou não estar em Paris. Todavia, lembrou-se do conde e pediu ao soldado:

– Quando chegar a Paris, vá até a casa do conde de Laforet e diga-lhe que estou mandando virem para cá imediatamente. Diga a eles que não permaneçam lá nem mais um dia! Fale pessoalmente com a condessa e diga-lhe que é uma ordem expressa.

– Sim, senhor. Farei isso, senhor. Agora, vou trocar o cavalo e tenho que retornar. – O homem prestou continência e partiu com rapidez.

Cédric viu aquele jovem retirar-se e pensou: "Paris deve estar um inferno! Espero que saia tudo como planejado, caso contrário, poderá ser um desastre total". Respirou fundo e seguiu de volta para o salão a fim de dar as novas notícias da capital.

Todos olharam para o duque quando ele retornou e, em silêncio, esperaram alguma notícia. Cédric não se fez de rogado e explicou:

— A Bastilha caiu! O povo formou uma guarda nacional, uma bandeira, e derrubou a Bastilha. Deloner foi morto e decapitado. – Silenciou um instante antes de perguntar aos presentes: – E então, senhores, de que lado estão?

Todos, espantados com a notícia, não disseram nada; apenas olhavam um para o outro. Momentos depois, um burguês perguntou interessado:

— Senhor duque, isso não é traição? O senhor não tem medo de ser preso?

— Quem irá me prender? O senhor? O rei e a rainha, senhores, estão com os dias contados a partir desta data. Lutarei pelo meu país e pelo meu governante quando esse governante honrar o cargo que possuir. Esta reunião para mim está encerrada. Vamos, Hugo. Depois manterei contato com os senhores para outras providências. – Ia saindo, porém, voltou-se e disse ainda: – Aconselho a todos que tiverem parentes em Paris enviarem mensagens pedindo que saiam de lá o mais rápido possível. – Retirou-se ligeiro, seguido por Hugo, que vibrava, pois nunca tinha participado de algo como aquilo. Estava ajudando a fazer história no seu país, e isso o empolgava.

24

A decisão do duque

Charlotte não fazia ideia do que estava acontecendo. Conversava com Henry, preocupada com o desfecho daquela mentira que aos poucos ia se tornando cada vez maior.

— Henry, não sei como o senhor duque irá sair desta. Cada vez mais essa mentira torna-se maior e envolve mais gente. Estou começando a ficar preocupada.

O irmão a olhou e disse pensativo:

— Talvez, Charlotte, essa mentira seja mais verdadeira que algumas verdades ditas por aí.

Ela olhou-o surpresa e perguntou curiosa:

— Como assim, Henry? Não entendi o que quis dizer.

Ele olhou-a, sorriu e explicou:

– Querida Charlotte, será que o duque não quer que essa mentira se torne verdade?

– Oh, não, Henry. Ele é muito orgulhoso. Eu vi a maneira como ficou quando disse que tinha idealizado essa mentira para o louco do Fabrice. Parecia arrependido de ter vindo até aqui a pedido de nossa tia – respondeu a moça pensativa.

– Eu não acho isso, embora concorde que ele seja muito orgulhoso. – Olhou para a irmã e arrematou: – Acho que ele luta consigo mesmo: de um lado o coração, do outro a razão. Será que algum homem faria isso apenas em nome de uma amizade sincera? Eu não sei, principalmente em se tratando de um homem como o senhor duque. Conquanto o orgulho, diferente do que muitos acreditam, seja uma das maiores barreiras que o homem encontra para o próprio equilíbrio.

Charlotte ficou pensativa por alguns segundos e, lembrando-se de algo, perguntou interessada:

– Henry, tem algo que preciso lhe falar. Desde que conheci o senhor duque, percebi que, toda vez que ele toca alguém, lava as mãos. Parece que tem asco. Acredito que seja por isso que não vai muito aos bailes e não dança, mesmo sendo um ótimo dançarino. Outro dia, ele me falou que se sente sujo quando toca alguém, daí a necessidade de lavar as mãos constantemente. Minha pergunta é: isso é algum distúrbio mental ou pode ser de outras vidas?

O jovenzinho olhou para a irmã e ficou pensando por algum tempo, até responder:

– Acredito que possa ser as duas coisas. Nós, infelizmente, não nos lembramos do que nos aconteceu; todavia, há coisas que ficam com muita força em nossa mente, então, quando retornamos à carne, isso reaparece de outra maneira. É algo muito particular; depende de cada um.

Quando ia tentar explicar mais detalhadamente, Hugo e Cédric entraram na sala conversando alto. Charlotte ouviu um pouco do que falavam e perguntou espantada:

– Minha tia está vindo para cá? Eu ouvi direito, senhor? Desculpe, mas falavam tão alto que não pude deixar de escutar.

Cédric olhou-a, fez uma reverência e respondeu sério:

– Infelizmente, senhorita Charlotte, as notícias não são boas. Pedi a um soldado que desse um recado meu aos seus tios, solicitando que viessem para cá com urgência. Paris está um pandemônio. A Bastilha caiu! O povo tomou-a.

– Meu Deus! Quando foi isso, senhor? – perguntou a jovem admirada.

– Ontem, e ao que tudo indica morreram muitas pessoas.

Charlotte levantou-se e, olhando-o, sem conseguir conter sua preocupação, perguntou assustada:

– O senhor terá que ir para lá?

Ele fitou-a, sentindo-se feliz com a preocupação da jovem, e respondeu, tentando não demonstrar nada do que sentia:

– Não, senhorita. Infelizmente, tenho ainda que ficar por aqui e, para atender aos nossos propósitos, serei mais útil, por enquanto, neste lugar.

– Que bom! – respondeu feliz sem se importar com os demais.

Hugo, que assistia a tudo, aproximou-se da irmã e disse brincando:

– Não se preocupe, minha irmã, não ficará sem noivo antes de se casar.

Cédric olhou para Hugo e não pôde deixar de sorrir. Aproveitando a situação, disse em tom de galhofa:

– Já imaginou, senhorita Charlotte, ficar viúva antes de se casar?

– Não! E nem quero imaginar, já que meu noivo é alguém que trata diretamente com o perigo – respondeu a moça, também brincando e voltando a se sentar.

O duque a olhou e respondeu sério:

– Despreocupe-se, senhorita. Apesar de trabalhar com o perigo, sou muito bom no que faço. A senhorita não ficaria viúva tão cedo.

Charlotte, sentindo o olhar dele sobre ela, ficou sem jeito e, sem encará-lo, respondeu:

– Que bom, senhor.

Henry, atento à conversa e tentando aproximar os dois, chamou Hugo com uma desculpa qualquer. Os dois saíram, conversando e deixando Cédric e Charlotte sozinhos. Cédric sentou-se e, fitando-a, perguntou interessado:

– Não ficou feliz sabendo que sua tia em breve estará aqui?

– Oh, sim! Muito feliz, mesmo sendo em uma situação como essa.

– É verdade. Essa revolução só está começando; ainda tem muito sangue a ser derramado. Infelizmente! – disse o nobre circunspecto.

Charlotte, aproveitando que estava sozinha com ele, perguntou com cuidado, mudando o assunto:

– Senhor, estava a pensar em como vamos fazer para resolvermos esse nosso problema, já que, a cada dia, está ficando mais difícil. Muito mais gente está sabendo, o que torna tudo muito mais complicado. Não acha?

Ele mirou-a com seriedade e ficou algum tempo em silêncio, até responder:

– Concordo com a senhorita. Estava pensando outro dia que poderíamos fazer o seguinte – fez uma breve pausa, como se sopesasse suas palavras, e continuou –: acredito que em breve eu deva ter que partir, então, deixarei a data do nosso suposto casamento marcada. Porém, tenho certeza de que não poderei voltar tão cedo. Logo, a senhorita, com a desculpa de não poder esperar, poderá romper comigo por carta. O que a senhorita me diz?

Charlotte experimentou uma tristeza repentina; no fundo, queria acreditar que ainda havia alguma possibilidade de se tornar sua esposa. Acabrunhada, disse, olhando-o:

– Isso não ficaria ruim para o senhor? Pois seria eu a romper...

– Em absoluto. Não vou expor a senhorita ao falatório alheio! Um homem é sempre um homem, senhorita. Se tornasse público que eu não queria mais casar com a senhorita, poderiam pensar muitas coisas relativas à sua honra, e não posso permitir algo assim – respondeu resoluto.

Charlotte ficou em silêncio alguns segundos, olhando para ele, e, levada pela emoção, perguntou de pronto:

– E o senhor não quer mais?

– Não quer mais o quê? – indagou ele, sem entender o teor da pergunta.

– Casar-se comigo? – disse, os olhos fixos nele.

O nobre calou-se. Tenso, não conseguiu desviar os olhos dos dela. Não esperava uma pergunta como aquela naquele momento. Por alguns longos segundos, ficou escutando apenas a própria respiração, que se fazia demudada. Retomou a altivez, lembrando-se do dia em que havia declarado seu amor à jovem. Naquele momento, encontrou a oportunidade de fazê-la sentir o que ele havia passado e disse convicto:

– Senhorita Charlotte, quando a conheci, não vou negar que a senhorita mexeu com os meus sentimentos de uma maneira que nunca imaginei. Todavia, depois do ocorrido, o tempo passou e, acredite, não sinto mais o que sentia. Sua amizade e a de seus irmãos para mim basta.

Charlotte, muito passional, sentiu seu coração doer com aquela revelação. Levantou-se com lágrimas nos olhos, sendo acompanhada imediatamente pelo nobre, e desabafou, olhando-o:

– Senhor, por favor, peço que me perdoe se o magoei outrora. Nunca quis, nem por um minuto sequer, troçar dos seus sentimentos. Todavia, tinha alguns impedimentos na época, e minha consciência não permitiu que aceitasse seu pedido. Contudo, dou graças a Deus que o senhor já tenha superado tudo isso e que hoje minha amizade baste. E digo-lhe de todo o meu coração que, enquanto o senhor quiser, terá um lugar reservado como um dos amigos mais valiosos que possuo.

Cédric, vendo as lágrimas rolarem pelo rosto da jovem, e notando a sinceridade de suas palavras, sentiu um aperto no peito. Esperara tanto por aquele momento, contudo não estava se sentindo bem. Ao contrário, sentia-se triste e, levado pela mais viva emoção, abraçou Charlotte, pedindo com carinho:

– Senhorita Charlotte, por favor, não chore. Por Deus, não chore. – Fitou-a, enxugou suas lágrimas e disse atencioso: – Não quero vê-la triste. – Estudou detalhadamente o belo rosto da moça, aproximou-se mais um pouco e, sem conter a atração que sentia, beijou-a.

Charlotte não conseguiu resistir. Deixou-se abraçar e correspondeu ao beijo do homem que amava. Ficaram assim alguns longos segundos, até serem surpreendidos por Verena, que entrou na sala e bradou alto, assustando os dois:

– Mas o que significa isto? Senhor duque, acaso essa história não era de mentira? Agora terá de casar realmente. Isso não é comportamento que se tenha com uma moça de família. E você, Charlotte, como pôde permitir que ele chegasse tão perto? De longe dava para ver um só! Minha Nossa Senhora, é o fim do mundo – gritava a mulher, olhando ora para um, ora para o outro, com as mãos na cintura. – Se sua mãe estivesse aqui, estaria muito triste. O senhor se aproveitou da fragilidade de minha Charlotte. Isso não pode ficar assim!

Charlotte sentiu a cabeça girar, tamanha era a emoção que a tomava. Olhou para Verena e, encontrando forças, disse sem jeito, interrompendo a mulher:

– Verena, pelo amor de Deus, pare já com isso. Acaso está louca? Daqui a poucos todos estarão aqui.

– Como posso parar, Charlotte, se vi o que vi? Este senhor, que deveria respeitar sua casa e você, abraçou-a com esses braços enormes e beijou-a como se fosse seu marido. Isso pode ocorrer apenas com casais em devido matrimônio e no recinto do leito nupcial. Meu Deus, e você ainda vem me pedir para parar...

Cédric, não suportando mais o ataque da mulher, olhou-a, dominou a emoção que sentia e disse enérgico:

— Cale-se! Alguém deveria colocar uma mordaça nessa sua boca, que parece não ter noção do barulho que faz. – Respirou fundo e, apesar de não gostar da mulher, teve que concordar com ela. Estava na casa de Charlotte e deveria ter segurado seus impulsos. Movido como sempre pelo orgulho, olhou para Charlotte e disse decidido, sem pensar muito:

— Senhorita Charlotte, vamos dar um fim a isso. Marque a data do casamento para daqui a um mês; depois disso acredito que não mais estarei por aqui. – Voltou-se para Verena e falou ríspido: – Agora, senhora, pode bradar para todos! Espere que esteja satisfeita. – Dito isso, saiu pisando firme.

Charlotte não conseguiu responder; deixou-se cair sentada no sofá, surpresa com o que acabara de ouvir. Escutava ao longe a voz de Verena, que continuava a falar sem parar. Todavia, não sabia se ficava triste ou alegre. Levou a mão aos lábios; era a primeira vez que tinha sido beijada. Despertou do seu devaneio com um chacoalhão da serviçal, chamando-a insistentemente.

— Charlotte, está enfeitiçada? Parece que não escuta nada do que lhe falo. Agora, temos que acertar tudo. Você terá que casar mesmo. Onde já se viu permitir algo assim antes do casamento, em sua própria casa?

A jovem olhou para a mulher e disse exasperada, levantando-se:

— Verena, pelo amor de Deus, deixe-me em paz – e saiu célere para seu quarto.

Verena olhou para a jovem, que se retirava, e disse, pensando alto:

— Isso é coisa do coração! Será que minha menina está gostando daquele homem grosso e carrancudo? Eu sei que ele a salvou, mas gostar dele não é um pouco demais? A baronesa deve estar impaciente dentro do caixão. Coitada! Mas não tem mais jeito; ou ele casa, ou vai se ver com toda a família. Conto tudo para todos. Ele que me aguarde.

No plano espiritual, Giulia sorria, sem se controlar com

o jeito da serviçal. Disse a uma senhora que se fazia presente a seu lado:

– Imagine, Alícia, se Verena pudesse atestar nossa presença?

A outra mulher, sorrindo, respondeu:

– Ela iria sair gritando, chamando-nos de demônios, isso sim!

Giulia, ainda sorrindo, concordou:

– É mesmo. O pobre do padre é quem teria que escutar os intermináveis relatos de nossa amiga!

25

Charlotte e Cédric

Cédric dirigiu-se preocupado para o quarto que ocupava na casa. Entrou, fechou a porta, caminhou até a cama e, sentando-se, pensou: "Estou farto desta situação! Maldita a hora que vim para este lugar. Parece que minha vida não tem mais curso certo. Estou sem controle sobre minha própria vontade. Cada dia, é uma coisa nova. Estou me desconhecendo". Passou as mãos pelos cabelos e disse alto para si mesmo:

– Agora, vou casar por causa de um beijo? Como fui deixar isso acontecer? Aquela mulher maldita parece um morcego; ninguém nunca a vê, mas, quando resolve aparecer, faz uma balbúrdia só.

Em outro quarto, Charlotte andava de um lado para outro, tentando entender o que havia acontecido. Ainda sentia os lábios do duque sobre os seus. Entretanto, não podia permitir que ele se sentisse obrigado a se casar apenas por causa de um beijo. Jamais iria sacrificar a vida de alguém em detrimento de um capricho ou por causa do falatório alheio. Ele fora bem claro quanto aos seus sentimentos em relação a ela. Ansiosa e impulsiva, saiu do quarto em direção aos aposentos de Cédric. Sem pensar duas vezes, bateu à porta e esperou.

Cédric escutou as batidas e, chateado, foi abrir. Espantou-se ao ver Charlotte parada, olhando-o. Sem dar passagem a ela, perguntou irritado:

— O que a senhorita deseja agora?

Ela pensou em desistir por causa do semblante aborrecido do nobre. Todavia, arranjou coragem e disse, convicta do que queria:

— Senhor duque, por favor, quero conversar com o senhor e peço encarecidamente que seja agora. Sei que não é apropriado estar aqui, todavia, conheço minhas convicções.

O nobre olhou para a jovem e perguntou perplexo:

— A senhorita deseja entrar no meu quarto? Será que essa história já não foi longe demais? Se aquela mulher louca nos vir novamente, eu não sei do que sou capaz.

Charlotte, tomada por uma raiva súbita, empurrou a porta, entrando no quarto. Fechou a porta em seguida e disse firme para o nobre, que a olhava sem acreditar:

— Sou capaz de ficar com qualquer homem em qualquer canto sem, no entanto, perder minha honra, senhor. Estou em minha casa; respeito a mim mesma e a todos que vivem comigo. A causa para estar aqui é muito séria; quero desobrigá-lo de se casar comigo por causa de um beijo. O senhor não precisa se preocupar. – Respirou fundo e retomou dizendo: – Eu jamais deixaria que isso acontecesse. Fique tranquilo, não irá se casar comigo. O senhor está desobrigado.

Cédric escutou tudo surpreso. Porém, não gostou de ser mandado e reagiu veementemente:

— Pois quem diz o que irá acontecer aqui sou eu, senhorita Charlotte, e escute bem, pois só vou falar esta vez: a senhorita irá se casar comigo daqui a um mês, e não ouse me contradizer, uma vez que estou aqui hoje, nesta situação, para salvar sua pele. Não vou deixar que me faça de bobo mais uma vez. Queira ou não, irá se casar comigo, mesmo que este casamento seja uma farsa. Estou farto desta situação! Minha palavra já foi dada e não volto atrás. Já que vim para ajudar, que isso se faça de uma vez por todas. E, a partir de agora, não entre mais aqui ou em quarto algum com qualquer outro homem, mesmo estando tão convicta de sua honra, uma vez que a senhorita me deve respeito e fidelidade. – Mirou-a e disse ríspido: – Agora, saia do meu quarto!

Charlotte, indignada com as palavras do nobre, reagiu enérgica:

— Não ouse falar comigo assim! O senhor não é meu dono e nunca vai ser. E, de uma vez por todas, eu nunca fiz o senhor de bobo. E também não irá decidir minha vida. Não quero me casar por obrigação ou para viver uma farsa. Portanto, não vou me casar com o senhor!

Cédric, no limite de sua paciência, segurou Charlotte pelos ombros e disse furioso, chacoalhando-a:

— Não ouse me destratar ou recusar novamente esse casamento! Há pouco parecia triste quando eu disse que não queria me casar com a senhorita. Agora vem ao meu quarto dizer que não quer se casar. Acaso é louca? Irá se casar, irá ter meu nome, irá ser minha esposa, mesmo que este casamento nunca seja consumado. Nunca precisei me aproximar de mulher nenhuma por obrigação, e a senhorita não será a primeira. Não é o que eu queria, mas não temos tudo o que queremos. Amanhã, quando seus tios chegarem, daremos o aviso, e não se atreva a dizer o contrário, se é verdade o que a senhorita me disse sobre a amizade há pouco. – Parou de falar, ofegante. Olhou para a jovem, soltou-a e disse, virando as costas: – Agora, pelo amor que tem a Deus, me deixe sozinho ou não respondo por mim.

Charlotte saiu do quarto em estado de choque. Seguiu para seus aposentos automaticamente, sem saber ao certo o que fazer. Fechou a porta atrás de si e afundou a cabeça na cama em um choro compulsivo, lembrando-se das palavras do nobre.

Cédric, por sua vez, tomara aquilo como questão de honra e prometeu a si mesmo:

— Irá implorar o meu amor, senhorita. Nunca fui tão destratado! — Respirou, mirou um ponto imaginário e arrematou: — Senhorita Charlotte, nunca deveria ter me desafiado dessa maneira. Serei seu dono, e me deverá obediência. Onde já se viu uma mulher falar comigo daquele jeito? Vou me casar e irei embora o mais rápido possível, mas, antes, quero ver a senhorita aos meus pés.

No outro dia, os tios de Charlotte chegaram, como previsto pelo duque. Era tarde quando a carruagem adentrou a propriedade dos Laforet. Charlotte ainda não havia se encontrado com o duque. Tinha saído cedo para resolver alguns problemas e almoçara com as artesãs, tentando fugir do nobre. Entretanto, ao vê-lo, seu coração acelerou. Ele parecia não se preocupar com sua presença e conversava animado com Hugo e Henry. Todos estavam na sala quando Charlotte chegou e cumprimentou seus tios com satisfação.

— Que bom ter vocês aqui conosco! — Abraçou sua tia sem olhar para Cédric, que se mantinha impassível. Contudo, com o firme propósito de cumprir o que prometera, o nobre caminhou decidido até onde se encontrava a jovem, segurou sua mão com firmeza, dando-lhe um aviso velado, e disse a todos:

— Senhores, peço, por favor, um minuto de sua atenção. Quero aproveitar a oportunidade de estarmos reunidos para marcar a data do meu casamento com a senhorita Charlotte para daqui a um mês. Desta vez, é de verdade. — Voltou-se para seu amigo, o conde Laforet, e falou: — Sei que pode ser uma surpresa, mas, desde o primeiro momento em que olhei para esta bela jovem, desejei desposá-la. Eu e a senhorita

Charlotte já conversamos, e espero que seja do consentimento de todos.

O silêncio foi geral. Exceto o pai de Charlotte, todos estavam sem entender o que estava acontecendo. A condessa boquiaberta olhou para a sobrinha sem acreditar e voltou-se para seu esposo, dizendo jubilosa e abraçando o nobre:

– Que notícia maravilhosa, meu querido!

Todos espantados, porém felizes, abraçaram um a um os noivos. Cédric olhou depois para Charlotte e disse carinhoso:

– Logo mais iremos escolher um anel; quero que você escolha uma joia tão bonita quanto a senhorita! – Beijou sua mão e arrematou, para espanto da moça: – Se é que existe algo mais belo do que a senhorita! Algo a dizer, senhorita Charlotte? – perguntou o homem, provocando-a.

Charlotte balançou a cabeça negativamente, sem conseguir pronunciar uma só palavra, tão surpresa quanto os demais. Ninguém desconfiava do que se passava entre os dois. A jovem sorriu sem jeito e olhou para o nobre com lágrimas nos olhos.

Henry percebeu algo diferente na irmã. Visualizava em torno da jovem um halo de luz que mudava de cor muito rapidamente, demonstrando o desequilíbrio emocional em que ela se encontrava. Contudo, resolveu esperar o momento oportuno para conversar com ela e, em silêncio, pediu a Deus que a ajudasse.

Cédric divertia-se, sem demonstrar, assistindo ao espanto de todos, principalmente de sua noiva, agora de verdade.

O barão, sem entender o espanto de todos, perguntou desconfiado:

– Qual o motivo de tanta surpresa? Afinal, já não estavam noivos?

Hugo, controlando-se para não rir, respondeu solícito:

– Agora é oficial, não é, senhor duque?

– Isso mesmo! Eu e a senhorita Charlotte decidimos isso ontem, calmamente, já que seus tios estariam presentes hoje – respondeu o nobre com ar de contentamento.

O coração da jovem batia acelerado; só ela entendia muito bem aquelas palavras. Sua tia, sem desconfiar do que se passava com a moça, dirigiu-se até ela e disse, abraçando-a:

– Eu bem que sabia, minha querida, que sua beleza ia dobrar esse coração duro do Cédric. – Voltou-se para o nobre e disse sorrindo: – Cédric, vou lhe confessar algo: planejei tudo isso desde o princípio. Tenho certeza de que escolheu a melhor pessoa do mundo para desposar; minha Charlotte é maravilhosa! – Voltou a olhar para a sobrinha e arrematou: – Charlotte, Cédric, apesar desse jeito duro, tem um coração bom e fará de você a mulher mais feliz deste mundo. Vocês nasceram um para o outro.

Charlotte não sabia se sorria ou chorava, e procurava não demonstrar seu estado de espírito para não preocupar os familiares. Para alívio da moça, uma serviçal entrou informando que o lanche estava sendo servido. A refeição transcorreu em um clima de felicidade. Cédric, apesar de tudo, sentia-se bem; gostava verdadeiramente de sua futura família e sabia que também era querido por eles. Olhou para Charlotte, que se mostrava mais calada do que o habitual, e sentiu piedade. Sabia que fora muito duro com ela, porém, não se arrependia.

A tarde já dava lugar à noite quando Cédric levou Charlotte para a cidade, conforme dissera. A jovem pediu que sua tia a acompanhasse. Todavia, o convite foi recusado; ela estava cansada da viagem e preferiu dormir. Os dois seguiram sozinhos na carruagem. Cédric, percebendo que a moça não iria falar, iniciou uma conversa:

– Senhorita, já que estamos noivos de verdade, prefiro que não me chame mais de senhor. Chame-me apenas de Cédric e irei também chamá-la de Charlotte. Tudo bem para a senhorita?

– Tudo bem – respondeu a jovem sucintamente.

– A senhorita não quer conversar? – perguntou, insistindo.

– Conversar sobre o quê? Sobre a possibilidade de estar cometendo um erro muito grande em sua vida, visto que o casamento só pode dar certo quando há amor de ambas as partes? Isso para mim é loucura – desabafou com lágrimas nos olhos.

O nobre escutou atento e, vendo-a triste, respondeu mais brando:

– Chárlotte, não adianta pensar mais nisso. Não vou voltar atrás, e podemos ser amigos, como me falou ontem. Afinal, acredito que o casamento é a reunião de muitas coisas, entre elas, a amizade. Peço que, na medida do possível, possamos tornar isso suportável, já que não nos damos mal, gostamos da presença do outro, da conversa... Logo, não será uma tortura total estarmos casados e...

Charlotte interrompeu-o dizendo:

– Mas, senhor, como algo assim pode dar certo? O senhor...

Ele colocou o dedo em seus lábios, fazendo-a se calar, e respondeu:

– Senhor não, Cédric! É simples: basta sermos apenas amigos e na frente de todos interpretarmos um casal amoroso e feliz. Veja, sua família está tão feliz acreditando no nosso amor! Não há mistério. – Ele a encarou e, tentando arrancar algo dela, perguntou: – É tão difícil para a senhorita fingir que me ama?

Ela, sem acreditar no que escutava, respondeu acabrunhada:

– Não sei fingir, Cédric, e pensei que o senhor também não.

O nobre sentiu vontade de sorrir; contudo, controlou-se e respondeu sério:

– A senhorita me ensinou que posso ser um excelente mentiroso, e até estou gostando. Porém, não será preciso fingir que gosto de estar com uma bela jovem como a senhorita. Poderia ser pior. Já imaginou se a senhorita fosse feia, como seria uma tortura?

Ela não deixou de sorrir do comentário do nobre. Sentindo-se mais à vontade, aos poucos seu ânimo foi voltando. Cédric, percebendo, sentiu-se feliz, uma vez que gostava de vê-la alegre.

— A senhorita fica bem melhor assim. Ontem tive a impressão de que ia avançar em cima de mim. Meu Deus, não conhecia esse seu gênio.

Ela sorriu e respondeu envergonhada:

— Nem eu. Nunca me aconteceu aquilo. Desculpe.

Ele fitou-a sério e falou:

— Charlotte, não precisa se preocupar; mesmo sendo um casamento diferente dos demais, irei respeitá-la.

Ela não entendeu muito bem o que ele quis dizer, contudo, não quis perguntar; teve a sensação de que em breve descobriria. Ela balançou a cabeça positivamente e, mudando de assunto, perguntou-lhe:

— Benjamin está na casa de uma camponesa que tem leite para alimentá-lo. Ela e seu esposo pediram para criá-lo. Eu disse que iria falar com o senhor, afinal, é o benfeitor daquela pobre criança. Então, se não se opuser, eles podem criá-lo?

Ele gostou de ser consultado e, sem restrições, respondeu solícito:

— Não me oponho, em absoluto. Quero que essa criança receba todo o amor que puder. Já chegou ao mundo sofrendo, pobrezinha. Merece ajuda.

Ela sorriu, emocionada com a atitude do duque.

26

Cédric conversa com Henry

A notícia da data do casamento do duque espalhou-se rapidamente. Johanne olhava para a tia e esbravejava:
– Maldita! Ela deve tê-lo enfeitiçado. Ele não é assim. É seleto, orgulhoso, vaidoso, e não decide algo assim da noite para o dia. Não posso ficar de mãos cruzadas aqui parada, deixando o homem que deveria ser meu cair nos braços dessa daí. – Virou-se para a tia e continuou falando com raiva: – O pai dela tinha apostado a própria filha no jogo? Que tipo de família é essa? Foi graças a ele! Caso contrário, essa infeliz estaria com aquele homem nojento que conhecemos muito bem.

Marquesa Bonnet olhava para a sobrinha com pena. Sentia a inveja, o ódio, corroer sua alma. Sabia da história do pai de Charlotte, todavia, conhecia também, por todos em Dijon, a excelente pessoa que a jovem era, a maneira como levava com dignidade sua vida e as dificuldades que tivera que enfrentar desde a morte da mãe. Johanne tentava a todo custo depreciar, com seus sentimentos mesquinhos, o que homem nenhum consegue quando a criatura não deve. Tentando ajudar a moça, disse cordata:

— Minha querida, sei que está chateada e até penso que tem razão. Porém, já pensou na possibilidade de Cédric amar essa jovem? Veja bem: Cédric, sendo um homem orgulhoso e vaidoso, como há pouco mencionou, jamais decidiria isso se não tivesse algo maior para movê-lo. Quando ele se casou com minha Geneviève, eu sabia que não a amava. Todavia, respeitava-a e, apesar de não amá-la, queria bem a ela. Com essa jovem é diferente; seus olhos brilham. Quando olha para ela, parece que só tem essa moça na terra. Conheço Cédric.

Johanne escutava e sentia ainda mais raiva. Decidida a não acreditar em nada do que sua tia falava, respondeu firme:

— Não vi nada disso, tia. Ao contrário, eu o vi mais aborrecido; parecia mais cansado. A senhora está vendo demais. Vou encontrar uma maneira de acabar com isso, pode acreditar.

A mulher suspirou triste, percebendo o quanto sua sobrinha estava contaminada por sentimentos ruins. Johanne, por sua vez, decidiu tomar algumas providências. Sabia que não podia contar com a ajuda de sua tia, que se mostrava para ela fraca e sentimentalista.

Longe de Dijon, Eglatine também soube do casamento do duque e, com raiva, falava para si mesma:

— Tenho que ver isso com meus próprios olhos. Como

posso deixar isso acontecer? Mulher infame! E eu que pensei que ela já era carta fora do baralho... – Pensou um pouco e continuou a dizer: – Tenho que fazer uma visita a minha amiga Charlotte e, quem sabe, ajudá-la nos preparativos do casamento. – Sorriu sarcasticamente.

Duas semanas haviam se passado, e os preparativos para o casamento aconteciam a todo vapor. A condessa tomava todas as providências. Cédric, sabendo das condições do pai de Charlotte, fez questão de patrocinar toda a festa, mesmo sob os protestos do conde, que queria custear o acontecimento. Entretanto, o noivo foi irredutível.

Em uma sala, a sós, Cédric conversava com o conde sobre a situação atual de seu país.

– Senhor, desde que chegou, ainda não tivemos tempo de conversar sobre Paris. Como estava quando a deixou? – perguntou o duque.

– Cédric, Paris estava um verdadeiro caos. O medo tomou conta de todos. Deixei nossa casa vigiada, contudo, não sei se adiantará. Saímos de Paris de madrugada, com medo de nos acontecer algo – explicou o conde.

– O senhor chegou a conversar com alguém? – perguntou preocupado.

– Não. Depois da queda da Bastilha, não me atrevi a sair de casa. Até porque recebi um aviso do líder pedindo que não deixasse a residência em hipótese alguma. Até receber seu recado, estávamos quase isolados, sem informação alguma.

– Só está começando, senhor. Eles acharam melhor me manter aqui ainda por algum tempo; se voltar, terei que defender a Coroa. Logo, meu retorno tornaria as coisas mais difíceis. Apesar de que a minha vontade era estar lá, participando de todo esse processo ativamente. Ainda ontem recebi uma carta de Marselha; estão recrutando homens que desejem essa mudança. O movimento ainda está lento, pois é feito ocultamente – disse Cédric, olhando para o nobre. Prosseguiu com segurança: – Luís está com os dias contados. Lamento, pois reconheço que o rei tem ambições pacíficas, porém, ao seu lado estão facínoras.

O conde olhou-o assustado e perguntou:

– O que será dele, Cédric, sem a coroa?

– Se viver, será um rei deposto. Sinceramente não sei. Poderá talvez seguir para a Áustria. A rainha é arquiduquesa; deverá pedir auxílio.

– Isso pode desencadear uma guerra – comentou o conde preocupado. – A Áustria não vai apoiar sem querer retomar o poder.

– Isso é verdade. E não me espantarei se isso acontecer; há muito tempo temos informação de que a Áustria está de olho em nós – concordou o nobre.

– Mas, Cédric, pode ser muito pior. Estamos em meio a uma revolução; se formos atacados, quem irá nos defender? Estaremos vulneráveis. Se já é ruim ter Luís como rei, imagine se a Áustria tomar nosso território... – comentou o homem aflito.

– Não se aflija, conde, não estamos vulneráveis. Temos um exército excelente e quem ficara à frente disso é o oficial mais preparado que conheci. Sem falar nesse jovem que parece querer tomar o mundo. Ele tem uma liderança que há muito não via. Será um homem de fibra, senhor. Pode confiar – arrematou seguro.

Na varanda, Charlotte e sua tia conversavam, quando viram surpresas uma carruagem aproximar-se célere. Minutos depois, Eglatine desceu, sorrindo para as duas mulheres que vieram recebê-la:

– Charlotte, querida, há quanto tempo!

Charlotte, sem desconfiar dos sentimentos da jovem, recebeu-a com satisfação:

– Eglatine, que surpresa! Fico feliz em revê-la. – Abraçou a jovem com sinceridade. Depois foi a vez da condessa cumprimentá-la, demonstrando também que ficara feliz com a presença da moça.

– Desculpe-me não ter avisado, todavia, saí às pressas de Paris. Aquela cidade está um pandemônio, vocês nem imaginam – disse a moça com ar de tristeza.

– E eu não sei, minha jovem? Saímos de lá do mesmo modo – concordou a condessa.

As três mulheres subiram a escadaria que dava acesso para a varanda da casa e, animadas, conversavam, quando Eglatine perguntou, fingindo contrariedade:

– Charlotte, querida, irá se casar e nem ia convidar-me? Fiquei sabendo do seu noivado com o senhor duque. Quem diria, hein? Nunca imaginei.

– Foi tudo tão rápido, Eglatine, que ainda estamos nos preparativos. Entretanto, você estava na lista de convidados – disse a moça sem jeito.

Cédric e o conde apareceram na varanda e, ao ver a jovem, somente o conde demonstrou alegria. O duque olhou para sua noiva e, procurando fugir da presença da jovem, perguntou com o semblante fechado:

– Charlotte, onde está Henry? Queria conversar com ele.

Charlotte entendeu rapidamente a desculpa dele e disse solícita:

– Ele foi para a capela. O padre deve estar chegando. Ele o ajuda nas missas.

– Você se importaria de me acompanhar? Desejaria falar-lhe também – disse o nobre, tentando tirar sua noiva da presença de Eglatine.

Ela olhou para a tia, pedindo ajuda, e foi atendida prontamente:

– Querida, acompanhe seu noivo. Eu fico com Eglatine até você voltar.

Eglatine não deixou de perceber que o tratamento entre eles já havia mudado, tornando-se mais íntimo. Disfarçou a inveja que sentiu conversando outros assuntos com a condessa.

Charlotte levantou-se, pediu licença a todos e aproximou-se do duque, que, gentilmente, ofereceu seu braço. Saíram então rumo à capela. Cédric, aproveitando que estava a sós, disse para Charlotte:

– Quero pedir-lhe que não comente nada do nosso acordo com ninguém, principalmente com essa senhorita.

A jovem não conseguia entender porque o nobre tinha tanta raiva da moça e perguntou interessada:

– Cédric, por que tem tanta raiva de Eglatine? Aconteceu algo entre vocês?

Cédric, sem olhar para Charlotte, respondeu inexpressivo:

– Nada com que a senhorita precise se preocupar.

Charlotte entendeu que ele não diria mais nada e resolveu calar-se. Deixou-o na capela, sentado com Henry, e voltou rapidamente.

Henry surpreendeu-se com a presença do duque. Contudo, aproveitou a oportunidade e perguntou sem rodeios:

– Senhor, por que irá se casar com minha irmã?

O homem olhou para aquele jovenzinho e respondeu-lhe com sinceridade. Não conseguia mentir para ele, mesmo sentindo-se estranho por escutar uma criança.

– Porque Verena nos flagrou em um beijo! Ela fez uma balbúrdia daquelas. Achei melhor resolver isso rapidamente, dizendo que me casaria com sua irmã, e não volto atrás depois de uma palavra dada.

Ele sorriu e disse em tom de galhofa:

– Sempre a Verena. Ela gosta muito de Charlotte. Sente-se como mãe dela.

– Por isso que suporto as maluquices dela. Caso contrário, não suportaria aquela voz irritante em meu ouvido – disse com franqueza.

– O senhor acredita que seja só por isso que irá se casar

com Charlotte? Um homem como o senhor, tão orgulhoso, deixar uma serviçal lhe dizer o que fazer? Não acredito nisso, senhor.

O nobre olhou para a criança, admirando sua sagacidade e lisura. Usando também das mesmas ferramentas, admitiu sem rodeios:

— Você tem razão, meu bom rapaz. Nunca iria me submeter a algo assim se não o quisesse. Vou me casar com sua irmã porque quero. Quando me declarei pela primeira vez, gostava realmente dela, mas não deu certo. Todavia, por algum motivo, o destino nos uniu novamente e acredito que ainda tenho algum sentimento, mesmo que não seja o mesmo de antes. Contudo, gosto de sua presença, do seu sorriso, da sua voz, enfim, eu não tenho muitas ilusões sobre o amor, e melhor que seja ela do que outra.

Henry olhou para o nobre e comentou humilde:

— Eu não acredito nisso, senhor duque. Todos nós sonhamos em encontrar alguém que possamos amar e que nos dê amor. Alguns acham que o amor é a união de corpos sedentos pelo prazer, dizendo-se apaixonados. Paixão não é amor. — O jovem pensou um pouco e continuou: — É bem verdade que a paixão move muitas pessoas, todavia, um dia acaba. O amor é diferente, muito diferente do que muitos acreditam. São Paulo nos diz em sua epístola que o amor é paciente e a tudo suporta. Suporta o peso das deficiências; suporta a ofensa dita muitas vezes na hora da raiva; suporta a ignorância de muitos que buscam o amor no ouro ou na prata; suporta humilhações; suporta o orgulho; suporta as diferenças que há entre os homens...

Cédric escutava atento as palavras de Henry. Contudo, interrompeu-o dizendo:

— Meu jovem, se eu acreditar no que fala sobre o amor, serei obrigado a acreditar que quem ame desse jeito seja uma pessoa fraca, sem personalidade. Se para amar tenho que deixar de ser quem sou, prefiro nunca conhecer o amor.

— O senhor diz isso porque pensa que o amor que descrevi é subserviente, o que não é verdade. Quem ama tem o conhecimento do todo e participa ativamente na construção desse todo – explicou o jovem, sem chatear-se com as colocações do futuro cunhado.

— Não estou entendendo o que quer dizer – Cédric comentou confuso.

— Por exemplo, quando digo que quem ama suporta as deficiências do outro não quero dizer que faça vista grossa para os seus erros, ou que finja que os erros não existem, aceitando tudo com a desculpa de que é por amor. Ao contrário disso, quem ama tem o dever de educar. E educar, senhor duque, requer conhecimento, paciência e, principalmente, tolerância. O senhor sabe que a outra pessoa não pensa, bem como não age como o senhor. Porém, não tenta modificar a pessoa à custa de incompreensão, humilhação, abuso de poder. O senhor procura ajudar sabendo que toda mudança verdadeira precisa de tempo, pois não conseguimos vencer um defeito do dia para a noite. Daí a sabedoria de saber proporcionar no outro essa vontade de mudança.

— Você está me dizendo que, por exemplo, se Charlotte tiver algo de que eu não goste, eu devo aceitar, visto que ela mudará com o tempo? É isso? – perguntou o nobre interessado.

— Não, não quis dizer isso. O que eu disse é que, se o senhor não gostar de algo em Charlotte, por exemplo, e se esse algo prejudicar o senhor ou a ela mesma, o senhor tem o dever de alertá-la. Contudo, cabe a ela decidir se aceita ou não. O homem tem que ter a liberdade de escolher para onde deva ir, mesmo que o caminho que tome o leve para um lodaçal, do qual irá livrar-se à custa de muito sofrimento.

— E se eu não desejar aceitar esse tempo para a pessoa acordar? – indagou curioso.

— É também uma escolha que o senhor faz. Contudo, temos que entender que, quando decidimos não perceber que todos precisam desse tempo, iremos gerar mais sofrimento. Tenho um exemplo muito claro, senhor duque, em minha casa: meu próprio pai. Como o senhor mesmo foi testemunha, ele chegou a apostar a própria filha em uma mesa de jogo por conta do egoísmo em satisfazer seu vício. Nós, filhos dele, sabemos e não aceitamos sua falta. No entanto, não deixamos de amá-lo e respeitá-lo. Mesmo Charlotte, que foi a mais prejudicada, não teve uma postura de vingança, de ódio. O senhor é testemunha do carinho que ela possui por ele, porém, ela não lhe passa a mão na cabeça em momento algum. Ao contrário, foi e é muito dura quando necessário, e mostrou-lhe qual a sua opinião em relação às atitudes dele – explicou o jovem.

Cédric silenciou um pouco até voltar a questionar:

– Entretanto, se sua irmã assumisse uma postura diferente em relação ao seu pai, ela teria motivos muito fortes para isso. Não acredito que estaria errada.

– Senhor duque, todos, quando fazem suas escolhas, têm as próprias razões. O que é certo para mim pode não ser para o senhor. O homem não deve olhar para suas razões, e sim para as consequências que suas razões geram em decorrência de suas escolhas. – O jovem fitou-o fixamente e exclamou: – A colheita é inevitável, e a maioria não quer colher o que planta, pois só leva em conta, a princípio, seus motivos, achando-se vítima. Se o homem refletisse mais nas consequências que suas escolhas geram, ele erraria menos. Todavia, o senhor está certo: amor assim na Terra ainda é muito difícil.

O nobre silenciou e não teve mais argumentos contra aquele menino que parecia uma criança, mas que falava como um verdadeiro sábio. Olhou para o jovem e perguntou interessado:

– Você acha que estou fazendo a escolha certa me casando com sua irmã?

– Quem deve responder isso é o senhor mesmo. Reflita nas consequências e tire as próprias conclusões. O senhor é muito inteligente, saberá avaliar isso rapidamente – respondeu de pronto, tentando aguçar os sentidos do duque.

Cédric levantou-se, fazendo menção de se retirar. Entretanto, olhou-o e perguntou:

– Charlotte me ama?

Henry olhou para o nobre e percebeu sua insegurança em relação à sua irmã. Respondeu com outra pergunta:

– O que o senhor acha?

– Eu não sei. Sinceramente, não sei – respondeu com franqueza.

– Infelizmente não posso lhe responder, porque também não sei. Todavia, o senhor tem como descobrir. Por que não pergunta a ela? Tenho certeza de que ela lhe responderia com sinceridade. Entretanto, acho que o senhor ama minha irmã, e fico feliz com isso – disse Henry.

Cédric olhou para o jovem, fez um gesto de despedida e partiu em silêncio, pensando em tudo o que aquele jovem dissera.

27

Aaron discute com Cédric

Eglatine, contra a vontade do duque, hospedou-se na casa de Charlotte, tentando encontrar uma forma de atrapalhar a união da jovem. Era quase noite e caía uma chuva fina, mas o tempo fechava-se aos poucos, demonstrando a iminência de um temporal. Charlotte havia saído para conversar com as esposas dos camponeses. A produção de artesanato estava quase concluída e discutiam sobre como comercializar os produtos.

– Senhorita Charlotte, acredito que ainda esta semana terminaremos. Porém, como vamos fazer para vender todos esses produtos? – indagou uma jovem senhora.

— Eu já pensei nisso. Amanhã irei à cidade ver um local adequado para montarmos um ponto de venda. Teremos que fazer rodízio em relação às vendas. Por isso, hoje perguntem a seus maridos sobre a possibilidade de ficarem algum tempo na cidade para efetuar essas vendas. Tenho certeza de que vamos revender tudo, pois está muito bonito. Minha tia vem pensando em realizar um evento para a sociedade local, como forma de divulgar todos os trabalhos — disse Charlotte confiante.

— Que ideia maravilhosa, senhorita. Eu me candidato a ficar na cidade como vendedora, pois não possuo marido — falou uma jovem solícita.

A conversa se estendeu mais alguns minutos. Porém, a chuva começou a cair e Charlotte se apressou.

— Senhoras, tenho que ir. Amanhã conversaremos. — Saiu em seguida apressada.

Na casa, Cédric chegara da cidade com Hugo e o conde. A condessa, preocupada com sua sobrinha, disse aflita, pois já chovia forte:

— Cédric, Charlotte ainda não chegou e estou preocupada. Veja a chuva, está muito forte, e já está escuro. Ela disse que ia conversar com as camponesas sobre os artesanatos.

Cédric escutou o pedido, olhou ao longe e resolveu atender, pois também ficou preocupado. Pediu um cavalo e saiu à procura de sua noiva.

Charlotte cavalgava devagar. A chuva aumentava e, junto com ela, uma ventania muito forte castigava a estrada. Cavalgou mais um pouco, quando encontrou com um cavaleiro que se aproximava rapidamente. Sua égua assustou-se e, relinchando, empinou para frente algumas vezes. Charlotte lutou para tentar controlar o animal, todavia, não conseguiu, desequilibrou-se e caiu dele.

O cavaleiro brecou seu animal bruscamente, saltou dele e foi em socorro da jovem. Ela não sabia de quem se tratava, porque ele estava com um capuz que o protegia da forte chuva. Sentiu fortes dores no tornozelo e não conseguiu levantar-se. De repente, reconheceu a voz a seu lado, que lhe perguntou com um tom de preocupação:

– Senhorita Charlotte, está tudo bem?

Ela não respondeu de pronto; colocou a mão no tornozelo dolorido e respondeu chateada:

– Como pode andar nessa velocidade a essa hora e com essa chuva, Aaron?

– Queria me apressar e chegar a algum local em que pudesse me abrigar, senhorita. Não precisa ficar chateada, não fiz por querer – retrucou o jovem irritado.

Ela percebeu que havia sido rude e que Aaron não tinha culpa do ocorrido. Desculpou-se:

– Perdoe-me, Aaron, estou preocupada. Meu tornozelo está doendo muito. Não consigo mexê-lo.

O jovem olhou para a moça e disse feliz:

– Eu posso levá-la nos braços. Sou forte e não está assim tão longe da sua casa.

Charlotte escutou aquilo e sobressaltou-se; lembrou-se de Cédric e respondeu de pronto:

– Não, Aaron, meu noivo pode não gostar. Apenas ajude-me a levantar-me, por favor. Irei para a capela, que fica logo adiante.

O rapaz, ao escutar aquilo, encheu-se de cólera e respondeu ríspido:

– Ora, senhorita Charlotte, pouco me importa aquele homem insuportável com quem resolveu casar. Vou levá-la, queira você ou não.

– Mas eu me importo e não quero! Faça o que lhe pedi e pronto – retrucou Charlotte com raiva.

— Não. Vou carregá-la e não irá me impedir – disse, aproximando-se mais de Charlotte, decidido a fazer o que havia proposto.

Nem Charlotte nem Aaron escutaram Cédric chegar. O duque escutou parte da conversa e disse enérgico atrás do jovem:

— Se tocar em minha noiva, irá arrepender-se. Acaso está surdo e não escutou o que ela disse?

Aaron sobressaltou-se e virou-se bruscamente.

— Saia de perto dela agora – disse Cédric nervoso.

O jovem olhou altivo e respondeu com rispidez:

— O senhor não me dá ordem! Estava apenas tentando ajudar.

— Pois estou dispensando a sua ajuda – respondeu o duque, aproximando-se do rapaz.

Aaron sentiu o ódio que nutria pelo nobre aumentar dentro de si. Encarando-o, retrucou:

— Eu não tenho medo do senhor. O senhor é insuportável. Não consigo entender o que a senhorita Charlotte viu em um homem como o senhor, para aceitar esse casamento. Na certa deve estar forçando-a ou...

O jovem não teve tempo de completar. Recebeu um soco violento no rosto, caindo no chão. Cédric olhou-o e disse altivo:

— Levante-se e descubra o que um homem como eu pode fazer a um moleque como você. Não ouse me difamar! Não sou do tipo que obriga uma mulher a estar comigo. Todavia, já não posso dizer o mesmo de você.

Aaron levantou-se e tentou socar o nobre várias vezes, sem êxito. Cédric se esquivava rápido e, mais uma vez, conseguiu aplicar um golpe em cheio no rosto do rapaz, quebrando-lhe o nariz. O sangue espirrou vigorosamente.

Charlotte segurou-se em uma árvore e, com muito esforço, conseguiu levantar-se, gritando nervosa para os dois homens:

– Parem já com isso! Cédric, pelo amor de Deus, vamos embora daqui.

Aaron levantou-se com a roupa toda suja de sangue, olhou para o nobre, depois para Charlotte, e disse destilando veneno:

– Isso não vai ficar assim. Nunca irá fazer a senhorita Charlotte feliz, seu maldito. Ladrão miserável! Ela nunca irá gostar do senhor como gostou de mim.

Charlotte, exasperada, olhou para Aaron e berrou furiosa:

– Cale-se, Aaron. Vá embora, deixe-me em paz! Eu não quero mais olhar para você. O meu sentimento por você sempre foi de amigo, e agora, se continuar, nem isso mais terá.

O rapaz nunca tinha visto a jovem falar daquele jeito. Chateado, andou até seu cavalo e partiu com rapidez. Cédric, por sua vez, escutou tudo em silêncio, lembrando-se de quando fizera o pedido a Charlotte e ela não respondera. Uma insegurança se apossou de seu coração. Contudo, orgulhoso, pensou: "Ela será minha!" Disfarçou o sentimento, olhou para Charlotte e perguntou aborrecido:

– A senhorita está bem?

– Como posso estar bem com uma dor dessas? Meu tornozelo está doendo demais. – Sem esperar mais nada, jogou-se nos braços do nobre chorando, sem conseguir se manter de pé.

Ele a segurou. Deu uns tapas nos dois cavalos, fazendo com que procurassem um abrigo. Condoído com a situação da jovem, levantou-a nos braços e seguiu andando com cuidado. A chuva não dava trégua, e o chão se fazia escorregadio. Charlotte enlaçou o pescoço do nobre com força. Cédric viu a capela, dirigiu-se para lá e perguntou:

– A capela fica aberta, Charlotte?

– Sim, fica – respondeu a jovem.

Ele aproximou-se e, com o pé, abriu a porta da pequena igreja, que ficava sempre iluminada por velas. Adentrou o local rapidamente. Depositou Charlotte em um dos bancos e voltou para fechar a porta. O vento a sacudia como uma folha de papel. Depois voltou para onde Charlotte estava e perguntou preocupado:

– Onde está doendo?

– Aqui – respondeu a jovem, tocando seu tornozelo com cuidado.

Ele segurou seu pé, retirou o sapato com cautela e foi apertando o local indicado pela moça. Charlotte reagiu rápido, lamentando a dor que não cessava. Ele olhou-a e disse preocupado:

– Pode estar quebrado.

A jovem não disse nada; só chorava de dor. Ele a olhou e, vendo-a encharcada, perguntou:

– Por aqui não tem cobertores ou roupas? Podemos pegar uma doença se ficarmos assim molhados.

Ela lembrou-se do quarto do padre e respondeu solícita:

– No quarto do padre tem algumas batinas, lençóis limpos e quentes.

Sem esperar, ele suspendeu Charlotte novamente e dirigiu-se até o pequeno quarto no fundo do altar. Depositou a jovem em uma cadeira que havia e dirigiu-se até um guarda-roupa, retirando duas batinas. Entregou uma à moça e perguntou sério:

– A senhorita pode se trocar sozinha?

Charlotte olhou para ele assustada e logo respondeu:

– Claro!

O homem, sem dizer nada, saiu deixando a moça sozinha. Charlotte, por sua vez, sentindo uma dor insuportável, tentou desabotoar os botões de seu vestido por trás. Entretanto, não conseguiu, e suas lágrimas aumentaram. Minutos depois, Cédric bateu à porta e entrou vestido com uma das batinas do padre. Perguntou, vendo Charlotte do mesmo jeito:

– Não conseguiu? Está doendo muito?

Ela balançou a cabeça envergonhada, sem conseguir falar. A dor não cessava.

O nobre, sem pestanejar, aproximou-se da moça, colocou-se por trás da jovem e disse:

– Charlotte, não precisa se preocupar. Vou fazer isso para o seu bem; se continuar com essas roupas molhadas, pode ser muito pior. Vou abrir os botões de sua roupa por trás e acredito que assim a senhorita poderá trocar-se. – E assim o fez: abriu todos os botões do vestido, segurando as emoções. Em seguida, saiu, deixando a jovem sozinha novamente.

Charlotte, com muito cuidado, conseguiu se livrar do seu pesado vestido e colocou a outra batina do padre. Logo depois chamou o noivo, que entrou apressado e, vendo-a trocada, dirigiu-se novamente ao guarda-roupa, pegando dois cobertores. Um deles amarrou com força em seu tornozelo; com o outro, cobriu a jovem com cuidado. A chuva não dava trégua, e o vento parecia prestes a derrubar tudo, tamanho era o barulho que fazia. Cédric sentou-se em uma das cadeiras, em silêncio, parecendo preocupado.

Charlotte olhou-o e, tentando puxar assunto, perguntou:

– Cédric, está fazendo frio. Não tem mais cobertores?

– Não. Só havia esses dois – respondeu o nobre sério.

Ela sentiu pena dele, uma vez que estava muito frio. E, não fosse a dor que sentia, iria dar boas gargalhadas com ele vestido daquele jeito. Teve uma ideia. Com dificuldade, sentou-se na cama e, olhando-o, chamou-o:

– Cédric, venha até aqui, por favor.

O nobre fitou-a surpreso, todavia atendeu ao pedido. Aproximou-se da jovem e perguntou solícito:

– O que é? Está doendo muito?

– Não é isso. Quero dividir o cobertor com você. Está muito frio. Por favor, sente-se aqui comigo.

Ele teve vontade de recusar, contudo, sentou-se a seu lado e disse cansado, tentando segurar o ímpeto de abraçá-la:

– Charlotte, não dá para dividir o cobertor. Não se preocupe comigo.

Ela, sem dar atenção ao que ele falava, abraçou-o, levando uma parte da coberta e o envolvendo. Ele, sentindo os braços de Charlotte em volta de seu tronco, sorriu, percebendo que os braços da moça eram muito pequenos para envolvê-lo. Desvencilhou-se e abraçou a jovem, ajeitando assim o cobertor. Charlotte, por sua vez, colocou a cabeça no peito do nobre, sentindo-se bem. Disse sorrindo, tentando amenizar o clima:

— Quem diria, Cédric... Está pronto para celebrar a missa?

— Vejo que a senhorita já está boa, pois está fazendo piada. A dor passou? — respondeu o nobre, sorrindo sem que ela percebesse.

— Não! Ainda dói, contudo, diminuiu um pouco.

O nobre calou-se e, lembrando-se de Aaron, perguntou circunspecto:

— Charlotte, como encontrou aquele rapaz? Sua tia me disse que havia ido falar com as camponesas.

— Foi na estrada. Ele apareceu de repente, e Jasmine assustou-se, me derrubando! Não sei para onde ele ia ou de onde vinha.

Cédric calou-se, sem saber se acreditava. Contudo, estranhou o fato de ele estar naquela propriedade.

Charlotte sentiu o silêncio pesar entre eles e perguntou preocupada:

— Acaso não acredita em mim?

— Não tenho motivo algum para duvidar de sua palavra — respondeu.

Ela desvencilhou-se um pouco e, olhando para ele, disse segura:

— Pois não duvide nunca. Prefiro a verdade à dor em minha consciência de não ser merecedora da confiança de alguém.

Olhando para o rosto de sua noiva, ele respondeu cordato:

— Não se aflija, não estou duvidando da senhorita. — Ele não conseguia entender por que nunca ficava chateado com a jovem. Contudo, perguntou-lhe, ainda encarando-a: — Não achou estranho o fato de ele estar em sua propriedade?

Charlotte não havia pensado nisso e respondeu confusa:

– Isso nunca me ocorreu. Ele disse que estava procurando um local seco para abrigar-se.

O nobre silenciou e não falou mais. Entretanto, sentiu algo ruim. A chuva não dava sinais de aplacar. Podia se escutar ela cair forte, juntamente com o vento, que parecia gritar, reclamando algo do mundo. Charlotte, encostada no peito do noivo, disse apreensiva:

– Veja o barulho do vento, parece que quer falar alguma coisa. Talvez um pedido de clemência à humanidade que só destrói. Somos filhos tão desnaturados. Acho-a muito paciente conosco. Já imaginou o senhor ser Deus? Teria essa paciência toda?

– Não! Não sou paciente – respondeu o nobre pensativo.

Ela olhou-o sorrindo e exclamou:

– Verena que o diga. Ela tem medo do senhor.

Cédric pareceu não escutar. Olhou para o rosto de Charlotte, bem próximo ao seu, e, admirando-a, perguntou:

– A senhorita ainda gosta daquele rapaz?

Ela ficou séria e, sem conseguir tirar os olhos dos dele respondeu em monossílabo:

– Não.

Ele continuou a sabatina e indagou, ainda olhando-a:

– Ele já a beijou?

– Também não – respondeu a moça, desviando os olhos dos dele, com vergonha, e arrematou, fitando o chão: – O senhor foi o único.

Ele sentiu satisfação, mas não demonstrou e continuou a perguntar:

– Por que não se casou com ele, Charlotte?

Ela ficou tensa, pensando no que deveria responder. Decidida, iniciou dizendo:

– Eu e Aaron nos conhecemos desde muito pequenos e acredito que confundimos sentimentos. Prometemos nos casar quando ainda éramos crianças. Todavia, crescemos, conhecemos outras pessoas. Percebi isso quando...

Nesse momento, escutaram uma voz chamando-os. Era Hugo. Cédric levantou-se e encaminhou-se até o rapaz. Minutos depois, adentrou com o jovem, preocupado com o estado da irmã:

— Charlotte, como você está? Nossa tia está quase tendo uma síncope.

— Meu tornozelo, Hugo...Cédric acredita que possa ter quebrado.

O jovem abaixou-se, retirou a coberta e examinou minuciosamente. A cada toque, Charlotte gemia de dor. Hugo olhou para a irmã e disse preocupado:

— O duque pode ter razão; contudo, vamos esperar até chegarmos em casa, onde poderei examiná-lo melhor. – Levantou-se, olhou para Cédric, que estava logo atrás, e disse, olhando-o com ar de riso: – Desculpe-me, senhor, mas não combina com a batina.

Cédric, sem querer ser indelicado com o jovem, não respondeu. Porém, disse para Charlotte, que voltava a gemer de dor:

— Hugo trouxe a carruagem. – Aproximou-se da jovem e pediu gentil, vendo seu sofrimento: – Segure em meu pescoço, Charlotte, vou carregá-la. Vamos para casa.

28

Início da missão

A condessa andava de um canto a outro da sala, preocupada com a sobrinha. Correu quando escutou a carruagem chegar. Abriu a porta rapidamente e assustou-se quando viu Cédric adentrar a casa com Charlotte nos braços vestindo uma batina. Ele andou e depositou a jovem delicadamente em uma cadeira. Verena, que também se fazia presente, soltou um grito de espanto:

– Que sacrilégio, meu Jesus! Senhor duque, acaso enlouqueceu? Não combina com o senhor querer ser padre.

O nobre olhou-a e irritado respondeu com rispidez:

– A única pessoa que está louca aqui é a senhora, em

pensar que quero me tornar padre. Cale-se e traga compressa para Charlotte.

Todos, sem saber o que dizer, vendo-os vestidos de batina, não esconderam a surpresa. Contudo, notando a irritação do nobre, resolveram permanecer em silêncio. Cédric ajoelhou-se e perguntou a Charlotte, que não parava de reclamar da dor:

— Quer que eu a leve até seu quarto?

Ela anuiu com a cabeça. Rapidamente segurou-a de novo nos braços e carregou-a até seu quarto, sendo seguido pelos demais, preocupados com o estado da moça. Cédric deixou a noiva no quarto, aos cuidados de seu irmão e dos demais, depois seguiu para o quarto que ocupava. Algum tempo depois, voltou ao quarto de Charlotte. Bateu à porta e entrou, encontrando-a devidamente trocada, como ele, mas ainda com muita dor. Preocupado, perguntou a Hugo, que não saía do pé da cama da jovem:

— Como ela está?

— Infelizmente, creio estar quebrado. Todavia, não podemos sair daqui para local algum. A chuva, que não para de cair, deve ter bloqueado tudo. Temos que aguardar até amanhã. — Ele aproximou-se, colocou a mão na fronte da irmã e constatou, preocupado, que ela estava com febre. Então solicitou: — Verena, traga mais panos limpos; ela está com febre alta.

Charlotte se contorcia em cima da cama. O local estava muito inchado e ficando roxo. Cédric aproximou-se da jovem, profundamente tocado. Segurou sua mão e, sentindo o quanto estava quente, disse para Hugo aflito:

— Ela está ardendo em febre!

O rapaz não respondeu; apenas balançou a cabeça, mostrando que já sabia do fato. Minutos depois, Verena e a condessa adentraram o quarto com mais panos e outra bacia com água. Cédric, sem esperar por Hugo, ordenou enérgico para a serviçal:

— Traga-me isso agora. Coloque ao meu lado e afaste-se. Quero espaço para que Charlotte respire.

A mulher olhou para Hugo, sem saber o que fazer. O rapaz sabia que o duque tinha experiência em guerra, logo, possuía certo conhecimento médico, e anuiu com a cabeça dando um sinal positivo. Eglatine, que se fazia presente, em silêncio, sentiu seu coração encher-se de ciúme e pensou raivosa: "Ela poderia muito bem fazer o favor de morrer".

O nobre, sem desconfiar dos pensamentos da outra, molhou um pano, levou até a fronte da noiva e o deixou lá, trocando-o de vez em quando. Depois pegou outro pano, molhou-o também e começou a passá-lo em seus braços, até os pulsos. Repetiu o movimento várias vezes. Contudo, Charlotte começou a delirar, falando coisas desconexas. A febre atingira um nível crítico.

Henry, que havia se ausentado por alguns minutos, adentrou novamente o quarto. Sentou-se em uma cadeira perto da cama e viu, com sua sensibilidade extremamente apurada, fagulhas escuras tentando envolver sua irmã. Todavia, eram impedidas por ondas de energia de cor azulada que partiam do tórax de Cédric. Sentiu-se extremamente penalizado, constatando que eram de Eglatine que essas fagulhas partiam, e, no silêncio de seu coração, fez uma prece fervorosa a Deus. Minutos depois, três espíritos adentraram o local. Um deles postou-se ao lado de Cédric e ligou-se com ele por intermédio de sua mente, usando-o e deliberando, assim, a primeira providência. O nobre, sem desconfiar de nada, olhou para o lado e, vendo Eglatine, sentiu um mal-estar. Ríspido, ordenou enérgico:

– Quero que todos saiam do quarto. Só ficam aqui Hugo e Henry.

Os demais, surpresos com a determinação do nobre, ficaram parados, sem saber o que fazer, já que não queriam sair de perto da jovem. Cédric levantou-se e ordenou firme:

– Agora!

Sentindo a energia do duque, mesmo contra a vontade, deixaram o quarto. Um espírito logo postou-se na porta de entrada, afastando também entidades que se faziam presentes, acompanhando os "vivos". Outro espírito, com uma espécie de aparelho que mais parecia um refletor, direcionava-o para todos os cantos do quarto. Onde essa luz passava, fazia um tipo de limpeza, capturando energias mais densas e deixando, assim, o ar mais puro. Cédric sentou-se de novo e continuou o que fazia.

Minutos depois, a febre de Charlotte cedeu um pouco, e ela aquietou-se. Estava banhada de suor. Abriu os olhos e, vendo Cédric a seu lado, disse comovida:

– Cédric!

– A febre cedeu, Charlotte. Está se sentindo melhor? – perguntou o nobre, tentando animá-la.

Ela balançou a cabeça afirmativamente. Todavia, sentiu o tornozelo pulsar e, sem suportar, gritou de dor, assustando Hugo. O rapaz aproximou-se e viu um coágulo se formar no tornozelo da jovem.

– O tornozelo está dando sinais de que pode estar infeccionado. Nunca vi isso. Não com essa rapidez. – Olhou para o duque e, baixinho, disse aflito: – Se não contivermos a infecção, não sei o que poderá ocorrer.

Cédric olhou para o jovem, sem querer acreditar no seu diagnóstico, e argumentou angustiado:

– Hugo, olhe novamente. Não pode ser isso. Só faz algumas horas do acontecido!

O jovem olhou de novo e disse penalizado, vendo a irmã se contorcer de dor:

– Queria estar errado, senhor duque, todavia, também estou perplexo com a velocidade dessa infecção.

O espírito que se mantinha ao lado de Cédric olhou para Henry e, sabendo de sua faculdade, disse mentalmente para o rapazinho:

– Ora de começar sua missão, meu amigo.

Henry escutou-o e respirou fundo. Em silêncio, levantou-se, caminhou devagar para o outro lado da cama e parou próximo ao local onde estava o ferimento da irmã.

Cédric e Hugo olhavam para o jovem e, mesmo sem saber o que ele fazia, afastaram-se respeitosos. Intuitivamente, sentiam que ele sabia o que estava fazendo. O jovem olhou para os dois homens e pediu com firmeza:

– Orem a Deus! – Segurou firme no tornozelo da irmã, que não suportou a dor e desfaleceu. Fechou os olhos e fez uma prece. Minutos depois, luzes dos mais variados matizes partiam do tórax do jovem em direção ao ferimento da moça, espalhando-se por todo o seu corpo. Cédric e Hugo não conseguiam enxergar nada do que acontecia no plano invisível. Depois de alguns minutos, Henry soltou o tornozelo da irmã e, segurando-se na cama, disse para os dois homens:

– Amanhã ela estará boa. Por favor, ajudem-me aqui – pediu o jovem, sentindo suas forças se esvaírem.

Cédric correu até o rapazinho, segurando-o com firmeza, levou-o até uma cadeira e sentou-o com cuidado. Hugo, por sua vez, examinou o local e, perplexo, constatou que não havia mais mancha alguma. Disse assombrado:

– Como você fez isso, Henry?

O duque, curioso, perguntou, aproximando-se de Charlotte:

– O que ele fez, Hugo?

– Veja o senhor mesmo. Ela não tem mais infecção alguma. O coágulo foi eliminado totalmente – respondeu o rapaz, olhando para o irmão mais novo.

Cédric olhou para o tornozelo da noiva e viu que, apesar de ainda continuar inchado, estava limpo. Caminhou até a cabeceira da cama e levou a mão à fronte de Charlotte, constatando que ela não tinha mais febre e parecia dormir. Voltou o olhar para o rapaz, que se mantinha sentado, parecendo extenuado, e indagou com espanto:

– Henry, você curou Charlotte?

O jovem olhou para os dois homens e respondeu calmo:

– Não. Quem curou foi Jesus; sou apenas um meio para sua vontade. Nada posso sem a permissão de Deus. Agora, por favor, algum de vocês pode me levar ao quarto? Preciso dormir – pediu o jovem, dando sinais claros de cansaço.

Hugo adiantou-se e respondeu prestimoso:

– Eu o levo, senhor duque. Fique com minha irmã. Volto logo mais.

Cédric sentou-se ao lado de Charlotte em uma cadeira e ficou olhando para a jovem, que parecia tranquila. Voltou seu pensamento ao acontecido e perguntou-se intrigado: "Como ele fez isso? Será que ele é um tipo de curandeiro? Se alguém me contasse, nunca acreditaria. Depois quero conversar com esse rapaz..." Cédric estava tão absorto em seus pensamentos que não se deu conta de que os demais adentraram o quarto, e sobressaltou-se quando a condessa o tocou, chamando-o:

– Cédric, o que aconteceu? Minha sobrinha está bem?

Ele se voltou para ela e respondeu automaticamente:

– Está. Está dormindo e amanhã estará bem.

– O que foi que você fez? Parece um milagre. Ela parece dormir tranquila – insistiu a condessa, olhando surpresa para a sobrinha.

Todos esperavam a resposta do nobre com curiosidade. Este, olhando para Charlotte, iniciou dizendo, ainda levado pela emoção dos acontecimentos:

– Foi Henry. Foi ele quem... – parou quando viu o barão, os tios, a serviçal e Eglatine aguardando ansiosos sua resposta. Deteve-se. Pensando melhor, resolveu primeiro perguntar a Henry se podia falar algo do que presenciara e respondeu, desconversando:– Henry nos ajudou, todavia, sentiu-se cansado e pediu para ir a seu quarto, pois precisava dormir. Hugo está com ele.

Os demais se entreolharam sem entender nada. Entretanto, sentiram-se bem ao perceber que Charlotte estava melhor. Cédric, querendo ficar sozinho, pediu à condessa:

– Senhora, quero passar a noite aqui. Se ela precisar de algo, estarei por perto. Dormirei aqui nesta cadeira se não houver inconveniente.

– Não! Acho até muito gentil de sua parte. Mandarei servir seu jantar aqui mesmo – respondeu a mulher feliz.

Verena e o pai de Charlotte quiseram protestar. Entretanto, foram impedidos pela condessa, que confiava plenamente no nobre, já que conhecia seu caráter. Sabia que ele já havia perdido a esposa e talvez estivesse com medo de que pudesse acontecer o mesmo com sua noiva.

Eglatine sentiu um mal-estar muito grande e, chateada, saiu do quarto. Não sabia que estava sendo manipulada pela equipe espiritual que ainda cuidava de Charlotte do lado invisível. Os demais também deixaram o quarto.

Cédric retirou o casaco e o colete, e mexeu na lareira que havia no quarto com um atiçador de fogo. Voltou até a noiva, ajeitou a cadeira e, colocando-a em frente à cama, sentou-se, estendendo os pés na cama da jovem. Olhou-a e sentiu-se feliz em vê-la bem. Contudo, sentiu um vazio imaginando se o pior viesse a acontecer. Respirou profundamente e deu-se conta de que ela era muito mais importante do que ele queria que fosse. Minutos depois, uma serviçal veio deixar seu jantar. Cédric comeu um pouco, depois voltou a se sentar na cadeira. Cansado, o nobre adormeceu.

O sol dava sinais de que iria nascer quando Charlotte acordou. Abriu os olhos, ainda sonolenta, e, virando-se, assustou-se quando viu Cédric dormindo na cadeira ao lado da cama. Seu coração sentiu uma felicidade tão grande que lágrimas brotaram nos seus olhos. Lembrou-se do seu tornozelo e, surpresa, percebeu que já não doía. Com cuidado, sentou-se na cama e, fitando o noivo, sentiu piedade dele.

O duque, como que sentindo seu olhar, abriu os olhos e viu Charlotte sentada. Rapidamente endireitou-se e perguntou preocupado:

– Está sentindo algo? Está bem?

Ela sorriu e respondeu carinhosa:

— Sim. E estou com pena do senhor. Como pôde dormir nessa cadeira? Pode ir deitar-se já!

— Para quem já esteve na guerra, isto aqui é luxo, senhorita — respondeu ele, feliz com a preocupação da jovem.

— Mas não está na guerra agora. Então, vá se deitar! Estou ótima. Nem dor estou sentindo. Parece um milagre — disse a moça feliz.

— Eu que o diga. Então, já que está dispensando a minha presença, vou dormir mesmo, estou quebrado. — Levantou-se, vestiu-se e, antes de sair, foi surpreendido por Charlotte, que se ergueu em um pé só e abraçou-o com força. Ele retribuiu o abraço com carinho. Aspirou o perfume de alfazema de seus cabelos e sorriu por cima de sua cabeça. Depois de alguns segundos, ela desvencilhou-se e disse, olhando-o:

— Obrigada, Cédric, por tudo!

Ele não respondeu; sentou-a novamente na cama, segurou sua mão e, beijando-a, saiu em seguida.

29
Eglatine, Johanne e Aaron confabulam

Dois dias depois do ocorrido, Charlotte já andava normalmente. Todos sabiam o que havia acontecido e olhavam para Henry com muito mais respeito. Apenas Eglatine evitava o jovem a todo custo; não se sentia à vontade com ele. Todavia, tomara conhecimento da briga que houvera entre o duque e Aaron, e seu ciúme aumentou. Refletia em algo que pudesse fazer para atrapalhar a vida de Charlotte e Cédric. Pensando alto, disse para si mesma:

— Pelo menos isso serviu para eu ver que o duque tem ciúme de Aaron e que ele pode ser um aliado muito forte. O ciúme está associado à insegurança. O duque deve sentir-se hesitante em relação ao rapaz. Deve ser por causa da amizade que tinham desde criança e da história de que iriam se casar. Tenho que falar com Aaron e trazê-lo para o meu lado. Acredito que não será muito difícil; ele deve estar com ódio de Cédric. – Movida por esses sentimentos, a jovem pediu permissão e foi à cidade alegando ter de resolver algo.

Charlotte, mesmo sentindo-se bem, foi impedida por Hugo de sair de casa por alguns dias. Valendo-se desse descanso, aproveitou para conversar com Henry. O jovem, atendendo ao pedido da irmã, veio rapidamente. Sentou-se na varanda e perguntou solícito:

– O que deseja, Charlotte?

– Conversar um pouco, Henry. – Olhou para os lados, certificando-se de que estavam sozinhos, e indagou interessada: – Agora, por favor, me explique como foi que você fez isto – apontou para seu tornozelo.

Ele olhou para sua querida irmã por alguns segundos e respondeu sorrindo:

– O senhor duque também veio falar comigo acerca disso. Ele estava espantado, Charlotte!

A moça sentiu-se feliz ao saber do fato, contudo, inquiriu o rapaz novamente:

– Claro Henry, todos estão espantados. Mas agora pare de me enrolar e me diga tudo, por favor.

– Charlotte, o que aconteceu não foi nada demais. Deus apenas me usou como instrumento para Jesus curá-la – respondeu o rapaz com humildade.

– Henry, como consegue fazer isso? Eu não sabia que podia curar pessoas.

– Nem eu, até aquele dia – confidenciou o rapaz.

– Como foi? Você sentiu vontade, é isso? – perguntou curiosa.

– Não! Já lhe falei que vejo e converso com espíritos. Um deles, naquele dia, pediu que eu fizesse aquilo e, graças a Deus, você está bem.

– Isso é curioso, meu irmão. Todavia, acredito que só

uma pessoa muito especial como você pudesse realizar esse tipo de coisa. Obrigada! Que Deus possa recompensá-lo todos os dias de sua vida.

— Ele já faz isso, Charlotte – disse ele sorrindo.

A jovem, ainda interessada, perguntou preocupada:

— Hugo me disse também que você ficou muito fraco. Isso pode prejudicá-lo?

— Charlotte, como algo que faz bem a outras pessoas pode me prejudicar? Claro que não! Isso é normal, não se preocupe.

Na cidade, Eglatine buscava um meio de encontrar Aaron e, perguntando a um e outro, encontrou a casa do jovem. Era uma casa imponente no bairro mais luxuoso da cidade. Meio sem jeito, bateu numa espécie de campainha de um portão alto de ferro.

Minutos depois, uma serviçal veio atendê-la. Educada, perguntou:

— Bom dia, senhorita. Em que posso ajudá-la?

— Bom dia. Por favor, o senhor Aaron está?

— Sim, ele está. A quem devo anunciar?

— Eglatine Morin – disse ela.

A mulher abriu o portão e fez a moça entrar e aguardar no hall da casa. A jovem pôde perceber o luxo da residência. A família do rapaz não tinha descendência nobre, porém o pai era um rico comerciante e detentor de muito prestígio na cidade. Minutos depois, a mulher veio e pediu polida:

— Por favor, senhorita, acompanhe-me. O senhor Aaron a aguarda.

Eglatine acompanhou a serviçal, passando por duas belas salas ricamente decoradas com o melhor que havia à época. Atravessaram uma porta e seguiram até o jardim, encontrando o jovem sentado a uma mesa branca, ao lado de outra jovem que Eglatine não conhecia.

Aaron levantou-se de imediato quando viu a moça, cumprimentando-a educadamente com uma reverência, e disse feliz, acreditando que ela estivesse ali a pedido de Charlotte:

— Senhorita Eglatine, satisfação revê-la! Não sabia que a senhorita estava em Dijon.

A jovem retribuiu a reverência e respondeu sorridente, sem deixar de perceber um curativo no nariz do rapaz:

— Faz pouco tempo que cheguei. Contudo, posso dizer que sua cidade é muito bela.

— Também acho, senhorita – disse feliz. Olhou para Johanne, que se mantinha sentada, olhando para Eglatine com cara de poucas amigas, e apresentou-as: – Senhorita Eglatine, esta é a senhorita Johanne. Ela também conhece a senhorita Charlotte.

Eglatine, surpresa com a revelação, fitou a moça e a cumprimentou com reserva:

— Senhorita!

Johanne anuiu com a cabeça, sem, no entanto, responder ao cumprimento. Aaron, sentindo um clima estranho entre as duas, pediu gentil:

— Por favor, sente-se, senhorita, e fale a que veio. Acaso foi Charlotte que pediu que viesse? – perguntou ansioso.

Eglatine sentou-se e, sem saber o que dizer por causa da outra jovem, respondeu meio sem jeito:

— Não, senhor. Na verdade, Charlotte nem sabe que vim até aqui e acredito que nem possa saber; acho que não gostaria. Vim conversar algo em particular com o senhor e ver como estava, pois soube do ocorrido.

Johanne, escutando aquilo, estranhou, sentindo que aquela jovem não estava bem-intencionada. Ao que sabia, estava hospedada na casa de Charlotte. Vir até a casa do rapaz sem que ela soubesse... Concluiu que não podia ser boa coisa. Rapidamente, observou uma oportunidade de tirar vantagem daquilo. Esperta, argumentou, tentando entender de qual lado a jovem estava e o que queria:

– Fato lamentável este, não é, senhorita? Acredito que o senhor duque deva estar enfeitiçado.

– A senhorita conhece o senhor duque? – perguntou Eglatine surpresa.

– Sim! Sou sobrinha de marquesa Bonnet, mãe de Geneviève. O senhor duque estava quase de compromisso marcado comigo, quando me apareceu essa senhorita. – Olhou para a jovem e dissimulada arguiu: – Desculpe, a senhorita é amiga dela. Todavia, como posso gostar dessa jovem que roubou o homem que era para ser meu?

Eglatine, tendo a mesma índole da jovem e com os mesmos desejos, sentiu certa satisfação e respondeu, acreditando haver encontrado uma aliada, pelo menos, para separar Cédric e Charlotte. Depois, trataria de dar um jeito nesta também:

– Não sou amiga de Charlotte! Tenho outros interesses; assim como ocorreu com a senhorita, o senhor duque era para estar casado comigo há muito tempo. Infelizmente, ele conheceu Charlotte.

"Acertei!", pensou Johanne. Mesmo sentindo certa antipatia pela jovem, mas pensando em afastar Cédric de Charlotte, viu naquela moça uma possibilidade de conseguir êxito.

Aaron, escutando a conversa, disse irritado:

– Acaso as senhoritas vieram aqui para conversar sobre aquele senhor insuportável? Eu ainda me pergunto o que veem nele. Decerto, deva ser o dinheiro, pois nenhum outro atrativo aquele déspota tem.

As duas jovens entreolharam-se e logo trataram de se desculpar com o rapaz:

– Desculpe, senhor, não se trata apenas de dinheiro ou de outra coisa que o senhor esteja pensando. No meu caso, é meu orgulho ferido. Acaso essa senhorita é melhor que a minha pessoa? Decerto que não – disse Johanne jocosa.

– No meu caso, senhor, além do orgulho, é raiva também. O senhor sabe o que é ser rejeitada? – perguntou Eglatine com ar de indignação.

O jovem olhou para as duas moças à sua frente e disse irônico:

– Sim, senhorita, sei o que é ser rejeitado. Esqueceu que a senhorita Charlotte me trocou por aquele infeliz? Com certeza vocês duas não têm a menor chance em uma disputa com Charlotte. Ela é especial; é doce, sincera...

Johanne interrompeu o jovem, raivosa:

– Ora, pare já com isso, senhor. Está nos destratando.

– Desculpem-me! Todavia, apesar de toda a beleza que as senhoritas têm, Charlotte ainda é muito melhor. E o pior é que aquele homem parece gostar dela. Eu vi nos olhos dele o ciúme que sentiu de sua noiva. Se ela não tivesse interferido, ele era bem capaz de ter me matado...

– Chega! Não vim aqui para escutar isso. Vim tratar de assuntos bem diferentes, embora estejam ligados àquela senhorita – disse Eglatine, profundamente contrariada com as palavras do jovem. Olhou para Aaron e perguntou interessado:
– O senhor não está noivo?

– Sim. Entretanto, se Charlotte me quisesse, eu não pensaria duas vezes em acabar com esse noivado – respondeu triste.

– Então, muito bem. Vim aqui para lhe dar uma oportunidade de reconquistar seu grande amor. Deus, meu caro, não irá nos condenar por estarmos lutando pela nossa felicidade. – Respirou e percebeu que o moço e Johanne a olhavam, interessados no que tinha para falar. Sem se fazer de rogada, continuou: – Como o senhor bem disse, o senhor duque tem ciúmes. Logo, se isso acontece, é porque acredita que Charlotte ainda possa sentir algo pelo senhor. Então, temos uma excelente arma contra os dois. Vamos dar motivos a ele para desconfiar da senhorita Charlotte.

Johanne sorriu, olhando para Eglatine e pensando: "Que ótima aliada fui encontrar. Foi Deus quem a trouxe aqui.

Entretanto, tenho que tomar cuidado; está se mostrando muito esperta!"

Aaron olhou para as duas mulheres e sentiu um arrepio percorrer seu corpo; por alguns instantes, quis recuar. Todavia, lembrou-se de Charlotte e, movido por sentimentos egoísticos, selou um pacto com aquelas jovens, pensando: "Se Charlotte não for minha, daquele déspota ela também não será".

Os três começaram a bolar um plano visando à separação do casal. Depois do combinado, as duas jovens, felizes, retiraram-se da casa de Aaron.

Eles não podiam perceber, mas estavam sendo intermediários de inteligências outras, que somavam forças a todos aqueles sentimentos equivocados que possuíam. Um deles pensou alto:

– Ernesto, desta vez você me paga! Se não posso pegar você, pego a sua queridinha. Ele agora verá como é interferir com pessoas que lhe pertencem. Vou infernizar a vida daquele arrogante – disse um espírito alto, forte, de cabelos compridos e trejeitos afeminados, trajando uma roupa de séculos atrás. No peitoral levava uma armadura com um símbolo de uma rosa vermelha. Usava uma coroa de ferro fundido na cabeça e maquiagem extravagante. Nos braços, braceletes de bronze. Uma capa vermelha atrás, botas pretas e uma calça cinza-escuro compunham o restante do figurino do espírito.

Cédric havia saído de uma reunião com um grupo de burgueses na casa de um deles, localizada perto da propriedade de Aaron. Estava na carruagem e voltava para casa quando avistou, surpreso, Eglatine e Johanne saindo da casa do rapaz juntas. Sem ainda saber de quem era aquela bonita residência, colocou a mão no maxilar, perguntando-se curioso:

— Não sabia que Johanne conhecia Eglatine. Isso é muito estranho. Ainda mais vindo daquela jovem, não deve ser boa coisa... — Bateu na carruagem duas vezes, pedindo para parar.

A condução parou em seguida. O condutor veio até o nobre e perguntou solícito:

— Pois não, senhor. O que deseja?

— Por favor, de quem é aquela residência pela qual passamos há pouco?

O homem olhou para trás e, mesmo distante, constatou de qual residência o nobre falava. Virou-se e respondeu:

— É do rico comerciante, Alexis Guerin. O senhor não o conhece?

— Sim, conheço. Agora podemos ir — respondeu contrariado.

A carruagem voltou a andar, e Cédric ficou intrigado, pensando no que aquelas duas poderiam estar fazendo na casa daquele rapaz. Não sabia sequer que se conheciam. Iria tirar aquela história a limpo; sentiu algo ruim e pensou em Charlotte. Será que ela sabia que sua amiga estava na casa daquele rapaz? Será que tinha sido ela quem havia pedido a Eglatine para visitar Aaron? Olhou para um ponto imaginário e disse para si mesmo:

— Vou tirar isso a limpo ainda hoje. Todavia, tenho que tomar cuidado com Eglatine. Ela é muito pior do que aquele rostinho dela mostra.

30

O casamento

    Cédric chegou à propriedade antes de Eglatine e procurou Charlotte às pressas. Encontrou a jovem conversando com o irmão mais novo em uma saleta dentro da casa. Pediu licença e entrou cumprimentando os dois. Sério, olhou para a noiva e perguntou:

– Charlotte, posso falar com você?

– Claro – respondeu a moça preocupada; o semblante do nobre mostrava que não se tratava de um assunto agradável.

    Henry pediu licença para se retirar, porém Cédric pensou melhor e resolveu falar na frente do jovem, já que confiava nele:

— Henry, por favor, quero que fique. O que vou perguntar você também pode responder, não é nada demais. – Olhou para os dois e soltou de uma vez: – Charlotte, acaso pediu algo à senhorita Eglatine?

Charlotte olhou-o, estranhando a pergunta, e respondeu logo em seguida:

— Não. Quase não a vi hoje. Logo cedo minha tia me disse que ela pediu permissão e foi à cidade. Por que pergunta, Cédric?

O nobre ignorou a pergunta, fazendo outra indagação em seguida:

— A senhorita sabe o que ela foi fazer na cidade e com quem foi se encontrar?

— Não. Como lhe disse há pouco, não falei com Eglatine. – Ela curiosa perguntou novamente: – Por que o senhor está interessado nisso?

Henry, percebendo que o nobre estava em dúvida, confirmou, ajudando a irmã:

— É verdade, senhor duque, eu e Charlotte passamos a manhã toda juntos. A senhorita Eglatine saiu logo cedo e não disse nada.

O duque olhou-os e, vendo que falavam a verdade, resolveu não comunicar nada do que tinha visto. Iria averiguar de outra maneira o que aquela jovem tramava. Decidiu contar apenas parte do que havia presenciado:

— Eu a vi na cidade e pensei que ela estivesse cumprindo um pedido seu; não gostei. Quando a senhorita quiser algo, pode muito bem pedir a mim.

Charlotte sorriu, acreditando que o nobre estivesse com ciúmes dela, e respondeu feliz:

— Não se preocupe. Quando tiver algo para fazer na cidade, vou preferir sua companhia ou sua ajuda.

Contudo, Henry não se convenceu da resposta do nobre, mas preferiu calar-se. Nesse momento, Eglatine entrou na saleta e, vendo-os, cumprimentou a todos. Cédric não respondeu ao cumprimento. Charlotte, sem desconfiar das más intenções da jovem, disse alegre:

– Eglatine, Cédric acabou de nos comunicar que avistou a senhorita na cidade.

A jovem, que segurava um pequeno embrulho nas mãos, soltou-o nervosa. Olhou para o nobre, que a encarava sério, e perguntou sem jeito:

– Foi mesmo, senhor duque? Eu não o vi. Pena, não é?

Cédric não respondeu; apenas ficou encarando a jovem de semblante fechado. Pediu licença aos demais e foi para o quarto. Uma vez lá, andava de um lado para outro tentando ligar pontos imaginários. Lembrou-se do encontro de Charlotte com Aaron, da coincidência da presença dele ali. Sabia que não podia confiar em Eglatine, depois do que ela já havia tentado lhe fazer... Preocupado, sentou-se na cama e disse alto para si mesmo:

– Ela, juntamente com Johanne e aquele infeliz, devem estar tramando algo para me afastar de Charlotte antes do casamento. Aquele moleque acha que é páreo para mim? Vou encontrar uma maneira de surpreendê-los. Mas como? Já não basta essa maldita revolução, e agora isso? – Retirou o casaco, as botas e deitou-se na cama, tentando pensar. Acabou adormecendo, vencido pelo cansaço.

Horas depois, acordou sobressaltado com batidas à porta. Levantou-se, arrumou-se como pôde e foi atender. Viu Henry parado à porta e perguntou calmo:

– O que foi, Henry? Aconteceu algo?

– Não, senhor, apenas vim a pedido de Charlotte ver se o senhor estava se sentindo bem. Nem para o almoço o senhor compareceu – disse o jovem.

– Estou bem, apenas adormeci. Se não for abusar muito, queria comer algo – pediu o nobre gentil.

– Claro, pedirei a Verena que lhe prepare a mesa. – Ia saindo, quando se voltou e disse sorrindo: – Charlotte hoje experimentou o vestido do casamento. Ficou lindo, senhor.

Irá casar-se com a mulher mais bonita da França. O padre irá chegar para confirmar a data. – Retirou-se em seguida.

O nobre fechou a porta, estranhando o porquê daquelas palavras. Com a cabeça fervilhando, tentando encontrar uma resposta, foi ajeitar-se novamente e, de súbito, teve uma ideia. Sorriu e pensou: "Será que esse jovem tem poderes mesmo? Será que ele sabia das minhas impressões?"

Charlotte conversava na sala com sua tia e Eglatine, esperando por padre Grégory, quando Cédric entrou e cumprimentou a todos, sentando-se perto de sua noiva. Tentava estudar as reações de Eglatine, que, acreditando não demonstrar nada, olhou para o casal com raiva. Cédric, diferente do que a jovem supunha, percebia tudo e buscava provocar a moça cada vez mais. Por isso, começou:

– Henry me contou que hoje a senhorita já experimentou seu vestido. Gostou?

A condessa apressou-se a dizer, feliz, interrompendo sua sobrinha:

– Está lindo, Cédric. Minha sobrinha será a noiva mais bonita de Dijon!

– Disso eu não tenho dúvida, senhora – respondeu o nobre, olhando para sua noiva e discretamente para a moça que, cada vez mais, torcia o nariz.

Nesse momento, padre Grégory chegou fazendo barulho e falando alto:

– Pelo amor do Cristo, dê-me água. Estou sedento! Minha língua está pregando no céu da boca. Que seca horrível, meu Deus.

Todos riram e pediram a bênção do eclesiástico como de costume. Verena, ao escutá-lo, foi correndo buscar água. Padre Grégory era um homem de meia-idade, robusto, calvo, de olhos azuis bem claros, altura mediana e dono de um vozeirão. Dotado de grande bom humor, fazia piada de tudo, inclusive de si mesmo. Sentou-se em uma das cadeiras e, olhando para Charlotte, disse feliz:

– Que bom, minha filha, que resolveu casar-se. – Voltou seu olhar para Cédric, que se mantinha impassível ao lado da jovem, e perguntou: – Esse é seu noivo? Sério! Muito sério ele.

Charlotte, sorrindo, respondeu:

– Sim, padre, este é meu noivo. O duque Cédric Lefevre, também comandante do exército da França.

– Como vai, senhor padre? – perguntou o nobre contido.

– Não! Está errado, meu filho. Primeiro você me toma a bênção – corrigiu o padre, encarando o nobre.

Todos silenciaram, ansiosos, esperando a resposta do nobre. Cédric já ia lhe responder, quando Henry adentrou a sala, salvando o padre de escutar uma resposta que não iria lhe agradar:

– Padre Grégory, eu o esperava com ansiedade. Sua bênção, senhor.

– Deus o abençoe, meu filho. Vejo que parece muito bem-disposto. Queria mesmo conversar com você, rapazinho. Que negócio é esse dessa cura? Todos estão falando na igreja. Dizem que você cura pessoas agora?

– Padre, bem sabe como é a língua do povo. Não acredite em tudo que escuta; pode correr o risco de cair em severa armadilha – respondeu o jovem.

– É verdade, meu filho. Contudo, vejo que sua irmã está boa. Como consegue me explicar isso? – inquiriu o homem novamente.

– Deus, senhor padre. Nós não podemos duvidar de seu soberano poder. Ele apenas me usou para cuidar de minha querida irmã, pois ela devia merecer.

O padre olhou para aquele rapaz. Como acontecia amiúde, não tinha argumentos para discutir com ele e, como gostava muito do jovem, sorriu dizendo:

– Como sempre, você conseguiu me calar, meu jovem. – Voltou-se para Charlotte e Cédric, e disse mudando de assunto: – Agora vamos ao que interessa. Vamos marcar a data desse casamento? Para quando será?

Cédric não esperou o homem continuar e, olhando para ele, respondeu decidido:

– Vamos nos casar neste final de semana próximo, senhor padre.

Todos olharam para o duque espantados, menos Henry, que sorriu para o nobre, mostrando que, de certa forma, já desconfiava. Charlotte perguntou, sem acreditar no que ouvira:

– O quê? Como assim, Cédric?

Ele fitou-a e respondeu com firmeza:

– Isso mesmo que a senhorita escutou. Vamos nos casar neste final de semana. Vou ter que viajar, Charlotte, e quero viajar casado. – Olhou para o padre e, sabendo como este gostava de dinheiro, argumentou: – Pago o dobro, senhor padre. Sei que tem que cancelar compromissos. Ou seja, daqui a cinco dias, quero estar casado com esta bela jovem.

A condessa, que até então não tinha se pronunciado, perguntou confusa:

– Que ideia é essa, Cédric, que vai apressar desse jeito o casamento? Ainda teríamos pelo menos uns vinte dias pela frente!

– Ainda não sei ao certo; só posso dizer que é breve. Até porque quero fazer isso logo de uma vez. E então, padre, estamos combinados? Pagarei o senhor no dia do casamento e, quem sabe, ainda deixo uma ajuda para a paróquia. – Persuadia o religioso, enchendo-lhe os olhos.

– Combinadíssimo, meu filho! Daqui a cinco dias realizarei a cerimônia com muito prazer. Vejo o quanto está comprometido com o matrimônio. Isso é muito bom – respondeu o padre, feliz da vida.

Eglatine sentia a raiva revirar-se dentro de si. Lutava para não demonstrar o ódio que sentia pelo nobre e pensava no silêncio de sua alma: "E agora? Não teremos tempo para completar o nosso plano. Maldito Cédric! Maldito!"

A reação da jovem não passava despercebida ao nobre, que assistia a tudo com satisfação. Concluiu que tinha desmanchado algum plano que poderiam estar tramando...

Para espanto de alguns, ódio de outros e felicidade de poucos, o dia do casamento chegou. Charlotte estava em seu quarto terminando de se arrumar. Pensava em sua vida, nas condições em que esse casamento se daria, e uma tristeza começou a se acercar da jovem. Lembrou-se de quando viu o duque pela primeira vez; lembrou-se também de Aaron, e sentiu certo temor. Não escutava o que sua tia, Verena, Eglatine e outras serviçais, que a ajudavam, falavam. Impulsiva, levantou-se rápido e pediu licença, dizendo que ia falar com Henry. Saiu sem esperar resposta e seguiu decidida para o quarto do duque, orando em silêncio para que ele ainda estivesse lá. Bateu na porta e entrou, sem esperar resposta, dando de cara com o nobre que, surpreso, perguntou, admirando a beleza da jovem:

– O que está fazendo aqui, Charlotte?

– Vim saber se o senhor tem certeza de que é isso o que quer. Se não quiser, não tem problema, afinal, é sua vida – disse nervosa.

O homem aproximou-se da noiva e perguntou confuso:

– O que quer dizer com isso, Charlotte?

– Que não queria que se casasse comigo por obrigação – respondeu a jovem com lágrimas nos olhos.

Ele olhou-a por alguns segundos e respondeu com sinceridade:

– Não estou casando por obrigação. Estou casando porque quero!

Ela, ainda movida pelo impulso, diminuiu a distância entre eles e abraçou-o, dizendo emocionada:

— Vou fazê-lo feliz, Cédric! Mesmo que seja para ser apenas sua amiga.

Emocionado, ele retribuiu o abraço e respondeu feliz, escondendo seus sentimentos:

— Eu sei. Já me faz feliz, acredite. – Desvencilhou-se da moça e disse-lhe enigmático: – Está linda! Mais bonita do que já é. Em pouco tempo, será a duquesa Lefevre! Agora vá, senão daqui a pouco estarão todos aqui numa balbúrdia.

Ela sorriu e, saindo do quarto sem esperar resposta, disse:

— O senhor também está muito bonito.

Cédric sorriu e, apesar de tudo, deu-se conta de que nunca havia estado tão feliz quanto agora. Charlotte era impulsiva, além de bonita e doce. Era tão espontânea que quase nunca se chateava com ela, mesmo com essas suas atitudes intempestivas. Terminou de se arrumar e dirigiu-se para uma carruagem que o aguardava para levá-lo à bela igreja da cidade.

O casamento transcorreu com muita harmonia, tendo vários convidados. Mesmo às pressas, saiu tudo a contento. A festa foi realizada na propriedade de Charlotte, preparada com requinte a pedido do nobre.

Eglatine e Johanne, destilando veneno e com raiva do acontecido, conversavam às escondidas:

— E agora, senhorita espertalhona, eles estão casados! Vamos chorar nossa mágoa juntas? Afinal, o que nos resta?

— Não sou mulher de chorar mágoa, Johanne. Isso não vai ficar assim. Eu vou lhe mostrar como um casamento pode durar pouco – respondeu Eglatine irônica.

— Você subestimou o duque. Ele é esperto demais, senhorita, para se deixar ser pego. Conheço-o! Não é por acaso que é quem é – atiçou Johanne sarcástica.

— Isso veremos, senhorita. Vou até o fim – respondeu a moça com empáfia.

No outro lado do salão, a condessa, jubilosa, cumprimentava os convidados e, encontrando sua sobrinha, chamou-a em um canto reservado e disse-lhe meio sem jeito:

– Querida, tudo aconteceu tão rápido que não tive tempo de conversar com você sobre a primeira noite de uma jovem... – Parou e, procurando as palavras certas, continuou: – Não se preocupe, Cédric é um homem experiente, ele saberá conduzi-la. Não precisa ter medo; é algo natural que acontece entre um homem e uma mulher.

Charlotte, estranhando a conversa, perguntou confusa:

– Do que a senhora está falando, tia? Por que eu haveria de ter medo? Cédric irá me conduzir para onde?

A condessa ia explicar, quando Cédric chegou e, interrompendo, tomou sua esposa, pedindo a primeira dança. Charlotte aceitou com satisfação e deixou-se levar pelo nobre com desenvoltura.

Cédric reservara o melhor quarto do hotel mais luxuoso da cidade e, logo depois, seguiram para lá, demonstrando felicidade.

31

O enviado do rei

Horas depois, no quarto do hotel, Charlotte olhava para o luxo do local e comentava feliz:

— Que bonito é aqui, Cédric!

O nobre fitou-a sentado em uma cadeira, ao lado de uma enorme lareira, e respondeu contido:

— Eu também achei, Charlotte.

A moça lembrou-se da conversa que havia tido com sua tia, dirigiu-se a uma cadeira perto do seu agora esposo e, ingenuamente, perguntou-lhe, curiosa:

— Minha tia me disse hoje que eu não deveria ter medo, pois você era experiente. Eu não entendi nada. Por que eu haveria de ter medo?

Cédric olhou-a espantado e, sem jeito, perguntou:

– Charlotte, nunca conversou com outra mulher acerca da noite de núpcias de um casal?

– Não. Acaso esqueceu que moro com homens? Nunca tive muito tempo para amizades e jamais conversei sobre isso com ninguém. Minha tia estava sempre tão ocupada, e esse casamento foi tão rápido! Verena me disse, depois daquele beijo que o senhor me deu, que, quando nos casássemos, seria normal. – Fitou-o apreensiva e perguntou: – O que tenho que saber?

"Meu Deus! Como vou explicar?" Nervoso, Cédric passou a mão nos cabelos e fez outra pergunta, sem acreditar no que ouvia:

– Charlotte, não sabe como os bebês são feitos?

– Com o beijo! Foi assim que Verena me disse. Por isso que naquele dia ela ficou tão nervosa. Depois eu entendi. Perguntei a Hugo, mas ele não quis me explicar. – Meio sem jeito, indagou-se sobre o porquê do espanto do duque. "O que será que eu deveria saber?"

– Não acredito nisso – retrucou apreensivo.

Charlotte, cada vez mais preocupada, ordenou:

– Agora o senhor é meu esposo e amigo; tem o dever de me explicar tudo. Prometo prestar atenção. O que é que eu não sei, Cédric?

Ele respirou fundo, e a palavra "amigo" o trouxe à realidade que havia esquecido. Apesar de ser marido de Charlotte, tinha dito a ela que seriam amigos e, vendo o quanto a jovem era casta, sentiu-se de mãos atadas. Aproximou-se da esposa, segurando-a pelos ombros, e disse gentil:

– Charlotte, os bebês não são feitos apenas com um beijo. E, como somos amigos, não precisa se preocupar com isso agora, pois amigos não fazem bebês.

– Isso significa que o senhor não irá me dizer como se fazem bebês?

– Não agora. Contudo, prometo lhe explicar em outra

oportunidade. Agora devemos dormir, estou muito cansado – respondeu, tentando encontrar uma solução viável para aquele momento, mesmo contra suas mais altas aspirações. "Você consegue, Cédric!"

Charlotte deu de ombros, sem desconfiar dos sentimentos do seu esposo, e pediu com naturalidade:

– Cédric, desabotoe meu vestido, por favor.

– Eu? Por que eu, Charlotte? – protestou inquieto.

– Ora! Eu vou pedir a quem, se só estamos eu e o senhor aqui? Como esposo, pode fazer isso agora! Verena disse também que o senhor poderia me ver em trajes de dormir e que podemos dormir na mesma cama, pois isso é natural. – Sorriu, acreditando estar muito bem informada.

Cédric retrucou baixinho, sem acreditar que ainda existiam pessoas como sua esposa. Sarcástico completou:

– Verena a ajudou tanto, Charlotte! Muito bem, deixe-me ver isso. – Colocou-se atrás de sua esposa e desabotoou o vestido. Depois, a jovem encaminhou-se até uma caixa e retirou um bonito négligée, bem inovador para a época. Tratava-se de um tecido fino composto de duas peças. Ela disse sorrindo:

– Minha tia disse que eu usasse isso. É muito bonito. Vou vesti-lo. – Seguiu para um trocador que havia no grande quarto.

Nervoso, Cédric andava de um lado para o outro do quarto, sem saber o que fazer. Não imaginava que Charlotte fosse tão ingênua. Estava tão absorvido em seus pensamentos que não viu quando ela voltou, e sobressaltou-se quando lhe perguntou inocentemente:

– Então, não é bonito?

Ele fitou-a intensamente, sentindo-se estremecer ao vê-la tão bela. Nem parecia roupa de dormir.

– Está linda, Charlotte – respondeu.

Ela ficou sem jeito vendo o modo como ele a olhava. Tentando disfarçar, andou até o nobre e empurrou-o, dizendo com ingenuidade:

— Agora é sua vez, afinal, não está cansado? Vamos dormir!

— É, vamos dormir, Charlotte — suspirou irônico, aplacando seus sentimentos e, por alguns segundos, lamentando não ter feito uso de quartos separados, algo comum na época. Porém, queria estar perto dela.

Minutos depois, já deitados, Charlotte, desconhecendo as emoções de Cédric, começou a conversar, galhofando dos convidados na festa e fazendo o nobre sorrir e descontrair-se. Vencidos pelo cansaço, adormeceram um ao lado do outro.

Algumas horas depois, Charlotte desvinculou-se de seu corpo físico e olhou em volta, avistando uma luz que se abriu no meio do quarto. Sua mãe surgiu sorrindo e lhe estendeu os braços. Charlotte, eufórica, correu até ela, abraçando-a:

— Mamãe, que felicidade! Eu me casei — disse exultante.

— Eu sei, minha querida. — Sorriu para a filha.

— Eu o amo, mamãe. Ele é um homem íntegro.

— Eu também sei disso, meu bem. Todavia, queria lhe dizer algo: mantenha-se firme na fé que já acalenta em seu coração, porque vai precisar dela. Atenção redobrada para não deixar que os instintos sejam mais fortes do que o sentimento verdadeiro. Escute sempre seu irmão mais novo; ele sabe o que fala, pois traz a semente do amor do Cristo mais consciente dentro de si. Agora tenho que ir. Que Jesus a abençoe, estou sempre com vocês!

Charlotte viu a mãe desaparecer e, num átimo, foi puxada para seu corpo, acordando com uma forte impressão do acontecido. Lágrimas de emoção desceram pelo seu rosto. Olhou para o lado e viu Cédric dormindo. Parecia sereno! Sorriu e agradeceu a Deus por ter lhe dado mais essa chance. Desde o dia em que havia escutado o pedido de casamento do nobre, sonhava com aquele momento; e, quando não mais lhe restava esperança, ele voltara e a salvara. Charlotte disse a si mesma feliz:

– Devemos renovar todos os dias a esperança em nosso coração; tudo é possível. Deus nunca nos abandona. – Tomando cuidado para não acordar seu esposo, encostou-se nele, sentindo seu perfume, e adormeceu. Gostava do seu calor!

O dia já havia amanhecido há bastante tempo. O nobre abriu os olhos, sentindo um peso em cima de seu peito, e constatou ser Charlotte, abraçada a ele, ainda dormindo. Sentiu o perfume de seus cabelos e sorriu feliz. Lembrou-se da noite anterior e disse baixinho, ainda sorrindo para si mesmo:

– Que noite de núpcias maravilhosa! Tenho a mulher que sempre quis e apenas sirvo de travesseiro para ela. Tenho que dar um jeito nisso.

O nobre foi tirado de seu devaneio, escutando fortes e insistentes pancadas na porta. Espantado, saiu da cama com cuidado para não acordar Charlotte e foi abrir a porta. Viu surpreso um serviçal do hotel acompanhado de um enviado do rei. Perguntou então preocupado:

– Aconteceu alguma coisa, soldado?

– Sim, comandante. Desculpe tê-lo tirado da cama. Sei que se casou ontem. Todavia, o assunto é urgente.

O nobre pediu que o homem entrasse até uma antessala do quarto, onde poderiam conversar reservadamente. Sem preâmbulos, perguntou apreensivo:

– O que está acontecendo, soldado?

– O capitão Gérard, senhor, pediu que eu viesse avisá-lo de que o rei pediu sua prisão. Daqui a sete dias, virão buscá-lo sob o comando de Paco. – explicou o soldado de um fôlego só.

– Qual a acusação? – questionou sério e calmo.

– Traição à Coroa, comandante! Houve uma denúncia

de que o senhor estava do lado dos revoltosos e que promove reuniões com os nobres locais.

– Por que só daqui a sete dias e de onde partiu a denúncia, soldado? – continuou, questionando-o contido, desconfiando de Aaron.

O soldado retirou um papel e leu em voz alta o nome do delator:

– Foi de um senhor proprietário de muitas terras aqui em Dijon, conhecido por Fabrice Leroy. E, para ganhar tempo, o capitão pediu ao comandante que colocasse Paco a cargo disso. Ele se encontra em Lyon e sabe da disputa pessoal que tem com o senhor.

Cédric fechou o punho com ira e, colocando em prática toda sua inteligência nesses assuntos, com frieza ordenou:

– Volte para Versalhes e diga ao capitão que me envie esse oficial com uma guarda o mais rápido possível. Acredito que ele ainda esteja em Paris. – Anotou um nome em um papel e entregou ao rapaz, depois continuou a falar: – Antes que se vá, peça ao tenente Therry que venha conversar ainda hoje comigo aqui no hotel. Ele está neste endereço. – Novamente entregou outro papel ao jovem, que se despediu às pressas.

Cédric sentou-se. "Esse infeliz não sabe com quem mexeu. Todavia, vou dar a ele uma amostra de quem sou eu, para que fique sabendo do que sou capaz", pensou. Levantou-se e foi até um local reservado para higiene, já que não havia banheiros à época. O local havia sido uma exigência do duque. Sorveu um macerado de ervas de dentro de um copo com água e gargarejou algumas vezes, depois cuspiu em uma bacia dourada. Sentou-se em uma cadeira com os pensamentos voltados para um plano contra Fabrice e assustou-se quando Charlotte tocou-o, chamando-o preocupada:

– Cédric, aconteceu alguma coisa?

O nobre olhou sua bela esposa e, sem saber como falar, disse com cuidado:

— Sim, Charlotte, infelizmente. Fabrice aprontou novamente, só que desta vez ele não sabe com quem mexeu. Por isso, tenho que afastá-la de Dijon o mais rápido possível. – Silenciou, percebendo o espanto da jovem, que reagiu com rapidez:

— Eu não posso sair de Dijon, Cédric.

— Pode e vai! Não vou permitir que fique aqui. Você irá para Rouen, para uma propriedade minha. Lá estará a salvo de tudo, inclusive desta maldita revolução. – Ele não aceitaria recusa.

Os olhos de Charlotte encheram-se de lágrimas, e ela falou, olhando para o esposo:

— Cédric, não pode fazer isso comigo!

Ele fitou-a indulgente percebendo seu desespero. Tentou amenizar sua dor:

— Charlotte, é apenas por algum tempo. Logo estarei com você. Sua tia também estará com você, bem como seus irmãos, se assim quiserem. Você agora tem uma nova casa. Não posso ficar morando na propriedade de seu pai!

Ela enxugou as lágrimas que caíam e perguntou decidida:

— O que Fabrice aprontou desta vez?

O nobre, sem querer dizer toda a verdade para não preocupá-la, respondeu:

— Ele encontrou um aliado na Coroa e acredito que trará problemas.

— Ele delatou suas reuniões, não foi? – perguntou preocupada.

— Você é ingênua apenas em alguns assuntos, não é? Isso me confunde! – disse o nobre, pensando alto.

— Do que está falando? – perguntou ela, sem entender.

— Nada. O que quero que saiba é que precisa sair de Dijon para sua segurança. Convença sua tia e seus irmãos para a acompanharem.

— E meu pai? – perguntou aflita.

— Pode levar aquele imprestável também. – Viu em seus

olhos a reprovação. – Não me olhe assim, não vou ser complacente com seu pai. Por mim, ele não iria. Todavia, em respeito a você, pode levá-lo se ele quiser.

Ela baixou a cabeça entristecida. Estava confusa, não sabia o que pensar. Sua vida, mais uma vez, de um dia para outro, havia ficado de cabeça para baixo. Cédric apiedou-se; deixou sua vontade falar mais alto e abraçou-a com força.

– Não se preocupe – disse. – Vai dar tudo certo, vou cuidar de você. Eu prometo, Charlotte.

Reconfortada em seus braços, sentiu a segurança necessária e, ansiosa, perguntou, olhando para o nobre com medo de perdê-lo:

– Cédric, é só amizade o que sente por mim?

Ele sentiu-se encurralado; não se sentia ainda à vontade para falar de sentimento. Todavia, não queria magoá-la e, tentando encontrar um meio de responder, fez outra pergunta:

– A amizade, acaso, não é um sentimento forte? Por certo, não deve se preocupar com isso agora. Prometo que depois respondo a essa e a outras tantas perguntas suas. Agora tenho que sair; devo deliberar providências urgentes. – Essa era a atitude mais sensata a fazer.

Charlotte sabia que Cédric não queria responder e se contentou com aquilo por enquanto. Entretanto, perguntou calma ao marido:

– Posso sair também? Pretendo ir visitar os produtos artesanais da propriedade, que colocamos à venda aqui na cidade. Por causa do meu acidente, não tive tempo de conhecê-los. Foi Hugo quem providenciou tudo para mim.

Ele pensou um pouco e disse sério:

– Quero apenas que tome cuidado. Já tenho problemas demais.

– Prometo, senhor comandante – disse em tom de galhofa, que lhe era característico, prestando continência.

Ele teve vontade de rir, todavia se conteve, saindo para se arrumar.

32

Confronto na praça

    Charlotte saiu depois do marido e dirigiu-se ao local onde estavam sendo comercializados os artesanatos. Aproximava-se do lugar, quando viu, ainda ao longe, um dos capangas de Fabrice aproximar-se e provocar a jovem que vendia os produtos. Sentiu o sangue lhe subir à cabeça; levantou a saia do vestido e apertou o passo. Infelizmente, não teve tempo de chegar antes que o capanga derrubasse alguns produtos, quebrando-os. Movida por pura indignação, olhou ao redor e, vendo um homem com um chicote que servia para açoitar seu cavalo, pediu-lhe:

    — Importa-se de me emprestar este chicote por alguns minutos, senhor?

O homem, solícito, não negou àquela bela jovem o pedido, dando-lhe de bom grado o instrumento. Decidida, avançou e estalou o chicote duas vezes.

– Irá ter que pagar tudo o que quebrou – ordenou enérgica.

Assustado, o cavaleiro pulou de lado. Torceu a boca quando viu se tratar de uma jovem.

– Está louca? Não vou pagar nada, foi um acidente – disse bravo.

– Não foi! Eu vi, e pagará por tudo o que quebrou – rebateu firme.

O homem abriu um sorriso irônico, vendo que as pessoas se acumulavam.

– Quem irá me obrigar? A senhorita? Pois então venha me obrigar – tornou sarcástico, com medo de ser ridicularizado.

Ela não sabia, mas Cédric encontrava-se próximo ao local, em um dos salões da cidade, numa reunião com alguns burgueses. Percebeu por uma das janelas de vidro certa correria na rua.

– O que está acontecendo? Estão todos correndo! – falou curioso.

Nesse momento, um soldado entrou e disse para o duque, ofegante:

– Senhor, a duquesa está desafiando um capanga de Fabrice.

Cédric levantou-se em um pulo e, sem pedir licença, saiu apressado.

No local da venda, Charlotte escutou o que aquele homem havia dito e disse com raiva:

– Não me provoque, senhor. Não hesitarei em dar-lhe um bom corretivo se for preciso.

O homem, vendo a determinação da jovem, e percebendo pelos seus trajes que não se tratava de uma simples camponesa, sentiu-se apreensivo. A aglomeração de pessoas aumentava.

– Estou morrendo de medo – soltou irônico.

Charlotte, sem pestanejar, levantou o chicote e o estalou

em seus pés, fazendo-o pular, a fim de tentar dissuadir o cavaleiro.

– Sou muito boa com isso, senhor, e peço pela última vez: dê o dinheiro e vá embora!

– Já disse que foi um acidente e que não vou pagar nada. A jovem pode confirmar o que digo – tornou o homem nervoso.

Charlotte voltou-se à jovem vendedora e, antes que ela perguntasse algo, a moça vociferou:

– Acidente nada! Ele quebrou porque quis, senhorita Charlotte, e ainda disse que era um presente de seu patrão, o senhor Fabrice.

Charlotte contraiu os lábios em uma raiva crescente e estalou o chicote duas vezes, lembrando-se do que o patrão do capanga estava fazendo com Cédric. Determinada, levantou o chicote e, antes de usá-lo novamente, o duque perguntou atrás dela, sem acreditar no que via, detendo-a:

– O que significa isso, Charlotte?

A moça voltou-se imediatamente para ver seu esposo olhando-a perplexo. Sem temer, respondeu:

– Este cavaleiro trouxe um presente do seu patrão: quebrou parte das obras da propriedade e estou exigindo que pague o que quebrou.

Cédric fulminou o homem com um olhar gélido e ordenou ríspido, tentando resolver aquilo o mais rápido possível:

– Pague ou será preso!

Outro cavaleiro se aproximou, fazendo o povo abrir o cerco e colocando seu belo animal em cima da multidão, detendo-se no local. Cédric, vendo que se tratava de Fabrice, lançou-lhe um olhar severo e, sem sair de onde estava, ordenou alto ao jovem:

– Como foi um presente de seu patrão, quem pagará será ele, ou será preso! Vamos, Fabrice, pague à jovem agora o que seu homem quebrou.

Fabrice, de cima de seu cavalo, fitou o nobre com ódio e rosnou:

— Eu não devo nada a ninguém!

Cédric, sem aguentar mais os desmandos do rapaz, avançou rápido e, com força, retirou o homem de cima do cavalo, fazendo-o cair. Depois levantou-o pelo colarinho e, olhando-o nos olhos, exasperou-se:

— Quando se dirigir a uma autoridade, tem que estar olhando-a de baixo. Não estou pedindo, estou ordenando. Pague!

Sentindo a energia que o homem emanava, Fabrice enfiou a mão no bolso e retirou algumas moedas, jogando-as para a jovem com raiva.

Cédric perguntou ríspido para a jovem:

— Isso cobre o prejuízo?

A mulher confirmou com a cabeça, temerosa. Cédric olhou mais uma vez para Fabrice e disse-lhe irônico:

— Você comprou briga com a pessoa errada; isso é só o começo. - Virou-se, caminhando em direção a Charlotte, que ajudava a jovem, e disse raivoso:

— Charlotte, vá para casa e não saia mais de lá. Chegarei logo mais.

A jovem sentiu vontade de contemporizar. Contudo, vendo o quanto seu esposo estava contrariado, aquiesceu com calma. Sob muitos olhares, entregou o chicote ao homem, agradecendo, e saiu em seguida. Sem que ela percebesse, Aaron assistia a tudo do outro lado da rua, irritado.

Fabrice montou em seu cavalo e, empinando-o, partiu vociferando contra o nobre em seus pensamentos: "Maldito! Quero ver seu topete acabar quando chegarem as tropas do rei. Quero olhar bem para você e rir na sua cara, miserável dos infernos!"

Charlotte, ao chegar ao hotel, encontrou Hugo aguardando-a nervoso:

— Charlotte, acaso enlouqueceu? Já soube de tudo e vim rapidamente para cá. O que deu na sua cabeça?

A jovem olhou para o seu irmão e desabafou:

— Eu não sei, Hugo. Acho que estou nervosa; hoje recebi

a notícia de que tenho que partir de Dijon. Tudo por causa de Fabrice!

— O quê? Você irá para onde? — indagou surpreso.

— Vou para Rouen. Cédric não quer que eu permaneça aqui. — Olhou para os lados e, confirmando que não havia ninguém, prosseguiu: — Cédric foi denunciado; ele não me falou detalhes, porém tenho certeza de que foi acusado de traição. E foi o imprestável do Fabrice quem fez isso.

— Isso é muito sério, Charlotte. O duque, preso? Acho que é melhor mesmo você sair de Dijon e... — O rapaz silenciou rapidamente vendo Aaron aproximar-se. O outro chegou ligeiro, cumprimentou-os e, dirigindo-se a Charlotte, perguntou interessado:

— A senhorita está bem? Achei uma loucura enfrentar um homem daqueles. Está muito mudada, Charlotte. Deve ser influência daquele homem asqueroso.

— Aaron, não quero que se refira ao meu marido desse jeito. Sempre fui assim, você é que não me conhecia — repreendeu-o chateada.

— Desculpe, Charlotte, estou nervoso. Quando vi o acontecido, o duque acabava de chegar e não pude fazer nada. Entretanto, desta vez gostei do que ele fez ao Fabrice. Esse infeliz toca horror nesta cidade; todos têm medo dele e da sua corja — disse o rapaz conciliador.

Nesse momento, aproximaram-se deles uma bonita jovem de aspecto doce e uma senhora altiva, que a acompanhava. Olharam para Aaron e cumprimentaram-no. O jovem, meio sem jeito, apresentou-as:

— Hugo, Charlotte, esta é minha noiva, a senhorita Agathe, e sua mãe, a senhora Pierna Camus.

Todos se cumprimentaram solícitos. Hugo parecia hipnotizado pela beleza da jovem, que também não lhe era indiferente. Charlotte percebeu e, séria, tratou de tirar seu irmão dali, inventando algo e partindo apressada.

— Pelo amor de Deus, meu irmão, ela é noiva — advertiu a jovem aturdida.

— Aaron não gosta dela, Charlotte. Ele mesmo me confessou isso. Ainda a ama, o que lamento. Todavia, se ele se descuidar, não vou achar ruim. Meu coração está encantado pela jovem desde que a conheci, ainda em Paris – confirmou, seguro, o jovem.

Charlotte olhou para o irmão e não sabia se ria ou chorava. Hugo era muito reservado, para desespero de muitas moças que dariam tudo para se casar com ele. Sentiu que aquela jovem havia mexido mesmo com ele. Prevendo problemas, aconselhou-o:

— Hugo, pelo amor de Deus, Aaron é seu amigo de infância. Não coloque a amizade abaixo desse sentimento!

— Eu sei disso, Charlotte, e respeito muito nossa amizade. Prometo só pensar no assunto quando ele a deixar, porque isso irá acontecer, tenho certeza. – Depois se despediu e saiu apressado, deixando Charlotte boquiaberta pela revelação tão determinada."Hoje é um dia de muitas emoções!" Em seguida, dirigiu-se a seu quarto.

Cédric não tardou a chegar. Encontrou Charlotte inquieta, aguardando-o. O nobre vislumbrou a esposa e, tentando entendê-la, perguntou sisudo:

— Posso lhe perguntar o que deu na sua cabeça para fazer aquilo?

Ela, sem se fazer de rogada, respondeu com sinceridade:

— Estava muito agastada com aquele homem malvado. Se não tivesse chegado, ele iria quebrar tudo. Como poderia ficar parada?

O duque olhou-a e, controlando-se para não rir, imaginou-a chicoteando o homem. Sentou-se e disse contido, com as mãos na cabeça:

— Charlotte, descobri hoje que não a conheço! Aonde foi parar aquela jovem doce, meiga, incapaz de matar um inseto? – Fitou-a e informou: – Sabem como estão lhe chamando? Duquesa do Chicote!

Charlotte olhou-o séria, contudo, não aguentou e caiu na gargalhada.

Ele aproximou-se da esposa, segurou suas mãos e, sem querer magoá-la, pediu sério:

– Charlotte, sei que não fez isso por mal. Acredito que foi até justo; sei da sua determinação em salvar a propriedade. Todavia, agora é uma duquesa, minha esposa. Não fica bem para uma senhora casada arrumar escândalos na rua. – Percebendo que ela iria rebater, adiantou-se e, com uma mão, segurou sua cintura e, com a outra, tapou sua boca, continuando a falar: – Não tenho vergonha de você! Não ligo para o que essa sociedade fala. Porém, temo pela sua segurança. Essas pessoas são perigosas. Por favor, daqui para frente, pense um pouco antes de fazer algo.

A jovem, com os olhos fixos nele, sentindo a proximidade do nobre, experimentou um aperto no estômago. Não disse nada; apenas balançou a cabeça afirmativamente. Ele, por sua vez, retirou a mão que tapava sua boca. Porém, não se afastou e, olhando-a nos olhos, disse:

– Eu não me perdoaria se lhe acontecesse algo. Não estarei sempre perto de você!

Charlotte, sem conseguir desviar seus olhos, anuiu com a cabeça novamente. Depois, com naturalidade, mudou de assunto:

– Cédric, percebi que não tem nojo de mim. Quando me toca, não lava as mãos. Fico feliz com isso!

O nobre sorriu da candura de sua esposa e respondeu, tocando seu rosto:

– Nunca tive nojo de você. Ao contrário, gosto de tocá-la. – Estreitou-a em seus braços, aproximou seus lábios e beijou-a, desta vez com mais intensidade. Charlotte correspondeu com o mesmo sentimento levando suas mãos ao pescoço dele, entrelaçando seus cabelos entre os dedos.

Momentos depois, bateram à porta, fazendo o casal se desvencilhar. Cédric mirou a esposa e disse com raiva, sem querer soltá-la de seus braços:

– Não acredito nisso! Não vamos atender. Deixe que batam.

Ela olhou-o encabulada e perguntou:

— E se for importante?

O nobre relutante, deixou-se convencer e aquiesceu:

— Tudo bem, vou atender. — Caminhou e abriu a porta aborrecido. Era o tenente com quem queria falar. Conteve sua raiva e pediu ao homem que entrasse, levando-o para a saleta, onde poderiam conversar reservadamente.

Charlotte percebeu e deixou-os a sós. Deitou-se em sua cama, tocou seus lábios, feliz com o beijo, e sorriu consigo mesma, experimentando sensações até então desconhecidas. Entretanto, lembrou-se dos últimos acontecimentos e disse triste a si mesma:

— Não conheço Rouen! Em outros tempos, iria adorar viajar, conhecer e morar em outro local. Mas agora? Como irão ficar os camponeses? E a propriedade, quem cuidará dela? — Lembrou-se do sonho que tivera com a mãe; ainda não conseguia entender bem o que ela quisera dizer. Pensou em Henry e sentiu falta do irmão.

Longos minutos depois, Cédric encontrou a esposa e disse-lhe com ar cansado:

— Charlotte, tenho que deixá-la na propriedade. Precisarei viajar logo mais à noite. Quero conversar com seu tio e seu irmão mais velho. Vou encarregá-lo da viagem, visto que não pode demorar. A condessa conhece minha propriedade e cuidará, no início, de ajudá-la no que for preciso. — Segurou a mão da esposa e disse-lhe carinhoso: — Eu lamento, Charlotte, ter que afastá-la tão cedo de mim, porém é necessário.

— Não se importe com isso. Cuide de você e dos interesses dos quais está incumbido. Eu ficarei bem — disse triste, embora conformada.

— Você é uma caixa de surpresa. Uma hora é tão pura que mais parece uma criança; em outra, parece uma leoa defendendo o que é seu; em outra, ainda, mostra-se adulta e capaz de suportar o peso da vida. — Admirava-a e sentia-se infeliz por ter que deixá-la. Mas não podia fazer nada...

Minutos depois, voltaram para a propriedade, entristecidos.

33

Virando o jogo

    Dois dias depois, a manhã estava quente, mas podiam se ver nuvens escuras formando-se no horizonte. Charlotte, a condessa, Verena, Henry, Claude, uma jovem e mais três camponeses estavam de partida para uma nova casa. Cédric ainda não havia voltado de uma cidade vizinha aonde tivera que ir. A duquesa não perdia a esperança de ainda vê-lo; ele dissera que estaria presente na despedida. Eglatine, desnorteada pela mudança brusca, não pôde partir com eles, mas buscava um jeito de encontrá-los o quanto antes.
    Charlotte olhava para sua casa e sentia o peito apertado. Abraçou Hugo com lágrimas nos olhos e disse triste:

– Vou sentir muito a sua falta, meu irmão. Cuide de tudo por mim.

– Eu também, Charlotte, mas não posso deixar Dijon agora. Prometo em breve ir visitá-la e cuidar de tudo com os camponeses – respondeu, também triste.

Todos se despediram com os corações entristecidos e partiram em três carruagens. Já estavam próximo ao portão da propriedade, quando Cédric, junto com mais oito homens, passaram por eles montados a cavalo. Charlotte, ao vê-lo, deu um grito, pedindo que a carruagem parasse, sendo atendida prontamente, sob os protestos da tia. A jovem duquesa, sem se importar, saiu da carruagem e correu atrás do marido, chamando-o.

Eglatine, que estava de partida para a cidade com Hugo, assistia a tudo da varanda com os demais e, sorrindo, pensou consigo: "Louca! O duque irá repreendê-la violentamente. Que bom! Que viaje de muito mau humor".

– Meu Deus, Charlotte, enlouqueceu? O duque irá irritar-se! – disse seu tio, apreensivo, assistindo à cena.

Cédric, ao escutar seu nome, conteve o cavalo rapidamente, dando a volta. Os demais que o acompanhavam também pararam e olharam a cena. Observando Charlotte parada no meio da estrada, o nobre desceu do cavalo e dirigiu-se, sério, com passos firmes até a esposa. Sem se importar com as conveniências, a jovem levantou um pouco a saia do seu vestido e correu novamente até o nobre, jogando-se em seus braços e abraçando-o com força. O nobre, emocionado com tamanho afeto, retribuiu o carinho, retirando-a do chão e apertando-a contra si enquanto aspirava seu perfume.

Hugo, observando a cena com os demais, disse sorrindo:

– Nem mesmo o senhor duque resiste ao poder da impulsiva Charlotte.

Eglatine fechou o punho, com ódio da jovem.

Alheio aos sentimentos que giravam em torno dos dois, Cédric colocou a esposa no chão e falou-lhe carinhoso:

— Que bom que deu tempo de encontrá-la. Sentirei saudades, Charlotte. Acredito que gostará de sua nova casa. Estarei lá o quanto antes.

Ela sorriu e, com lágrimas nos olhos, disse:

— Assim espero. Também sentirei saudades. – Baixou a cabeça e, meio sem jeito, disse ao esposo: – De minha parte, não é só amizade. – Depois o fitou.

Cédric sentiu seu coração bater mais forte. Todavia, controlou suas emoções, tocou o rosto da jovem e respondeu enigmático:

— Quando eu chegar a nossa casa, quero que me explique isso melhor. – Abraçou-a novamente, enquanto sua boca tomava a dela, sem delicadeza, sem restrições. Segundos depois a soltou, segurou sua mão e acrescentou: – Agora tem que partir. Não devemos servir de espetáculo para ninguém. – Puxou-a e a levou até a carruagem, ajudando-a a subir. Assim, a carruagem voltou novamente a andar, e Cédric retornou ao seu cavalo com energias renovadas.

Dois dias depois, Charlotte chegou a sua nova casa. Rouen era uma cidade bonita e aristocrática. Todavia, também era a cidade do comércio de escravos, com um índice de pobreza muito grande naquela época. A falta de higiene nos bairros pobres era devastadora, propiciando uma quantidade de óbitos muito elevada, devido às doenças que proliferavam com rapidez. À medida que as carruagens avançavam pela cidade, Charlotte observava, alarmada com o que via pelas ruas: negros de todas as idades sendo vendidos, pessoas maltrapilhas esmolando, sujeira em todos os lugares, esgoto a céu aberto... A duquesa olhou para o irmão e comentou perplexa:

— Henry, veja isso. Meu Deus, estas pessoas parecem esquecidas do mundo!

— Infelizmente, Charlotte, essa é uma realidade muita dura, mas um fato que não podemos fingir que não existe. Todavia, minha irmã, Deus não abandona nenhum de seus filhos. É na miséria que encontramos muitas vezes o árduo caminho para a bonança – respondeu seu irmão.

A condessa escutou e, tentando acalmar a sobrinha, observou:

– Esta é apenas uma parte de Rouen, querida. Há locais lindos por aqui. Todavia, como a propriedade de seu marido fica mais afastada, temos infelizmente que ver isso, mas não se assuste: sua propriedade é uma das mais bonitas do local.

Charlotte escutou a tia e preferiu ficar calada. Diferente do que a condessa pensara, ela não ficara feliz; sentira-se mal. Porém, procurou vencer as primeiras impressões e seguiu o resto da viagem em silêncio.

Em Dijon, Cédric conversava com Hugo na propriedade do jovem.

– Hugo, estou aguardando um jovem oficial que ficará aqui em Dijon quando eu for embora. Quero pedir que o acolha por algum tempo aqui em sua casa. É um jovem determinado, como poucos que conheci. Ele irá longe, meu rapaz; tem pulso firme e é dono de uma inteligência fantástica. Ele dará um jeito em Fabrice.

– Com certeza, senhor duque. Tudo pela paz de Dijon!

O conde juntou-se a eles na varanda e disse interessado:

– Estou com muita vontade de conhecer esse jovem.

Nesse instante, todos se voltaram, escutando cavalos aproximando-se céleres. Hugo olhou para o tio e disse feliz:

– Acredito que irá realizar sua vontade, meu tio.

Não demorou e um jovem baixo, de olhos claros, dono de um olhar firme e astuto, junto com mais quinze homens, parou seu cavalo. Todavia, apenas o jovem desmontou, subindo com rapidez a pequena escadaria e apresentando-se a Cédric. O duque cumprimentou-o com satisfação, apresentando-o aos demais, e o convidou a se sentar.

— Muito bem. Quero colocá-lo a par do plano e de quem você irá conter por algum tempo aqui nesta cidade. Esse infeliz foi o meu delator. — Em poucos minutos, relatou todo o plano e a personalidade de Fabrice. O jovem oficial escutou tudo atento e, ao final, comentou:

— Homem ignorante! Não se deve deixar para os inimigos meios que os conduzam a si mesmo. Não vejo problemas algum, comandante, em contê-lo.

— Ótimo! Tinha certeza de que não seria problema para você. Confio em você, meu jovem. Ainda escutarei seu nome no mais alto comando deste país — disse Cédric sério.

— Obrigado, senhor, pela confiança — arguiu o rapaz contido.

— Não me agradeça. Digo aquilo que vejo e sinto.

O jovem fitou seu comandante e perguntou:

— Senhor, quando o enviado do rei chegará?

— Está previsto para daqui a dois dias. Todavia, conhecendo Paco e sabendo de sua vontade em me sobrepujar, estou esperando-o a partir de hoje.

— O senhor não pretende viajar antes de sua chegada? — perguntou curioso.

— Não! O homem que precisa fugir de outro é um covarde. Irei embora do jeito que cheguei, com minha cabeça erguida e dando ordens.

O rapaz sorriu e constatou que o que falavam do comandante era a mais pura verdade. Era um homem de fibra e muito orgulhoso.

E, tal como Cédric havia previsto, o enviado do rei chegou a Dijon naquele mesmo dia, à tarde, com uma cavalaria. Sem descansar, ávido para prender seu arqui-inimigo, dirigiu-se rapidamente a um salão onde estavam reunidos oficiais e nobres, a pedido de Cédric, que também se encontrava presente.

Paco, acreditando que conspiravam, chegou olhando todos com superioridade e perguntou com empáfia:

– Qual o motivo da reunião? Por certo não deve ser segredo.

Cédric levantou-se e disse ríspido:

– Não se entra em um local onde tenha uma autoridade maior sem pedir licença, capitão!

O homem, ignorando as palavras do duque, disse surpreso:

– Apostaria com qualquer um que o senhor não estaria mais aqui, comandante. Mas fico feliz em encontrá-lo; vejo que não tem tantos amigos como pensa. Todavia, parece que ainda não sabe o que vim fazer aqui e, como ainda é a autoridade maior, então, faço ao senhor a pergunta: qual é o motivo da reunião? Estou a mando do rei.

Cédric sorriu irônico da soberba do homem e com a autoridade que tinha dirigiu-se até bem perto dele, segurando uma papelada. Ficou diante do oficial, tascando a papelada no seu peito.

– Estávamos planejando a prisão de um traidor aqui em Dijon – disse altivo.

O oficial segurou a papelada no peito para não cair e juntou as sobrancelhas intrigado, fazendo um "V" na testa. Olhou-o de relance, depois voltou seu olhar aos demais.

– De quem estão falando, senhores?

– De Fabrice Leroy, conhece-o? – respondeu o nobre irônico.

– Como traidor? Qual é a acusação? – tornou perplexo.

– A lista é grande, meu caro. Contudo, está tudo discriminado no relatório que iríamos enviar a Versalhes ainda esta semana. Mas posso lhe adiantar um pouco das acusações: sonegação de impostos, compra e venda ilegal de propriedades e, a principal delas: reuniões secretas com burgueses contrários à monarquia, ou seja, traição à Coroa. – Um pequeno sorriso se formou nos lábios de Cédric ao examinar o semblante do capitão.

– Incitação à violência, desordem de toda espécie, entre outras. Todos nesta cidade temem-no como deveriam temer os homens do rei. Dijon estava entregue às baratas até o duque chegar – gritou um nobre com indignação, sendo auxiliado pelos demais.

Paco escutava tudo sem acreditar. Buscou uma cadeira, sentou-se e leu ávido o relatório. A cada palavra que lia com depoimentos, nomes, endereços, a sua empáfia diminuía. Constatava com raiva que Cédric mais uma vez tinha invertido o jogo. Com aquilo em mãos, o infeliz Fabrice não teria voz diante do nobre e, ainda pior, parecia que tinha armado contra o duque, por causa da presença deste na cidade, pois o obrigava a ter uma postura diferente. "Maldito, infeliz, imbecil...", pensava Paco com ódio do nobre.

– Contudo, Paco, disse que estava a serviço do rei? O que veio fazer? – perguntou o duque, vendo o estado d'alma do homem.

– Vim averiguar uma possível traição – respondeu o homem, tentando reverter a situação para não passar por ignorante. – Entretanto, vejo que chegou antes de mim, comandante. Vou ficar com o relatório e entregarei ao rei em pessoa. O rei lhe será muito grato, como sempre!

Cédric, ouvindo aquele bajulador real, sentiu raiva. Contudo, conteve-se e anunciou na frente dele:

– Estou de partida, tenho assuntos pessoais a resolver. Mas vou deixar aqui um comando até que esse traidor receba o que merece. Nomeio o tenente da Brigada, um jovem valoroso, firme e de minha inteira confiança.

O rapaz levantou-se e, altivo, disse com seriedade:

– Farei todo o serviço, senhor, e fico lisonjeado com a confiança. Farei esse malfeitor se arrepender.

Cédric caminhou até o jovem, colocou a mão em seu ombro e disse, de modo que só ele escutasse:

– Aqui e agora, você é o rei, meu jovem. – Voltou-se para Paco e ordenou enérgico: – Aproveite a viagem, capitão, e leve na bagagem o traidor. – Despediu-se altivo, para o desespero de Paco e a admiração do jovem tenente, que viu o homem fazer o que tinha prometido. Saíra do jeito que havia chegado e dando ordens.

Em Rouen, Charlotte acomodava-se em seu novo quarto. A casa era muito bonita e confortável, embora não se comparasse à Fortaleza. Mas o quarto era grande e muito bem decorado. Conheceu as serviçais, que mantinham a casa sempre bem limpa, pois seu marido era obcecado por limpeza. Deitou-se na cama e, cansada, sem sequer trocar de roupa, adormeceu.

À noite em Dijon, Cédric preparava-se para viajar. Hugo chegara em casa ansioso para conversar com o cunhado. Encontrou-o no quarto.

– Então, senhor duque, como foi? Vi a cavalaria do rei na cidade.

– Deu tudo certo, meu rapaz. Aquele ignóbil do Fabrice irá ter a resposta dele ainda hoje; tenho certeza de que o jovem tenente não esperará até amanhã.

– Que maravilha! O senhor não irá com o tenente?

– Não. Desta vez, deixarei as honras para ele; pretendo viajar amanhã logo cedo. Espero que você resolva logo tudo por aqui e vá o quanto antes para Rouen com o conde, uma vez que esta cidade ficará quente por algum tempo e não será seguro permanecer aqui – advertiu o nobre.

– Pode deixar, senhor. Estarei lá o quanto antes. Falta pouco para ter solucionado tudo por aqui. Todavia, vejo que o senhor está com pressa. Posso acreditar que isso tudo seja saudade de minha irmã? – perguntou Hugo sorrindo.

– Confesso que sinto saudade de sua irmã. Apesar

disso, não vou direto para Rouen. Vou para Lyon, depois irei a Paris, e só então para Rouen. Ossos do ofício, meu jovem – disse o nobre solícito.

34

Geneviève

O tenente, ao lado de mais vinte homens, seguiu decidido para a propriedade de Fabrice. Todavia, Fabrice já havia sido avisado de tudo e passava as últimas informações para seu pai. Com ódio no coração, havia fugido de Dijon. Já era noite alta quando o tenente enfim adentrou a propriedade do rapaz. Seguiu até uma bela casa, desceu do cavalo e aguardou. Um camponês veio atendê-lo e, vendo se tratar de um oficial do exército, chamou logo o dono da casa.

O pai de Fabrice veio atender. O tenente não teve dúvida alguma de que Fabrice já não estava mais na propriedade. Altivo, leu as acusações contra o jovem e ordenou com firmeza:

– Como o jovem está foragido, o senhor irá responder

pela dívida até ele se apresentar. Até porque o que ele fez deve ter tido a conivência do senhor. Seu filho deve isto ao rei da França por impostos sonegados – e entregou um papel com números, olhou o homem e continuou a falar: – Duas propriedades e uma casa em Paris estão confiscadas, por causa de compra ilegal. – Fitou um soldado e ordenou: – Veja se tem escravos e solte-os. – Voltou-se para o homem e continuou: – Tudo o que tiver nesta casa agora também é do rei da França. Infelizmente não posso prendê-lo, pois tudo está em nome de seu filho. Porém, a dívida é do senhor. Na ausência dele, o senhor vai pagar.

O homem olhou para aquele rapaz franzino, baixo, mas que parecia carregar consigo toda a autoridade do mundo, e perguntou irônico:

– Meu rapaz, você não acha que é jovem demais para tanta autoridade?

Os lábios do jovem tenente abriram-se em um sorriso, mas sem nenhum traço de humor.

– Meu senhor, autoridade não está relegada a idade, e sim a competência. Ou você a tem, ou nunca será ninguém – disse ríspido.

Fabrice viajava rápido, seguindo em direção a uma cidade distante de Dijon. Pensava alto consigo:

– Maldito duque! Se ele pensa que venceu, está muito enganado. Ele e aquela maldita da Charlotte, que sempre me desprezou. Vou dar um tempo para acreditarem que se livraram de mim. Contudo, irão se surpreender do que sou capaz. Rouen, aí vou eu! Esse nobre imbecil irá perder seu maior troféu: sua amada esposa – sorriu sarcástico.

No outro dia, bem cedo, Cédric partiu de Dijon com destino a Lyon.

Enquanto isso, em Rouen, Charlotte acordava, ainda estranhando a nova morada. Fez sua higiene e resolveu conhecer o resto da casa. Entrava e saía de cômodos. Porém, deteve-se em um deles. Era um escritório, onde havia uma mesa de madeira trabalhada, cadeiras dispostas ao longo do ambiente e muitos livros distribuídos em estantes. Charlotte sorriu ao imaginar seu marido ali. Dirigiu-se até o outro lado da mesa e sentou-se em uma cadeira. Ao observar o local, constatou que a mesa tinha quatro gavetas. Curiosa, reparou se estavam abertas. Verificou que apenas uma se mantinha fechada. Olhou alguns papéis sem importância, contudo, viu cair uma pequena chave de algum lugar desconhecido. Apanhou-a e concluiu que só poderia ser da gaveta que se mantinha fechada. Respirou fundo, entendendo que o que queria fazer não era correto. Pensou um pouco, mas a curiosidade falou mais alto. Colocou a chave na fechadura, girou-a e abriu a gaveta. Retirou alguns papéis de lá. Um deles lhe chamou a atenção devido ao formato. Pegou-o devagar e o abriu, percebendo que se tratava de um bilhete. Com o coração batendo forte, leu-o:

Querido Cédric,
A noite ontem foi maravilhosa! Lamento ter durado pouco. Gostei particularmente da dança. Não me atreveria a escrever-lhe se em meu coração não tivesse alguma esperança de o senhor também tê-la apreciado. Apenas uma coisa ficou para mim obscura. Não entendi o que quis dizer a respeito do casamento. Todavia, nós nos encontraremos brevemente e terá a oportunidade de explicar-me. Sentirei saudades.

Com afeto,
Johanne.

Charlotte experimentou uma sensação muito ruim, soltando a carta com lágrimas nos olhos. "Johanne?" Seu coração parecia prestes a saltar do peito. Dobrou a carta rapidamente, devolveu-a à gaveta e trancou-a. Respirou fundo, e as lágrimas desciam pelo seu belo rosto fazendo-a pensar: "Porque Cédric não me falou? Será que ele gostava dela? Ela falou de casamento..." De repente, sentiu uma forte dor de cabeça, acompanhada de um mal-estar e mais dor, agora no ventre, fazendo-a segurá-lo com força para tentar aplacar as pontadas que sentia. Colocou a chave em cima da mesa e, com dificuldade, levantou-se, saindo do escritório. Deu alguns passos, porém, sem suportar mais, gritou pedindo ajuda e caindo no corredor.

Uma serviçal que passava correu até a nova patroa e a acudiu preocupada. A condessa, que já havia acordado, escutando o grito, acorreu ao local assustada e constatou tratar-se de Charlotte. Rapidamente, com a ajuda da serviçal, levou a jovem para seu quarto e a colocou na cama. Preocupada, perguntou aflita:

– Charlotte, querida, o que está sentindo?

A jovem se contorcia de dor e, entre um espasmo e outro, dizia, suando bicas:

– Meu ventre, minha tia, está doendo demais!

– Meu Deus, será que você está grávida e vai perder a criança? – perguntou a mulher, nervosa, sem saber o que pensar.

– Não, não pode ser – respondeu a jovem, sem querer dar detalhes. Segurou a mão de sua tia e pediu chorando:

– Henry! Traga-o aqui, pelo amor de Deus!

A condessa olhou para a serviçal e pediu aflita que fosse chamar o jovem irmão da duquesa. Minutos depois, Henry entrou no quarto, preocupado, e deteve-se olhando para a irmã como se visse algo a mais. Fechou os olhos por alguns minutos, depois se aproximou de Charlotte e colocou a mão em sua fronte, fazendo uma prece em silêncio.

Apenas Henry atestou a presença de uma jovem de aspecto horrível! Ela havia se acoplado à sua irmã gritando impropérios. Todavia, percebeu que o jovem a via e berrou para ele, sem soltar Charlotte:

— Ninguém irá tomar Cédric de mim! Quem é esta mulher que chora pelo meu marido? Estão chamando-a de duquesa? Acaso estão loucos? Eu sou a verdadeira duquesa; esta é uma impostora. Não vou permitir que ninguém roube meu lugar.

À medida que o jovem orava, uma luz se fez no quarto, e dois espíritos apareceram. Uma senhora de aspecto sóbrio aproximou-se e disse para a jovem:

— Geneviève, precisa sair! Vamos dar uma volta; converse comigo. Vou escutá-la com prazer.

Sem que a jovem pudesse enxergá-lo, outro espírito tocou sua destra, acalmando-a. A mulher olhou para a senhora por algum tempo e, mais calma, disse chorosa:

— Ela estava chorando pelo meu Cédric. A senhora entende, ele é meu marido.

— Claro que entendo, querida. Todavia, isso está lhe fazendo mal. Pense em seu filho; ele também sofre se você se desequilibrar.

— Meu filho! Cédric ficaria muito chateado se acontecesse algo a ele – disse a mulher tocando o ventre e dando sinais de total desequilíbrio. Sob o influxo energético do jovem espírito, aceitou o pedido da mulher e saiu com ela.

Charlotte enfim respirou aliviada; a dor passara por completo! Henry retirou sua mão e disse à irmã, sereno:

— Agora você ficará bem, Charlotte.

Ela olhou para ele com lágrimas nos olhos e agradeceu:

— Obrigada, Henry. Que Deus o abençoe, meu irmão.

A serviçal olhou para o jovem com espanto; na visão dela, fora ele quem a tinha curado. Todavia, não comentou nada. A condessa olhou para seu sobrinho e abraçou-o com lágrimas nos olhos, perguntando:

— O que sua irmã tem?

— Ela não tem nada, minha tia. Charlotte está bem e não está grávida, não se preocupe. Apenas tem uma sensibilidade muito grande – explicou o jovem com segurança.

A condessa escutava, no entanto não entendia nada do que o jovem falava. Não quis perguntar na frente da serviçal e, procurando tirá-la do quarto, pediu:

— Por favor, pode me levar até a cozinha? Quero falar com a cozinheira para lhe pedir um chá e dizer o menu do dia. – Voltou-se para a sobrinha e perguntou: – Posso, minha querida? Afinal, essa atividade é sua... Depois pode tomar café comigo?

— Claro, tia. Tem toda minha permissão para cuidar disso daqui para frente. Irei logo mais – respondeu a jovem, querendo conversar com o irmão a sós.

Instantes depois, sozinhos, Charlotte olhou para Henry e perguntou:

— Henry, o que aconteceu comigo?

Ele achou melhor contar toda a verdade para a irmã, como forma de ela se ajudar e ajudar a ex-esposa do senhor duque.

— O que você sentiu, Charlotte, não eram sintomas seus. Havia um espírito ligado a você que lhe transmitiu tudo o que sentia. Era a antiga esposa do duque, que permanece aqui acreditando estar ainda no mundo da matéria. Ela está muito desequilibrada, minha irmã.

Charlotte escutava, contudo, sentia dificuldade em acreditar. Perguntou aflita:

— Como posso me ver livre de um espírito, Henry? O que ela quer comigo e porque fez isso?

— Ela tem ciúmes, Charlotte. Acha que ainda está casada com o senhor duque e pede satisfações suas. – O jovem, vendo a expressão de medo da irmã, tentou acalmá-la: – Não tem o que temer, minha irmã. Imagine aqueles miseráveis que vimos ao chegarmos a Rouen. Geneviève é uma carente também, só que com necessidades diferentes. Se você sentiu todo esse transtorno, imagine como não sofre essa pobre mulher!

– Como ajudá-la, Henry? Foi horrível o que senti. E se ela não quiser entender que não está mais casada com Cédric? E como ela conseguiu fazer aquilo comigo? – indagou Charlotte preocupada.

– Uma resposta de cada vez! Vou responder de trás para frente. Acredito que você deva lembrar-se do que falei em relação à energia. Somos o que pensamos, logo, o que pensamos reflete também em nossas companhias no mundo invisível. Acho que você mesma pode me ajudar a entender o porquê de ela ter conseguido se acoplar a você daquele jeito. Ou seja: você, de alguma maneira, permitiu que isso pudesse acontecer – disse Henry, prevendo que havia algo que ele ainda não sabia.

A jovem duquesa olhou para o rapaz e lembrou-se do bilhete, confirmando suas suspeitas ao dizer:

– Eu encontrei um bilhete no escritório de Cédric; era de Johanne, aquela jovem que esteve em nossa casa com a mãe de Geneviève. Fiquei transtornada, Henry. Por que ele não me contou nada? Ela falava até a respeito de casamento! Não entendi. Contudo, depois disso, comecei a sentir tudo aquilo.

– Pois bem, Charlotte, está explicado. Quando você começou a vibrar em desequilíbrio, permitiu que a pobre criatura chegasse até você. Orar e vigiar, minha irmã, são assertivas para todos os momentos. Porém, a melhor coisa a fazer é orar pela ex-mulher do duque, pois ela foi retirada daqui momentaneamente. Contudo, ainda não aceitou sua morte e, pensando estar viva, certamente voltará. Não tenha medo nem qualquer sentimento ruim; ao contrário disso, entenda que ela está necessitada, veja suas dores e se apiede. Só assim estará afastando-a efetivamente de você e ajudando-a ao mesmo tempo – disse o jovem com calma.

– Todavia, Henry, senti algo ruim em relação a Cédric. Ao ler a carta, foi como se ele tivesse me traído. Sei que provavelmente tudo isso aconteceu antes do nosso reencontro.

Todavia, agora acredito que existam coisas na vida dele que não sei. Por exemplo, sua ligação com Eglatine. Ele sempre me diz que é algo sem importância, porém, tem tanta raiva dela! – Ela respirou, fitou o irmão e concluiu: – Não sei o que pensar. Será que essa jovem estava de compromisso com ele e por isso foi tirar satisfações dele lá em nossa casa naquele dia? Só agora entendo porque ela me olhava com tanto desprezo...

– Pare com isso, Charlotte. Não faça julgamentos, ou vai se arrepender. Talvez o senhor duque tenha sim algum segredo que nem você nem qualquer outra pessoa conheça, mais isso não lhe dá o direito de desconfiar dele. Se ele teve algo com essa jovem, foi antes do seu casamento, e isso não faz dele um infiel. Acaso esqueceu-se de como ele a tratou na frente dessa jovem? – retrucou o jovem firme.

Charlotte baixou a cabeça, sem coragem para encarar o jovem irmão, dizendo baixinho:

– Desculpe, Henry. É verdade; ele nunca me deu motivo algum para desconfiar dele...

Distante de Rouen, depois de horas de viagem, Cédric chegou a Lyon e dirigiu-se à casa de um velho conhecido, que lhe fora cedida sempre que lá estivesse. Passando pelas ruas da cidade, até chegar a seu destino, pôde constatar que muitos só falavam na revolução. O nobre sabia que Lyon era um ponto forte de revoltosos. Em casa, pensando alto, disse:

– Isto ainda está longe de acabar! Essas pessoas querem sangue. Entretanto, não se dão conta de que, quanto mais derramamento de sangue ocorrer, mais as próprias cabeças estão em jogo.

A administradora da casa entrou na sala e olhando para o oficial que a aguardava pensativo, falou:

– Senhor, o jantar está servido.

Cédric olhou para a senhora e perguntou, levantando-se:

– Conseguiu o que lhe pedi, Marry?

– Sim, senhor. O jornal está ao lado da mesa, senhor.

– Obrigado – agradeceu o homem, dirigindo-se à mesa de jantar.

Marry o seguiu e perguntou interessada:

– É verdade que o senhor se casou?

Ele olhou-a e respondeu calmo:

– Sim, eu me casei novamente.

– Quando irá trazer a duquesa para conhecermos?

– Quem sabe em breve! Só vim para cá por causa dessa revolução.

– De quem se trata, senhor? – perguntou a mulher curiosa.

– De Charlotte Laforet, filha de um barão da cidade de Dijon e sobrinha do conde e da condessa de Laforet.

– Que bela escolha, senhor. Parabéns! Conheço a condessa; é uma mulher elegante e muito bonita – disse a senhora com alegria.

Ele olhou para a serviçal, sorriu ao ver que sua escolha a tinha agradado e respondeu:

– Espero em breve trazê-la aqui. – Segurou o jornal que estava em cima da mesa, dando a conversa por encerrada, e começou a lê-lo. A cada palavra que via escrita, seu coração se apertava. Sabia que aquele tipo de matéria só instigaria mais ainda o povo à luta. Aquele jornalista incitava o povo ao combate armado, pois a maioria estava cansada de não ter vez, de sua voz não ser ouvida, dos gastos excessivos de sua soberana e do poder inexpressivo de seu rei, no qual não confiavam.

Ele leu mais um pouco, depois fez sua refeição e, em seguida, dirigiu-se a seu quarto para se deitar, pois estava cansado da viagem. Seus pensamentos foram tomados por uma bela jovem de cabelos loiros e grandes olhos azuis brilhantes. Lembrou-se dela a seu lado na noite de núpcias e sorriu. Fechou os olhos, sentindo o perfume suave de alfazema que ela tinha nos cabelos. Viu seu belo rosto sorrindo-lhe e lembrou-se do que ela havia dito na despedida: De minha parte, não é só amizade.

— Charlotte, só você para me fazer conhecer essa sensação tão boa que experimento agora. De minha parte, nunca foi só amizade – disse sorrindo e pensando alto.

35

A Sociedade de Rouen

    Charlotte acordou com leves batidas. Levantou-se da cama num pulo e correu para abrir a porta, que mantinha sempre fechada. A duquesa também havia rejeitado uma dama de companhia, muito comum na época. Uma jovem serviçal sorriu, olhando-a, e disse feliz:

    – Bom dia, senhora duquesa. Espero que tenha dormido bem. Trouxe seu desjejum e um bilhete.

    – Bom dia, Adéle. Por favor, pode entrar e colocar em cima da mesa. Você sabe informar se meu irmão já acordou? – perguntou Charlotte.

    – Sim, senhora. O jovem rapaz já está de pé há tempos,

e seu pai também. – Entrou e colocou uma bela bandeja de prata com comidas em cima de uma mesa que havia no quarto.

– Por favor, peça a ele que venha me fazer companhia – pediu com esmerada educação.

– Sim, senhora. Com licença.

Minutos depois, Henry adentrou o quarto da irmã e, vendo-a, cumprimentou-a:

– Bom dia, Charlotte. – Percebendo que ela lia um bilhete, perguntou sentando-se: – É do senhor duque?

– Bom dia, querido. Não. É um bilhete em nome da Liga da Sociedade de Rouen. Diz aqui que logo mais, à tarde, estarão aqui para uma visita de cortesia – respondeu a jovem intrigada.

– Acho que querem conhecer a mais nova fonte de fofoca da cidade: Charlotte, a duquesa de Lefevre, ou seja, você!

– Nem me fale, Henry. Não gosto disso; passarei esse encargo para nossa tia, que, aposto, adorará. E o papai? – perguntou a jovem interessada.

– Ele parece melhor do que imaginei. Foi dar uma volta na cidade com Jean.

– Fico feliz com isso. Ele saiu tão agastado de Dijon que senti até pena. Espero que não invente de jogar!

– Ele irá tentar, Charlotte. O vício é uma doença da alma e não se cura de um dia para outro. Contudo, pedi a Jean que ficasse de olho...

A tarde chegou rápido. Charlotte não se recordava mais do bilhete e aprontava-se para conhecer a propriedade, quando recebeu o aviso de que tinha visitas. Sobressaltada, e sem poder fugir, respirou fundo, seguindo para a sala. Adentrou o local com um belo sorriso no rosto, cumprimentando a todos. Havia oito mulheres: cinco senhoras e três jovens. A condessa, para alegria de Charlotte, havia recebido o grupo e já tinha convidado todas ao jardim, onde estava preparada uma bela mesa para recepcionar as mulheres.

Elas olharam a jovem de cima a baixo, com admiração pela sua beleza e jovialidade. Foi uma senhora quem primeiro se manifestou:

– Como a duquesa é jovem e bonita! Os boatos que correm por aí sobre o duque são mesmo verdadeiros.

– Quais são os boatos que correm por aí? – perguntou a condessa, sorrindo e dando uma olhadela para a sobrinha.

– Que ele é um homem muito exigente. Foi assim com sua primeira esposa e não podia ser diferente com a segunda.

Charlotte limitou-se a sorrir. Em poucos minutos, estava instalada uma conversação sobre moda, perfumes, joias e, principalmente, sobre a moral e os bons costumes da sociedade local, baseados na religião.

A jovem duquesa escutava tudo sem animação. Não gostava daqueles assuntos, em particular quando, com a desculpa de fazer prevalecer a moral, denegria-se a imagem de outros tantos, que serviam de exemplo para um modelo de perfeição que a sociedade criava. Charlotte estava a ponto de pedir licença e sair, quando escutou ao longe alguém se aproximar correndo.

Um jovem negro que prestava serviços na propriedade, suado, com a voz ofegante, aproximou-se e, sem se preocupar com normas de etiqueta, disse aflito a Charlotte:

– Senhora, pelo amor de Deus, ajude minha mãe. Ela está muito doente! Tenho medo de que morra. Está ardendo em febre e há pouco debatia-se sem parar. Não sei o que mais posso fazer. Ajude-me em nome de Deus!

Extremamente comovida com o pedido do jovem, disse solícita:

– Claro que irei ajudá-lo. – Sem se importar com a cara de assombro que todas as mulheres faziam, pediu a Adéle rapidamente: – Chame Henry aqui e peça que preparem uma condução, assim chegaremos mais rápido. – Pediu licença e saiu com o jovem que, aliviado, tinha encontrado naquela moça amparo para sua aflição.

A condessa, que havia tentado argumentar, sem sucesso, com a sobrinha, ficou com as demais mulheres tentando justificar a atitude deselegante da jovem. Minutos depois, Henry, Charlotte, o jovem e Didier, um trabalhador da propriedade que guiava a condução, encaminharam-se para uma choupana de barro batido localizada nas proximidades da propriedade. Charlotte desceu, ajudou o irmão, sendo seguida pelo jovem que tinha por nome João. Adentraram o local apressados e constataram que o jovem havia falado a verdade. Em cima de um colchão velho, uma mulher se debatia, gemendo e ardendo em febre. O irmão de Charlotte colocou-se um pouco afastado e fixou seu olhar na mulher. Em questão de segundos, viu energias escuras em torno de seu plexo solar e do cardíaco. Em dado momento, parecia que essas energias tomavam a forma de uma gelatina pegajosa que grudava na pobre infeliz.

João quis aproximar-se. Todavia, Henry o impediu apenas com um gesto e, olhando para a irmã, pediu sério:

– Charlotte, faça uma oração em voz alta. – Em seguida, aproximou-se da mulher e, colocando a mão sobre sua cabeça, fechou os olhos.

A duquesa atendeu ao pedido prontamente e, com os pensamentos voltados ao Alto, fez uma prece:

– Meu bom Deus, vós que conheceis todas as nossas limitações e necessidades, rogamos, pai, que em mais essa oportunidade venhais em nosso auxílio. Ajudai essa pobre mulher que jaz no seu leito com dores atrozes. Permiti, Senhor, que se faça aqui a vossa vontade, e, como ocorreu com nosso irmão Jesus quando curou o cego, a mulher doente, o paralítico e tantos outros, vós possais, com vosso poder, amenizar o sofrimento dessa vossa filha. Que a vossa divina misericórdia possa nos banhar, socorrendo aqueles que precisam de médico e que, por razões que desconhecemos hoje, passam por duras privações de ordem material. Somos vossos filhos e queremos ajudar, mas sabemos que nada poderemos fazer sem a vossa soberana vontade. Em nome do vosso filho Jesus, rogo a vossa ajuda. Que seja feita a vossa vontade, Senhor.

Apenas Henry conseguia enxergar o banho de luz que se dirigia para a pobre infeliz, que, aos poucos, parou de gemer. Do tórax do jovem partia um jato de luz, banhando todo o corpo enfermo da moribunda, que se refazia, afastando assim toda a energia deletéria incrustada nela. Passados longos minutos, Henry retirou a mão e, com os olhos rasos d'água, disse:

– Em nome de Deus e de Jesus, está curada. – Para espanto do filho, a mulher abriu os olhos e, mesmo debilitada, disse ao jovem comovida:

– Meu Deus, obrigada. Que Deus o abençoe! Você é um profeta!

O jovem percebeu que era hora de se retirar e, com um gesto, pediu à irmã que o ajudasse, mostrando sinais de cansaço. Charlotte, auxiliada por Didier, que acompanhava tudo abismado, logo amparou o irmão e saiu levando-o para a condução. O filho da mulher, ainda surpreso, disse feliz:

– Obrigado por ajudar minha mãe. Amanhã, se a senhora e o senhor quiserem, posso trabalhar lá na casa de graça. É o pagamento.

Henry sorriu por ser chamado de senhor e, olhando para o jovem que se mostrava grato, respondeu feliz:

– Não podemos cobrar por aquilo que não nos pertence. Quem curou sua mãe foi Jesus, nosso eterno mestre. Todavia, se quiser pagá-lo, ajude outros irmãos, assim como fez com sua mãe hoje.

– Sim, senhor – respondeu João com orgulho.

Charlotte adentrou a condução com seu irmão e, antes de saírem, perguntou curiosa ao jovem:

– Como encontrou nossa casa e porque foi até lá?

O rapaz pensou um pouco e relatou:

– Eu estava desesperado e saí correndo, sem saber ao

certo para onde ir. Quando cheguei a certo lugar já próximo da vossa casa, encontrei um senhor negro, vestido de branco, e, antes que eu lhe perguntasse algo, ele me disse que procurasse ajuda na vossa casa – respondeu João.

Charlotte, admirada, voltou-se para Henry, que não parecia estar surpreso. Agradeceu ao rapaz e voltaram para casa. Nem bem a condução começou a andar, Charlotte segurou a mão do irmão e disse emocionada:

– Eu tenho tanto orgulho de ser sua irmã, Henry! – Levou a mão do jovem aos lábios, beijando-a. Ficou um pouco com a mão do jovem no seu rosto. Henry, comovido com o carinho da irmã, passou a mão pelos cabelos da jovem e disse com calma:

– Somos merecedores de um estar ao lado do outro, minha irmã. Contudo, tenho que falar-lhe. Iremos precisar de um local para atender às pessoas que virão ao nosso encontro. Você poderia providenciar isso?

Charlotte voltou seu olhar para o irmão e perguntou:
– Virão outras pessoas?
– Muitas outras, Charlotte. O mundo está cheio de doentes. E, se podemos ajudar, não devemos nos furtar a essa possibilidade. Auxiliar a quem precisa é oferecer a Deus o maior presente que podemos dar, em gratidão ao que recebemos dele constantemente – respondeu solícito.

– Pode deixar, Henry. Vou encontrar um local apropriado e terei o maior prazer em auxiliá-lo, se você me permitir – respondeu a duquesa, os olhos brilhando de contentamento.

Três semanas já tinham se passado. Como Henry havia previsto, depois do ocorrido, a notícia espalhou-se e muitas pessoas começaram a procurar o "jovem profeta", como o chamavam. Charlotte, sob os muitos protestos de sua tia, de seu pai e de Verena, ajeitou um velho galpão que funcionava para dar banho nos animais, transformando-o em um local para receber as várias pessoas que apareciam, quase todas pobres. Logo, procuravam seu irmão diariamente em busca de cura para seus males. Foi montado um plano para atender a todos. O jovem só atendia a dez pessoas por dia e agendava outras para o dia seguinte, evitando aglomerações. Ele fazia os atendimentos na parte da tarde. Charlotte ajudava-o fazendo a triagem, sendo os mais necessitados atendidos primeiro.

Eram muitas as doenças que apareciam. Após os atendimentos, o jovem irmão de Charlotte estava sempre extenuado. A Liga da Sociedade de Rouen não gostou de ver um membro da sociedade misturando-se com aqueles que nada tinham e resolveu denunciar aquele trabalho ao padre da cidade, que a princípio nada disse. Todavia, manifestou a vontade de conhecer a duquesa e seu jovem irmão.

Era início de tarde, e o trabalho no galpão havia começado. Henry atendia a uma criança com fortes dores nas costas. Mais uma vez, tocou o local, fez uma prece e, minutos depois, a criança dava sinais de melhora. Sempre depois de uma cura efetuada, olhava para a pessoa curada e pedia gentil:

– Retribua o que recebeu hoje ajudando outros irmãos, ou perdoando a quem lhe deseje mal.

O padre, acompanhado de algumas senhoras, chegou ao local arrotando empáfia. Charlotte olhou-os e, gentil, recebeu-os com satisfação:

– Boa tarde, senhor padre. Sua bênção. – Beijou a mão do eclesiástico, voltou-se para as demais mulheres e cumprimentou-as: – Bem-vindas, senhoras.

O sacerdote olhou para a bela jovem à sua frente e perdeu um pouco da confiança, dada a sua gentileza. Sem jeito, respondeu:

– Que Deus a abençoe, minha filha. – Olhou em volta e disse baixinho para Charlotte: – Senhora duquesa, quero falar-lhe em particular.

Charlotte, sem imaginar o teor da visita, respondeu solícita:

– Por favor, senhor padre, acompanhe-me. – Levou-o até um local mais distante de todos e perguntou interessada:
– Pois não, senhor, pode falar.
– Senhora duquesa, o que estão fazendo aqui? – perguntou calmo.

Charlotte estranhou a pergunta e respondeu de pronto:
– Ajudando quem precisa, senhor padre.
– Senhora, acredito que isso possa ser muito perigoso. A Santa Igreja não vê isso com bons olhos. E se alguns desses indigentes resolverem se rebelar por alguma cura que não possa ser feita? Já pensou nisso? Sem falar que quem pode curar são os santos, e não pessoas comuns como seu irmão. Ainda por cima, é apenas uma criança!

Charlotte escutou tudo perplexa. Ia responder, quando Henry aproximou-se e colocou sua mão na mão da irmã. Com um gesto, pediu a palavra:
– Sua bênção, senhor padre. É uma honra receber um emissário de Deus no nosso simples trabalho. Acredito que foi Deus que o enviou hoje aqui; precisava falar-lhe.

O padre olhou para o jovem rapaz e sentiu um impacto muito grande. Experimentou algo indescritível com a proximidade daquele jovem aleijado que, apesar de ter uma aparência de criança, quando falava, demonstrava toda a sua superioridade. Não sabia dizer ao certo o que era, todavia, uma vontade de chorar e uma felicidade que não sabia divisar tomaram conta de seu ser. À custa de muito esforço, controlou-se, perguntando interessado:
– O que quer falar, meu jovem?
– Como faz pouco tempo que chegamos aqui e tudo aconteceu tão rápido, não tivemos a oportunidade de nos apresentar à sua igreja e perguntar se o senhor, junto com a igreja, é claro, não poderia abraçar esse humilde trabalho. O padre Grégory, de Dijon, sempre nos dizia que, quando Deus bate à nossa porta nos oferecendo trabalho com Jesus, nunca devemos recusar. Todavia, esse trabalho deve estar

ligado à nossa madre Igreja. – Fez uma breve pausa e, vendo que as palavras surtiam efeito no eclesiástico, continuou: – São tantos os doentes que estão dispostos a recompensar o trabalho de Jesus! Bem sabe que não posso receber nada, visto que a cura só é feita pela vontade de Deus. Porém, se alguém quiser fazer alguma doação, pode muito bem fazer para a Santa Igreja. O que acha?

O homem vislumbrou as doações, e seu rosto iluminou-se. Foi tomado por uma simpatia muito grande por aquele jovem a quem chamavam de profeta e pôde constatar que ele era de fato diferente. Tentou disfarçar um pouco a empolgação e respondeu com cautela:

– Bela proposta, meu jovem. Todavia, como faremos isso?

Henry olhou ao longe as senhoras da sociedade que, com desdém, olhavam as pessoas à espera de serem atendidas e teve uma ideia:

– Peça ajuda à Liga da Sociedade de Rouen, senhor padre, e faremos isso na paróquia em dias alternados. Segundas, quartas e sextas faremos esse trabalho na igreja. Às terças e quintas, atenderemos aqui mesmo.

Charlotte sorriu diante da inteligência do irmão. Sabia o que ele pretendia. O padre não demorou muito para ser contagiado pela possibilidade de fazer de sua paróquia um local de visitação de romeiros. Sabia que aquele tipo de trabalho renderia a ele, quem sabe, até uma indicação do bispo. Seu semblante transformou-se e ele respondeu com empolgação:

– Meu jovem, foi realmente Deus quem me instruiu para vir até aqui hoje. Vou conversar com as senhoras, que, tenho certeza, não se furtarão à possibilidade de ajudar um enviado de Deus para atender à nossa humilde paróquia. Amanhã retornarei e trataremos de acertar o início desse magnífico trabalho de Jesus. Agora, deixe-me ir; ainda tem filhos de Deus que estão aguardando o atendimento e quero ajeitar tudo.

– Sua bênção, padre. Eu o aguardarei amanhã – disse

o jovem, segurando a mão do sacerdote e beijando-a com humildade. Depois foi a vez de Charlotte, que não cabia em si de tanto contentamento.

O padre saiu levando as senhoras. Charlotte olhou para o irmão e abraçou-o feliz, dizendo:

– Henry, essa foi de mestre!

– Do que está falando, Charlotte? – perguntou o rapaz, fingindo estranheza.

– Você não só soube atrair a Igreja, que infelizmente funciona às vezes apenas como um belo templo para alguns cristãos, como irá colocar aquelas senhoras que se julgam superiores dentro de um trabalho que, por certo, as fará repensar a própria vida. E, se não as modificar, pelo menos estarão fazendo algo produtivo.

Henry sorriu da sagacidade da irmã e, sem mais conversa, tratou de voltar ao trabalho, feliz.

36

Paris, capital da revolução

    Cédric promoveu algumas reuniões em Lyon tentando acalmar os ânimos dos revoltosos. Não poderia correr o risco de colocar tudo a perder devido à ansiedade de alguns. Depois se dirigiu à capital. Chegou a Paris cansado e encaminhou-se rapidamente até sua casa. Surpreendeu-se ao encontrar o marquês, marquesa Bonnet e Johanne hospedados na Fortaleza. O marquês tomou a dianteira e explicou-se:

– Cédric, quero desculpar-me por ter praticamente invadido a sua casa. Contudo, procurei-o em Dijon, mas não o encontrei, e soube pelo conde de Laforet que viria até Paris. Então, por sugestão dele, viemos para cá sem lhe comunicar nada, evitando que outras pessoas pudessem descobrir.

Chegamos há uma semana, e eu aguardava ansioso sua chegada.

O duque, sem demonstrar insatisfação, perguntou curioso:

— O que aconteceu, marquês Aloysius?

— Estou com medo, caro Cédric. Nossa casa está sendo vigiada; temo pela nossa segurança. Chegou aos meus ouvidos que o rei está mandando prender alguns nobres por traição. Acredito que meu nome possa estar nessa lista. Graças a um amigo, consegui fugir e, até então, estou escondido, mas não sei até quando. Vim lhe pedir ajuda.

Cédric ouviu a tudo com atenção; sabia que era verdade e disse prestimoso:

— Fique tranquilo, senhor! Eu o ajudarei com prazer. Agora peço licença para tomar um banho e trocar-me; em seguida, conversaremos melhor.

Johanne escutou toda a conversa, feliz em encontrar Cédric. Vendo-o sair, deixou-o tomar certa distância. Depois, com uma desculpa qualquer, saiu atrás do nobre. Alcançou-o na entrada do seu quarto e, olhando-o, disse:

— Senhor duque, estou tão feliz em revê-lo! Está precisando de alguma ajuda? Posso ajudá-lo com prazer.

Ele estacou, olhando para a jovem. Sem entender direito o que ela queria, respondeu ríspido:

— Não preciso de ajuda alguma. Com licença. — Entrou em seguida, trancando o quarto.

A jovem sorriu e disse baixinho para si:

— Vamos ver até quando, Cédric. Sua amada está longe, deve estar carente... — Saiu em seguida com planos maléficos na mente.

Depois de tomar um banho e descansar um pouco,

Cédric desceu e chamou o marquês até seu escritório, onde puderam conversar à vontade.

– Marquês Aloysius, tem algum plano em mente?

– Infelizmente, não. Estou com tanto medo! Não consigo pensar em nada. Temo principalmente por minha esposa e sobrinha. Você bem sabe que aqueles homens são desumanos com os prisioneiros. Não quero nem imaginar, meu caro – disse, os olhos esbugalhados tomados pelo terror.

– Tive uma ideia. Vocês devem ir para Rouen; lá a revolução não tem causado muito impacto. Todavia, não deve ir para sua casa. Deve procurar um local desconhecido de todos. Na minha casa seria óbvio demais. O senhor conhece alguém por lá?

– Sim, conheço. Tenho um velho amigo de meu pai que, com certeza, nos abrigará até esse pesadelo acabar – respondeu o nobre, agora mais calmo.

– Ótimo. Providenciaremos o quanto antes sua viagem. Charlotte, minha esposa, está em minha propriedade junto com a condessa. O conde deve estar se encaminhando para lá com seu sobrinho. Qualquer coisa, pode contar com eles. Devo ir até Rouen, todavia, não acredito que me demore por lá... – Uma batida à porta interrompeu os nobres. Uma senhora adentrou o local e anunciou educadamente:

– Senhor, o jantar está servido.

Todos se encaminharam para a sala de jantar, encontrando-se com marquesa Bonnet e Johanne, que já os aguardavam. O marquês tratou de colocar sua esposa a par da solução que Cédric havia encontrado e, felizes, comemoraram. Logo após o jantar, dirigiram-se a uma sala onde conversaram um pouco mais.

– Cédric, você viu como está nossa bela cidade? Está em ruínas! Eu não sei se, quando essa maldita revolução acabar, ainda teremos como reconstruí-la. Aquele maldito jornalista incita cada vez mais o povo a saques, à luta armada – disse o nobre triste.

— Infelizmente, marquês, às vezes é preciso acontecer algo assim para ocorrer mudanças. O povo ainda está empolgado pelos últimos acontecimentos e deixa-se envolver por ideias que façam extravasar a insatisfação reinante. Porém, essa empolgação um dia dará lugar a uma necessidade de ordem. Aos poucos, eles mesmos perceberão que a violência enfastia. E, quando começarem a enterrar seus parentes, outro sentimento se apresentará: o abuso pelo excesso de violência – disse o duque com segurança.

O casal escutou tudo com atenção e admirou aquele que um dia já fora seu genro. Sabiam da experiência que ele possuía nessa área e emudeceram pensativos. Johanne, até então, silenciosa, tratou de mudar de assunto. Olhou para o nobre e perguntou maliciosa:

— Não deve gostar muito de sua esposa, senhor duque. Casou-se, mas quase não ficaram juntos!

Os Bonnet olharam para sua sobrinha, recriminando-a. Cédric, contudo, acreditando que a outra estivesse com ciúmes, respondeu calmo:

— Engana-se, senhorita. Gosto muito de minha esposa. E foi pensando em protegê-la que nos separamos temporariamente. Todavia, não vejo a hora de reencontrá-la, e asseguro-lhe que não tardará.

A jovem, que não esperava uma resposta tão firme, calou-se com raiva. Novamente seus pensamentos foram tomados por um plano maléfico, que tinha por objetivo separar o duque de Charlotte. O marquês e marquesa Bonnet pediram licença e foram se recolher, deixando Johanne e Cédric a sós. O nobre, também cansado, levantou-se, mas, antes que saísse, a moça aproximou-se e disse fingindo arrependimento:

— Senhor duque, peço desculpas pela insinuação. Contudo, quero que saiba de uma coisa... – Fez uma pausa, aproximou-se ainda mais, segurando a mão de Cédric, e continuou a falar: – Sinto ciúmes do senhor! Queria ter sido escolhida para ser sua esposa. Nunca escondi minha afeição pelo senhor. E agora? O que fazer com esse sentimento que dilacera meu coração? – Sem o nobre esperar, abraçou-o, fingindo chorar.

 Cédric, ao sentir o contato dela, experimentou uma forte repulsa. O duque, como era diferente dos nobres da época – visto que era comum terem outras mulheres fora do casamento –, não admitia relação extraconjugal. Não obstante, o contato íntimo para ele era algo complexo devido ao problema que tinha. Afastou a moça penalizado, acreditando em seu sentimento. Porém, disse sério:

 – Lamento, senhorita, magoá-la. Todavia, se o faço é sem vontade própria. Penso que encontrará alguém que a queira. Sou um homem casado, gosto muito de minha esposa e não sou homem de ter duas mulheres. Portanto, peço que esse tipo de intimidade não se repita entre nós. Com licença! – Saiu sem esperar resposta, indo direto lavar suas mãos, como se estivessem sujas.

 Johanne, com o coração batendo forte, virou-se, colocando fogo pelas narinas, tamanho era o ódio que sentiu do nobre. Chorando, disse em voz alta:

 – Esta foi a última vez que o senhor me desprezou. Ainda irei me casar com o senhor e serei dona de tudo isso aqui.

 Cédric, já em seu quarto, depois de lavar as mãos várias vezes, trocou de roupa e foi deitar-se, lembrando-se de Charlotte. Não sabia explicar, mas não sentia qualquer sentimento de nojo ou repulsa em relação a ela. Ao contrário, sentia-se bem quando ela segurava sua mão, abraçava-o ou o beijava. Sempre que mantinha contato íntimo com alguma mulher, era algo meramente físico. Porém, depois se sentia enojado, sujo, por isso concentrava todas as suas energias, na maioria do tempo, em seu trabalho. Com Charlotte era diferente; mesmo nunca tendo qualquer intimidade com ela, sentia falta de seu cheiro, de seu abraço, de sua ingenuidade. "Será que isso é amor? Tanto se fala acerca desse sentimento, mas acredito que poucos amem de verdade. Eu, que não sou poeta nem filósofo, vejo o amor como uma árvore frondosa: o vento vem, derruba todas as suas folhas. Contudo, ela permanece firme, para que as folhas brotem novamente e, mesmo que o vento consiga derrubá-la, deixa sua semente no solo, onde possa germinar novamente". O nobre sorriu e disse alto:

– O que você fez comigo, Charlotte? – Continuou a pensar que, mesmo em meio a tantos problemas, conseguia encontrar conforto para sua solidão. Assim, adormeceu.

No outro dia, antes de os demais se levantarem, Cédric partiu para a casa do capitão da guarda, além de amigo, Gérard. O nobre foi recebido com satisfação por ele:

– Comandante, não sabia que já havia chegado. Por que não mandou avisar-me?

– Desculpe, meu amigo. Todavia, tive alguns contratempos em minha casa. Imagine que marquês Aloysius Bonnet está lá com a mulher e a sobrinha. Disse-me que está sendo perseguido pelo rei. Com medo, veio pedir-me ajuda, e sabe muito bem que não posso negá-la. Contudo, tenho que despachá-lo o quanto antes; se for verdade, ninguém pode saber.

– Infelizmente, é verdade. Ele e outros estão sendo procurados e sendo acusados de traição à Coroa. As coisas estão muito complicadas em Versalhes, comandante. Daqui a três dias, será anunciada publicamente a Declaração dos Direitos do Homem e do Cidadão. A sorte de muitos é que o rei ainda não se deu conta da gravidade de tudo, ou então quer poupar a muitos. Ele acredita que é apenas insatisfação do povo. Contudo, Paco age à surdina, fazendo o que sempre quis: exercendo o poder – disse o capitão preocupado.

– Aquele imprestável deve estar procurando um meio de pegar-me. Por isso, tenho que adiantar a viagem deles o quanto antes e vim pedir-lhe ajuda. Desejo fazer isso hoje à noite. Eles irão a Rouen, para a casa de um amigo do marquês, e ficarão lá sem que ninguém desconfie – disse Cédric sério.

– Boa ideia. Rouen parece que ainda não tomou muito conhecimento dessa revolução, apesar de estar próxima a

Paris – respondeu Gérard e, olhando para o nobre, perguntou interessado: – Do que precisa?

– De cavalos bons e uma carruagem de aluguel. Não posso deixar nada que possam ligar a mim, caso forem pegos. E alguns soldados de sua inteira confiança para acompanhá-los. Você envia isso tudo para minha casa quando cair a noite. Não estarei por lá. Vou estar no parlamento, para não desconfiarem de nada – concluiu o duque.

– Como sempre, muito bem pensado, senhor. Agora, vamos tomar um belo desjejum e falar de outro assunto que muito lhe interessa – convidou o homem, encaminhando Cédric para uma sala de jantar. A casa do capitão fora um presente de Cédric. Quando o conheceu, o amigo passava por grave crise financeira, sendo ajudado pelo nobre, que também assegurou-lhe o posto de capitão da guarda real, já que tinha forte influência junto ao rei na época, selando assim uma forte e verdadeira amizade.

O duque, interessado na conversa, perguntou saboreando uma torta de morango:

– Que assunto é esse, Gérard?

– O jovem tenente que deixou em Dijon. Infelizmente, teve que partir sem, no entanto, colocar as mãos no infeliz delator. Ele fugiu. Contudo, fez o pai pagar pela dívida do infeliz e deixou a cidade em ordem. Infelizmente, teve que pedir baixa do exército e retornou à Córsega. Ele falou-me da admiração que tem pelo senhor e disse que retornará o quanto antes à França, e poderá contar com ele sempre – comunicou Gérard.

– Esse rapaz ainda tem muito a dar à França, meu amigo. Ele não é apenas um bom soldado; tem brio, é astuto, inteligente e dono de uma sede de conquista que o impulsiona. Gosto dele e acredito que dará à França algo que nenhum outro conseguirá. Todavia, também temo, pois bem sabe a corja de vermes que existe em torno de nós – disse o nobre pensativo.

— Também acredito nisso, comandante. Temos inclusive que dar um jeito em Paco, caso contrário, ele poderá prejudicar a ação. Não confio naquele maldito; temo que possa até nos trair. Soube de fonte segura que ele anda conversando com os ingleses. Temos que fazer isso com cuidado; o infeliz é hoje o homem de confiança de Luís.

— Vou pensar em um jeito para fazermos isso, capitão. O principal agora é não sermos pegos em hipótese alguma...

Nesse momento, uma mulher de aparência distinta adentrou a sala e, vendo o nobre, cumprimentou-o com alegria. Fez uma reverência e disse:

— Senhor duque, que prazer recebê-lo em nossa casa. Gérard não me avisou que vinha. Estava cuidando de Adeline. Recorda-se dela? – perguntou a mulher, mostrando uma linda menina de oito anos a seu lado.

O nobre levantou-se rapidamente e, fazendo uma reverência, respondeu cortês:

— Claro que me recordo de Adeline, senhora. Vejo que puxou a beleza da mãe. Infelizmente, o capitão não sabia que eu viria, por isso não a avisou. Todavia, fico feliz em revê-la.

A esposa do capitão perguntou de pronto:

— Gérard me falou que se casou novamente! Fico feliz e lhe desejo muitas felicidades, pois merece. Também ouvi dizer que sua jovem esposa é uma mulher muito bonita, é verdade?

— Obrigada, senhora. Sim, Charlotte é mesmo muito bonita. Espero em breve apresentá-la a todos – respondeu o nobre feliz.

A mulher viu o brilho nos olhos do amigo e disse, antes de se retirar:

— Veja, Gérard, o brilho nos olhos de nosso amigo. Acho que Charlotte conseguiu fisgar o coração do comandante. Fico ainda mais feliz! Agora, peço licença, tenho que levar esta mocinha. – Fez uma reverência e saiu sem esperar resposta do nobre.

Gérard, sorrindo do comentário de sua esposa, concordou feliz:

– Tenho que concordar com Gaby, meu amigo. Acho que essa jovem é diferente para você.

Cédric olhou para o amigo e concordou:

– Vocês têm razão. Charlotte é mesmo diferente, e posso dizer que estou feliz. – Depois, resolveu mudar de assunto e disse pensativo: – Gérard, tenho que ficar atento; se Fabrice ainda está em liberdade, deve estar aprontando algo. Acredito que ele não deva saber que Charlotte está em Rouen. Também deve ter tido ajuda de Paco, pois, se fosse pego, o capitão estaria desmoralizado. Aquele bajulador maldito! Ele ainda terá o que merece. Mas tudo a seu tempo.

Gérard escutou atento a promessa do amigo e comandante, percebendo pelo olhar dele que não descansaria enquanto não desse um jeito no inimigo. Paco há muito tentava prejudicar Cédric. Entretanto, o nobre sempre o superava, despertando cada vez mais o ódio e a inveja que o outro sentia. A princípio, Cédric ignorou-o, até o dia em que quase morrera devido a uma emboscada. Não fosse sua grande destreza, teria sucumbido com seu regimento. No entanto, nada ficou provado que pudesse incriminar o oficial. Mas Cédric sabia que havia partido dele a informação indicando o lugar onde estaria naquele fatídico dia.

Logo mais à noite, como combinado, os Bonnet saíram de Paris à surdina, encaminhando-se para Rouen e deixando o duque na capital, envolvido com o conflito que ocorria na cidade.

37

A mendiga

Dois meses já haviam se passado. Charlotte, junto com Henry, nos dias combinados, ia à igreja fazer os trabalhos de cura. Sua tia e Verena resolveram ajudar também. Era de tarde, tinham acabado de chegar e foram recebidos com alegria pelo padre que, feliz, anunciou:

– Meu jovem, tenho ótimas notícias. Recebi uma carta do bispo que me avisa estar vindo para cá conhecê-lo.

Todos os olhares voltaram-se para Henry, que, sem afetação alguma, respondeu humilde:

– Que bom, padre. Fico feliz pelo senhor. – Tratou de desconversar, evitando maiores especulações.

A igreja já estava cheia de pessoas, que vinham de toda parte em busca do profeta. Sem perder tempo, Henry tomou seu lugar depois da prece inicial e começou o trabalho com ajuda da Liga da Sociedade de Rouen, que cada vez mais se mostrava solidária ao trabalho.

Naquele dia, Verena acompanhou a condessa até o centro da cidade. Foram fazer compras para casa. A tarde passara rapidamente, e o trabalho estava quase acabando, quando, em silêncio, uma senhora que trajava roupas sujas e maltrapilhas adentrou o templo religioso e sentou-se no final da bancada, longe dos demais, como se estivesse com vergonha de si. Uma das senhoras da Liga viu e cutucou outra, mostrando a senhora com certo desprezo. Conversaram baixinho e resolveram dizer ao padre, que recebeu a notícia apreensivo:

— Ela está sozinha?

— Sim senhor, está. O que devemos fazer? – perguntou uma delas.

— Peça que ela se retire sem chamar a atenção dos demais. Se os outros perceberem, é bem capaz de não virem mais – disse o padre temeroso.

As senhoras seguiram satisfeitas com a proposta do padre. Sem aproximar-se muito da senhora, uma delas disse baixinho, fazendo uma careta de nojo ao sentir o odor que a outra exalava:

— O padre pede à senhora que, por favor, deixe a igreja.

A mulher olhou para a outra e, humilde, pediu com os olhos rasos d'água:

— Por favor, senhora, deixe-me ficar. Eu não causarei problemas. Fico aqui em silêncio; quero apenas falar com o profeta. Quero sua ajuda para meu filho; ele está muito doente.

As duas senhoras, com o coração mais brando devido ao progresso que aquele trabalho fazia na alma de ambas, entreolharam-se comovidas com a humildade da mendiga.

Nesse momento, Eglatine, Johanne e marquesa Bonnet adentraram a igreja, atraindo todas as atenções. Queriam ver pessoalmente aquele trabalho que Charlotte fazia com o irmão. Seguiram pelo corredor central da igreja. Charlotte saía da sala em que Henry atendia e, ao ver as três, estacou bruscamente, detendo seu olhar em Johanne, que a olhou com desprezo. A jovem sentiu o coração disparar e, pedindo ajuda silenciosamente a Deus, aproximou-se e as cumprimentou com cordialidade:

– Que bom revê-las. Sejam bem-vindas!

Eglatine adiantou-se e cumprimentou Charlotte, sendo seguida por marquesa Bonnet. Johanne olhou-a com desdém e perguntou ríspida:

– Será que o senhor duque sabe desse trabalho, senhora? Acho que não; estivemos com ele em Paris, na Fortaleza, e ele não nos falou nada.

Charlotte escutou tudo atenta e, tentando não demonstrar o efeito que aquelas palavras promoviam em seu íntimo, respondeu calma:

– Decerto que não, senhorita. Desde que saímos de Dijon ainda não tive o prazer de ver meu marido. Todavia, será a primeira coisa que falarei quando chegar.

– Acredita que irá aprovar isso? Ou será que não sabe a repugnância que o duque tem dessas pessoas? – perguntou Johanne, tentando demonstrar uma intimidade que não tinha com o nobre.

Charlotte sentiu o sangue subir-lhe à cabeça e respondeu enérgica:

– Diferente do que acha conhecer acerca do meu marido, Cédric tem aversão a qualquer um. Inclusive, a pessoas aparentemente limpas e sadias, como a senhorita. E tenho certeza de que, apesar desse problema, ele jamais se importará com este trabalho.

– Ele deve ter aversão à senhora também, já que a deixou logo depois do casamento. – rebateu a outra com acidez.

— Não! Sou uma exceção à regra, senhorita. E, sem querer ser indelicada, a ausência do meu marido diz respeito apenas a mim e a ele – retrucou, colocando um ponto-final na discussão.

Marquesa Bonnet, sentindo vergonha da estupidez da sobrinha, interveio solícita, dizendo baixinho:

— Querida, acho maravilhoso esse trabalho. Infelizmente, não podemos estar aqui mais vezes. A pedido do seu marido, temos que manter discrição em relação à nossa presença. Cédric nos ajudou em Paris, já que meu marido pode estar correndo perigo. Entende? Estamos em Rouen há aproximadamente umas duas semanas.

Charlotte, mais calma com as palavras da senhora, respondeu:

— Sim, entendo e fico feliz que estejam bem. Qualquer coisa que precisarem, podem contar conosco.

Eglatine, até então calada, prestou satisfação de sua presença na cidade:

— Querida, estou tão feliz em novamente encontrá-la! Johanne, sentindo-se só por causa dessa privação, mandou-me um convite, que aceitei com prazer, uma vez que Paris está um horror. Você nem imagina! Cheguei a Rouen ontem. Manifestei a vontade de revê-la e soubemos que estaria aqui hoje. Então, resolvemos conhecer esse trabalho.

Charlotte anuiu solícita. Contudo, tentando se desvencilhar das visitantes, pediu licença e saiu para atender a um pedido do irmão, feito minutos antes. Aproximou-se das duas senhoras que não sabiam o que fazer com a mendiga, ainda relutante em sair do local. Interpelou-as com educação:

— Algum problema, senhoras?

— Sim, duquesa. Veja bem: esta mulher quer permanecer aqui, e o padre pediu que ela fosse para fora, mas ela se nega a sair, dizendo que precisa falar com o seu irmão.

Charlotte escutou tudo e, olhando para a mendiga, perguntou gentil:

— O que a senhora deseja?

— Meu filho, senhora. Está muito doente; preciso ver o profeta. Sei que ele pode ajudar meu pequeno. Sei que minha presença desagrada às senhoras, mas peço, por amor a Jesus, que me permitam conversar com ele.

Charlotte, comovida com a narrativa daquela pobre mulher, disse:

— Claro que a senhora poderá conversar com meu irmão. Ele mesmo me pediu para lhe falar.

A mulher, com lágrimas nos olhos, disse comovida:

— Obrigada, minha jovem. Sinto que tem um coração bom. Peço que me perdoe por não estar vestida adequadamente; sou apenas uma mendiga!

— É uma filha de Deus, como todos aqui. Não se preocupe, está adequada. Aqui é uma casa de Deus – respondeu Charlotte, saindo em seguida e deixando as duas senhoras sem ação. Apesar de tudo, ficaram satisfeitas com a decisão da jovem duquesa.

De longe, Johanne prestava atenção em Charlotte e, quando percebeu se tratar de uma maltrapilha dentro da igreja, olhou para sua tia e indagou indignada:

— Era só o que faltava! Aquela mulher deixa que uma maltrapilha daquela permaneça dentro da igreja? Onde já se viu isso? Daqui a pouco, seremos obrigados a assistir à missa ao lado desses imundos! Vou dar já um jeito nisso.

Sua tia tentou contestar, todavia, não teve chance. A jovem saiu sem esperar, seguindo direto para perto da mendiga. Charlotte, que havia entrado há pouco na sala onde Henry atendia, escutou um burburinho e assustada resolveu averiguar. Viu estarrecida Johanne gritando com a pobre mulher, que, amedrontada, se encolhia sentada no banco. O padre aproximou-se e, vendo a mulher, pediu que se retirasse. Charlotte sentiu então algo diferente acontecer consigo. Uma revolta tomou conta do seu íntimo, e ela cruzou o salão com rapidez, dizendo enérgica:

– Ela fica, e será atendida pelo meu irmão. Ela tem tanto direito quanto qualquer um que aqui está.

– Mas, senhora, acaso não vê o que está fazendo? Daqui a pouco, a igreja irá se encher de desocupados, e ninguém mais virá às missas – disse o padre contrariado.

Charlotte fez menção de responder. Contudo, sentiu uma mão pousar em seu ombro, acalmando-a instantaneamente. Vendo tratar-se de Henry, silenciou. O jovem olhou para todos, detendo-se no padre, e disse enérgico:

– O que sabem sobre Jesus? Dizem servir a ele e, na primeira oportunidade, desprezam todo o ensinamento que ele nos legou? Não era Jesus que andava entre os sujos? Entre os maltrapilhos? Entre os pobres? Se o templo não serve a seus ensinamentos, derrube-o e construa outro no lugar, que sirva aos propósitos do evangelho! – Parou e, voltando-se para Johanne, continuou: – Isso deve ocorrer no templo de nossa alma. Devemos derrubar esse que serve à arrogância de nos acharmos melhor do que os outros; a inveja que nos arrebata a alma para os despenhadeiros da matéria; a luxúria que sufoca a carne; o ciúme que dilacera o espírito.

Eles não podiam atestar, mas uma plêiade de espíritos se faziam presentes, rapidamente imantando o jovem em um halo de luz. À medida que ele falava, esse anel crescia e de sua boca saíam jatos de energia dirigidos a todos os presentes, que ficavam como que anestesiados, sem conseguir proferir uma só palavra. Nesse ínterim, uma comitiva religiosa trazendo o bispo adentrou o local sem que ninguém percebesse. Estupefatos, escutavam os ensinamentos que aquela criança aleijada transmitia.

– Acaso Jesus não disse que, se fizéssemos a um dos nossos irmãos, estaríamos fazendo a ele mesmo? Não foi Jesus quem disse que não é o que entra na boca do homem que o macula, mas o que sai de dentro dela? Como podemos servir a propósitos tão sublimes se, por causa de uma vestimenta, afastamos da nossa realidade o meio de chegarmos a Deus? Por favor, repensem o que traz todos vocês aqui.

– Ele olhou para a mulher, que chorava em silêncio, maravilhada com aquele jovem. Então falou com calma: – Senhora, leve-me até seu filho.

A mulher levantou-se de supetão e logo respondeu:

– Agora, meu rapaz. Por favor, me acompanhe.

Em silêncio, todos se afastaram envergonhados, dando passagem à mendiga, a Henry e a Charlotte, que novamente sentiu orgulho de seu irmão. O bispo, vendo o rapaz fazer menção de sair, ordenou:

– Meu jovem, não saia agora. Preciso falar com você.

Todos voltaram-se assustados com aquela presença. Rapidamente baixaram a cabeça em sinal de respeito. O padre correu, postou-se de joelhos, tomou a mão do eclesiástico e, beijando-a, disse feliz:

– Não sabia que Vossa Eminência Reverendíssima iria chegar hoje.

– Eu resolvi me adiantar e, pelo visto, vejo que está precisando de mim – disse o homem contrariado.

Henry olhou para o bispo com humildade, mas tornou com firmeza:

– Virei logo mais tratar com o senhor. Agora preciso atender ao serviço. Com licença – e saiu, sem esperar resposta, deixando o religioso indignado com o que, para ele, era uma humilhação.

– Ora, quem este rapaz pensa que é? Jesus na terra? Deixar-me para segundo plano por causa de uma mendiga? Esse mundo está muito contrariado. Isso é sinal do fim dos tempos – bradou o bispo, olhando para todos, que o escutavam assustados. Depois voltou-se para o vigário e perguntou de pronto: – Este rapaz cura de verdade?

O eclesiástico, apreensivo, respondeu cauteloso:

– Sim, Vossa Eminência Reverendíssima. Todavia, ele não faz as curas como Jesus. Tem pessoas que passam por uma espécie de tratamento, ou seja, vêm ter com ele várias vezes, até ficarem curadas por completo. A outras, ele diz que não pode curá-las. Todavia, já o vi fazer coisas extraordinárias. – Voltou-se para uma das senhoras da Liga e relatou, apontando para ela: – Como esta senhora, que sofria de queimações terríveis nos pés e, em apenas uma sessão, nunca mais sentiu nada – explicou o presbítero.

Henry, Charlotte e a pobre mulher seguiam pelas ruas de Rouen, entrando e saindo de becos. Minutos depois, pararam em um casebre feito de madeira velha e podre, infestada de cupins. A mulher abriu uma porta que não tinha tranca e adentrou a casa de um só cômodo, dando passagem para os dois irmãos. Charlotte viu horrorizada, num canto da parede, uma criança que aparentava ter de oito para nove anos, deitada em cima de um tapete sujo, com o corpo todo coberto de pústulas. Todavia, a mãe contou que ela tinha treze anos. O menino, que parecia desacordado, abriu os olhos e, ao ver Henry, sorriu e num fio de voz pronunciou:

– Estou no céu? O senhor é Jesus?

A mulher respondeu feliz, vendo seu filho ainda com vida:

– Não, querido. Este é um amigo de Jesus que veio ajudá-lo.

Henry nada disse. Aproximou-se do menino, estudou-o e ordenou enérgico, vendo espíritos malfazejos:

– Saiam daqui, em nome de Jesus, filho de Deus! Servem às suas necessidades primárias, criaturas infelizes. Deus é o pai dos senhores e é a ele que devem obediência! Nem ouro nem prata restituem ao espírito sua felicidade, apenas o correto proceder. O que ganham para fazer tão penoso trabalho? Tudo será cobrado posteriormente pela própria consciência, que se encontra perpetrada pela viciação. Deixem esse nosso irmão em paz; o pai de todos nós, em nome de Jesus, ordena que se vão, e que Jesus possa se apiedar da alma dos senhores.

Charlotte, mesmo sem enxergar nada, acreditava que o irmão via outros espíritos e, apesar de sentir certa apreensão, orou fervorosamente a Deus.

O quadro que o jovem atestava era aterrador. Havia sete espíritos em torno do rapaz despejando-lhe um líquido de cor escura. Cada vez que batia em seu corpo, uma pequena parte adentrava pelos poros, formando bolhas de pus horas depois, que exalavam um cheiro forte e desagradável. Os espíritos, ao verem o jovem, encolheram-se num canto e, após o aviso, fugiram imediatamente.

Longe dali, em uma cabana tosca, uma mulher com roupas surradas levantou-se de uma cadeira velha com um olhar de espanto e pronunciou assustada:

– Quem ousa desfazer um trabalho meu? – Sentou-se novamente com um olhar perdido no vazio, pensativa.

Henry, vendo que os espíritos já haviam se retirado, voltou-se para a mulher. Ao perceber o que o jovem havia feito, ajoelhou-se a seus pés chorando e pediu envergonhada:

– Perdoe-me, senhor. Sou eu a culpada de tamanho mal ao meu filho.

O jovem olhou para a mulher e disse enérgico:

– Senhora, não peça nada a quem não pode lhe dar. Quem nos restitui algo é apenas nosso pai, por vontade dele e méritos nossos. Procurar facilidades para o que é de responsabilidade nossa é marchar contrário às leis de Deus.

– Eu fui procurar aquela bruxa e pedi que ela me trouxesse meu marido. Ele voltou, mas não tive como pagá-la. Então, ela fez isso com meu menino e afastou novamente meu esposo de mim – admitiu a pobre mulher entre um soluço e outro.

Henry olhou para Charlotte e pediu:

– Charlotte, dê-me dinheiro, por favor.

Charlotte rapidamente colocou a mão em um dos bolsos do vestido e retirou todas as moedas que havia, repassando-as para o irmão. O jovem em seguida olhou para a mulher e disse:

– Senhora, com todo o respeito lhe digo: pobreza não é sinônimo de sujeira. Limpe sua casa, lave suas roupas, tome banho, pois a água é fonte renovadora da vida. Tem um riacho aqui próximo; use-o para seu bem. Quando estiver limpa, procure casas de família e proponha lavar roupas para fora. O trabalho digno, mesmo sendo simples, é próprio de seres elevados. – Estendeu a mão à mulher, deu-lhe as moedas e continuou a falar: – Com esse dinheiro compre frutas, legumes, pão e faça uma comida saudável para vocês. Compre uma toalha pequena e, com água, lave todos os dias os ferimentos do rapaz, até desaparecerem por completo.

A mulher olhou para o jovem e perguntou sem jeito:

– Meu marido, ele irá voltar?

– Existem coisas que Deus nos tira para o nosso próprio bem, evitando um mal maior. Bem sabe que a presença do seu marido aqui coloca em risco a vida do seu filho. Aceite os desígnios do pai. Acaso não foi a senhora que num dia, em uma prece, pediu que não permitissem que seu filho sofresse mais devido à violência de seu esposo? Ore para seu esposo e deixe-o seguir a vida que ele escolheu.

A mulher, cabisbaixa, admirou o poder daquela criança, já que tudo o que ele falara era verdade. Agradecida, olhou para os dois irmãos e disse:

– Que Deus, com todo o amor dele, possa proteger vocês. Não existem palavras que possam exprimir minha gratidão. Vou fazer tudo o que o senhor me propôs, pode acreditar.

Os dois irmãos olharam para a mulher e despediram-se. Apenas Henry percebeu que da boca dela saíam flores de um perfume indescritível e pensou consigo no silêncio de seu coração: "Meu Deus, como é bom fazer o bem. Essa pobre mulher não imagina que restituiu cada ato de bondade que julga ser meu e de Charlotte, quando, num ato de gratidão, emanou fluido tão fino e sincero, imantando nosso ser. Não há moeda nesse mundo que pague um gesto de gratidão verdadeiro".

38

O retorno

Charlotte e Henry retornaram à igreja. A condessa e Verena já estavam quase em desespero, quando avistaram os dois chegando.

– Minha Nossa Senhora, por onde é que vocês andavam? O padre só está faltando arrancar os cabelos! O que aconteceu? Até o bispo está aí e não deixou que fôssemos embora, por sua causa e de Henry. Onde anda o juízo de vocês? A que horas iremos para casa? – perguntava ininterruptamente Verena aflita.

Calmamente, Henry olhou para a mulher e respondeu:

– Vou conversar com o bispo agora. Não se preocupe, Verena, o quanto antes estaremos em casa. – Saiu, dirigindo-se ao vigário e ao bispo.

A condessa, agastada com a situação, perguntou a Charlotte:

– O que aconteceu, Charlotte? Não entendi nada. O que Henry fez?

Sucintamente, Charlotte tentou explicar:

– Uma mendiga entrou na igreja e pediu ajuda para o filho dela, que estava à beira da morte. Porém, não queriam deixar que a pobre mulher fosse auxiliada, porque se tratava de uma simples mendiga. O resto a senhora pode deduzir, não é, tia? Conhece meu irmão...

A mulher suspirou e deu uma olhada sugestiva para Charlotte. Sabia que o jovem não deixaria de atender a quem quer que fosse. Verena, que escutava a explicação, fez o sinal da cruz e disse baixinho:

– Gosto da igreja, mas não concordo com essa prática da paróquia de não atender gente pobre. Onde já se viu isso? Todos não são filhos de Deus? – Voltou-se para Charlotte e perguntou curiosa, mudando de assunto: – O que aquelas insuportáveis estão fazendo aqui em Rouen? Parecem que vivem seguindo você, Charlotte. Não gosto nem um pouco daquelas duas. São duas raposas; tome cuidado, minha menina.

Charlotte olhou para a tia, riu do comentário e respondeu, escondendo suas verdadeiras impressões:

– Vieram a pedido de Cédric; o marido de marquesa Bonnet está sendo perseguido e vieram escondidos da Coroa.

A condessa escutou, mas não quis fazer nenhum comentário. Não sabia o que pensar sobre aquilo. No entanto, não gostava de Johanne... Tratou de evitar aqueles pensamentos e comunicou à sobrinha:

– Minha querida, apesar de não ter pedido sua permissão, convidei os Bonnet e suas acompanhantes para um jantar na propriedade daqui a três dias. Fiz mal?

– Não precisa pedir permissão, tia. Aquela casa é nossa. Por mim, tudo bem – respondeu o mais cordialmente possível. No entanto, sentiu um embrulho no estômago ao imaginar um novo encontro com Johanne.

Na sacristia, Henry escutava o bispo de Avignon bastante contrariado, que friamente reclamava com o jovem. O padre, preocupado, olhava para o jovem em súplica.

– Meu rapaz, como pode servir a igreja se deixa um membro importante à espera desse jeito? Isso tudo por causa de uma mendiga? Percebe o disparate da situação? Fiquei desmoralizado em frente às fiéis da paróquia. Tenho agora que puni-lo; como vou demonstrar ordem se um rapaz que mal tirou as fraldas destrata-me dessa maneira?

Henry, pacientemente, esperou que ele terminasse seu sermão e logo depois respondeu com uma serenidade desconcertante:

– Vossa Eminência Reverendíssima, perdoe-me se por algum momento dei a entender qualquer tipo de desconsideração com a vossa pessoa. Todavia, nunca foi minha intenção! Se Vossa Reverendíssima quiser me punir, fique à vontade, pois serei merecedor. Contudo, acredito que um homem que deseje servir aos propósitos de Jesus tem que se dispor de boa vontade a atender a todos que o procurem. Como ficaria minha consciência se negasse um pedido de uma mãe só pelo simples fato de ser pobre? Acaso Deus vira as costas para seus filhos carentes? Logo, Vossa Eminência Reverendíssima, peço compaixão para com esse pobre servidor do Cristo, como bem disse há pouco, jovem demais.

O religioso olhou para aquela criança e sentiu-se mal com as suas palavras. Não conseguia entender como uma pessoa de tão pouca idade, deficiente, podia falar de modo tão tocante. Seu coração encheu-se de inveja e despeito, e, usando a autoridade que os "homens" lhe deram, não se sensibilizou. Ríspido, disse ao jovem:

— Lamento, meu rapaz, mas esta atividade não poderá ocorrer mais. Ela está suspensa até segunda ordem. E, por favor, retire-se; estou cansado. Essa história já foi longe demais.

Henry não demonstrou reação alguma, intrigando mais uma vez o bispo. O jovem sabia quais sentimentos moviam o religioso e, sem mais uma palavra, pediu licença e beijou-lhe a mão. Depois repetiu o gesto com o padre, que, extremamente penalizado, olhou-o triste. Contudo, não falou nada.

Charlotte, Verena e a condessa aguardavam ansiosas o rapaz e, assim que ele se aproximou, perguntaram em coro:

— E então, o que aconteceu?

— Não voltaremos a trabalhar aqui na igreja, Charlotte. O bispo suspendeu os trabalhos até segunda ordem devido ao incidente. Todavia, se você permitir, continuaremos a trabalhar na sua propriedade — respondeu o rapaz, sereno, sem nenhum indício de raiva.

— Claro, Henry. Tem toda a permissão — respondeu Charlotte prontamente.

A condessa não gostou. Sentiu que aquilo ainda iria acarretar problemas. Porém, não disse nada. Em silêncio, retornaram para casa. A carruagem, depois de longos minutos, cruzou os portões da propriedade e, surpresos, viram uma carruagem estacionada. Feliz, a condessa pronunciou:

— Meu Deus, é meu marido! Que maravilha, meus queridos.

Todos concordaram e, mal a carruagem parou, desceram ansiosos, seguindo direto para dentro da casa. Ao verem o conde e Hugo, abraçaram-se felizes. Os dois haviam chegado há pouco tempo.

— Como a propriedade do senhor duque é bonita, minha irmã — disse Hugo, sentando-se ao lado de Charlotte.

— Espere até amanhã para ver o restante. Agora me conte: como está nossa propriedade? E os camponeses?

– A princípio está tudo bem. Deixei Esteban responsável por tudo, até a minha volta. Creio que ficará tudo bem. – Hugo deu uma olhada em volta e perguntou curioso: – Onde está nosso pai? Por que não se encontra aqui?

Charlotte fitou Henry e respondeu triste, voltando-se para Hugo:

– Infelizmente, nosso pai caiu em um estado de acabrunhamento de uns dias para cá. Tentamos de tudo, mas nada parece surtir efeito. Fica o tempo todo no quarto. Às vezes, depois de muita insistência, vem até a sala, porém, está cada vez mais difícil trazê-lo.

Hugo, informado do trabalho de cura que faziam, perguntou ao seu irmão preocupado:

– Henry, você não pode fazer nada? Afinal, não cura tantas pessoas?

– Hugo, o remédio para os nossos males está dentro de cada um. Quem permite a cura, na maioria das vezes, é a fé que cada um tem em Deus. Não posso fazer nada sem o concurso da vontade e o merecimento dos enfermos. Infelizmente, existem pessoas que não possuem nem fé, nem merecimento. E, em alguns casos, a cura significaria mais agravos. Lamento tanto quanto vocês, mas o caso de nosso pai é muito mais complexo do que imaginam. Ele está totalmente dominado por espíritos infelizes, que já não conseguem seu intento, devido à grande assistência de amigos invisíveis – informou o rapaz abatido.

Todos silenciaram. Mesmo sem entender muito bem o significado das palavras do jovem, compreenderam que o caso do barão era difícil por conta de seus próprios atos. Charlotte, tentando espantar a tristeza que se instalara, mudou a conversa com rapidez, questionando seu irmão sobre muitos assuntos e colocando-o a par de outros.

Os dias passaram-se céleres, e o dia do jantar enfim chegou. Todos, menos Charlotte, estavam ansiosos pelo evento. Sua tia, talvez pela falta que sentia desses acontecimentos, cuidou de tudo minuciosamente, dando ao jantar a atenção digna de uma grande ocorrência, chegando até mesmo a escolher o vestido que Charlotte iria usar. A jovem, sem querer aborrecer sua tia, aquiesceu com cordialidade. Contudo, não conseguia entender o porquê de tudo aquilo.

O que Charlotte não sabia é que sua tia havia se esmerado tanto por causa de Johanne. Queria mostrar à jovem que sua sobrinha era a duquesa Lefevre. Em conversa com o esposo, disse:

— Não gosto como essa jovem fala de Cédric; parece demonstrar uma intimidade a mais. Charlotte é muito boa para perceber essas coisas, mas mesmo assim vou proteger minha menina dessas oportunistas.

Logo mais, a noite começava. Charlotte aprontou-se e seguiu para o quarto do pai, que se negava a participar do jantar. Levada por um sentimento de compaixão, a jovem foi fazer sua última tentativa. Bateu à porta, entrando em seguida. Dirigiu-se à cama do genitor e perguntou, rodopiando com seu belo vestido:

— Veja, papai, como estou?

O pobre homem olhou para sua bela filha, lembrando-se de quando era pequena e de como fazia a mesma coisa. Sorriu, quebrando um pouco do desânimo, e respondeu:

— A mais bela de todas!

Charlotte sorriu ao escutar a resposta e, aproveitando que o pai não parecia tão indiferente, pediu:

— Papai, por favor, vamos para o jantar? O senhor vai ser meu par, já que meu marido não está em casa. O senhor permitirá que sua filha fique sozinha à mesa?

O barão negou-se, e Charlotte travou uma batalha, até o pobre homem dizer sim. Logo providenciou tudo, tirando-o enfim da cama. Pouco tempo depois, todos aguardavam a chegada dos convidados, que não tardaram. Os Bonnet foram os primeiros a se apresentar, elegantemente vestidos, seguidos de Eglatine e Johanne. As duas também estavam vestidas a rigor e, a princípio, mais cordiais. Eglatine aproveitou para conhecer a casa que desejava que fosse sua, e a inveja tomou conta da jovem rapidamente. Olhava tudo com bastante usura. Andou um pouco e, tentando não demonstrar o que lhe ia na alma, sentou-se sorrindo para Charlotte. Contrariada, deu-se conta de que ficara de frente para Henry, que lhe sorriu com lisura, desconcertando-a. Ela não sabia por que, mas o irmão de Charlotte despertava nela sentimentos antagônicos. Toda vez que olhava para o jovem, um peso se fazia em sua consciência, seu coração parecia amolecer e uma voz interior a advertia sobre seus sentimentos. Desviou o olhar e buscou outro lugar para sentar com uma desculpa qualquer.

O evento transcorria em clima de alegria. Vez por outra, um vento frio saudava a todos com o frescor da noite, e a conversação variada se fazia presente. Charlotte evitava Johanne, ficando o máximo possível ao lado do pai e do irmão mais novo, visto que os convidados não buscavam muito a presença deles. De repente, um barulho foi ouvido, e todos silenciaram. Marquesa Bonnet perguntou nervosa:

– Esperam mais alguém?

– Não – respondeu a condessa, preocupada e olhando para o esposo.

Num instante, Cédric apareceu, surpreendendo a todos. Charlotte, ao ver o marido, não controlou o ímpeto e correu em sua direção, jogando-se em seus braços e dizendo:

– Cédric, que maravilha!

O nobre correspondeu ao carinho tirando a jovem do chão e apertando-a contra si, aspirando seu perfume. Sem se importar com a presença dos demais, colocou-a no chão e disse:

– Que bom estar em casa, Charlotte. – Fez um carinho em seu rosto, olhando-a com afeto.

– É maravilhoso ter você em casa. Na nossa casa – respondeu a duquesa maravilhada.

O nobre sorriu e beijou-a nos lábios levemente. Depois segurou a mão da esposa e, olhando para os demais, que assistiam à demonstração de carinho entre o casal, cumprimentou-os. O duque, sem soltar a mão da esposa, informou:

– Vejo que cheguei em ótima hora. Todavia, peço licença aos demais. Preciso tomar um banho e ficar adequado à ocasião. Voltarei logo mais. Levarei minha esposa por alguns minutos, mas a devolverei rapidamente. – Olhou para Charlotte e disse: – Vamos?

Eglatine e Johanne não conseguiam disfarçar o aborrecimento e, assim que o casal saiu, dirigiram-se à varanda com uma desculpa qualquer. Uma vez lá, uma olhou para a outra e desabafaram a raiva:

– Maldita! Nunca o vi desse jeito. Parecia um rapazote de tão feliz – disse Johanne indignada.

– Parece até feitiço! É o senhor duque, é Aaron e sabe lá quantos mais – disse Eglatine agastada.

Johanne, ao escutar aquilo, sobressaltou-se, pois havia tido uma ideia. Silenciou, com medo de expor seus pensamentos e falar mais do que o necessário. Sorrindo pelo canto da boca, decidiu que no dia seguinte colocaria em prática um outro plano.

39

O jantar

    Charlotte seguiu com o duque até o quarto com o coração cheio de felicidade. Ele olhou para a esposa e disse-lhe enigmático:
– Está linda, duquesa.Minha duquesa.
Ela sorriu, fez uma reverência e respondeu brincalhona:
– Obrigada, senhor duque. Minha beleza expressa neste momento meu estado de alma ao estar diante do senhor.
Ele não respondeu; colocou a mão dentro da casaca da farda e retirou uma pequena caixa dourada, incrustada de pedras. Entregou-a e disse:
– Isto com certeza irá deixá-la ainda mais bela.

Ela segurou surpresa a delicada caixa, abrindo-a devagar. Retirou um belo colar de ouro com um rubi em formato de gota e, sem disfarçar a emoção, disse, sem tirar os olhos da bela joia:

– Meu Deus, Cédric, é lindo. Lindo! – Depois fitou seu esposo e, emocionada, abraçou-o com lágrimas nos olhos – Obrigada.

Ele sorriu e segurou a joia, tomando-a da esposa. Deu a volta em torno da jovem, colocou delicadamente o colar em seu pescoço e informou saudoso:

– Esta joia pertenceu a minha mãe, Charlotte. Foi de minha avó. Ela nunca se desfez dela, pois acreditava que um dia iria passá-la para uma filha, que nunca teve. Porém, antes de morrer, entregou-me e pediu que a desse a alguém que fosse muito importante para mim. Nunca havia pensando em dá-la a ninguém, até conhecer você.

Charlotte escutou tudo com lágrimas caindo pela sua face rosada e, sem conter a emoção, segurou a mão do esposo, beijou-o e disse, olhando-o:

– Eu o amo, Cédric. Amo muito! Casei com você por amor, só por amor.

O nobre escutou aquela declaração com o coração batendo forte. Abraçou a jovem esposa e beijou-a demoradamente, quase sem controlar o desejo que o queimava. Minutos depois, desvencilharam-se, e ele disse-lhe emocionado:

– Eu também a amo, Charlotte. Nunca senti por mulher alguma o que sinto por você. Sou um homem feliz e renovado por tê-la a meu lado. – Com muita força de vontade, afastou-se: – Agora me prepare um banho e roupas adequadas; estão nos aguardando. Depois, continuaremos essa nossa conversa.

Ela sorriu, entendendo, pois já havia conversado com sua tia a respeito da noite de núpcias. Tratou de providenciar tudo. Escolheu um traje apropriado para a ocasião, levou toalhas para a toalete, essências e até uma espécie de banheira de madeira, comunicando enquanto irradiava felicidade:

— Vou providenciar água quente para seu banho e retornarei em seguida.

— Não! Melhor juntar-se aos demais. Encontro com você daqui a pouco – retrucou ele, com receio de não ter forças para mantê-la longe de seus braços.

Ela anuiu e saiu em seguida.

Longos minutos depois, Cédric juntou-se à esposa e aos demais elegantemente vestido. A condessa, quando o viu, disse feliz:

— Meu Deus, Cédric, parece outro homem!

Todos concordaram. Ele não respondeu, mantendo-se sério como sempre. Andou até onde se encontravam o conde, Hugo e marquês Aloysius, e perguntou, puxando conversa:

— Como estão as coisas aqui em Rouen, senhores?

— Aqui não acontece muita coisa, caro Cédric – respondeu o marquês, bebericando algo.

— E em Paris? Como estão as coisas por lá? – perguntou o conde.

— Nada bem. Luís parece não acreditar na força do povo. Não sei se ele é ignorante mesmo ou ingênuo demais. Prefiro pensar que seja um homem bom, tal como o conheci. Tive informações de que traidores estão conversando com os malditos ingleses. Isso ainda pode ficar muito pior, senhores – concluiu o nobre.

Os homens entreolharam-se em silêncio, com receio de falar algo.

Sem que ninguém percebesse, adentrou o local o espírito de Geneviève em estado deplorável. A mulher falava coisas desconexas sem parar, até que silenciou, olhando para marquesa Bonnet. Suas feições mudaram repentinamente e, em uma fração de segundo, estava ao lado da mãe.

— Mamãe, ajude-me! Eu estou viva, não morri! – dizia o espírito, abraçando a mulher que, sem atestar a presença da filha, começou a suar frio, sentir náuseas e dor de cabeça.

A condessa olhou para a senhora e perguntou preocupada:

– Marquesa Bonnet, está se sentindo bem?

– Não; estou com um mal-estar, mas não sei ao certo o que é –respondeu a senhora, levando a mão à cabeça.

A condessa discretamente chamou Henry e pediu que ajudasse, sem atrair o olhar dos demais. O jovem aquiesceu. Aproximou-se da senhora e tocou levemente sua mão, fazendo uma prece. Em questão de minutos, ela melhorou. Olhando para o rapaz, surpresa, agradeceu com gentileza. Henry sentiu a presença doentia de sua filha, mas não disse nada. A condessa aproveitou a oportunidade e pediu a Charlotte que conduzisse todos à mesa. A jovem atendeu ao pedido, convidando os presentes à bela mesa posta, notando também o olhar de admiração de seu esposo, que fez seu coração acelerar.

O jantar transcorria em harmonia com uma conversa descontraída. Porém, Geneviève não se afastou do local. Ficou num canto por alguns minutos, observando todos, até reconhecer Johanne e Eglatine. Venceu a distância e gritou, aproximando-se de Eglatine:

– Maldita! Como tem coragem de colocar os pés em minha casa? Eu sei muito bem o que aprontou! Saia da minha casa...

A jovem sobressaltou-se, sentindo uma forte impressão se apoderar dela. Alarmada, viu Geneviève, durante uma fração de segundo, olhando-a furiosa e gritou em desespero, saltando da cadeira:

– Minha Nossa Senhora! Geneviève? Mas você está morta! Saia de perto de mim...

Todos emudeceram e olharam para a jovem, que parecia olhar o vazio e falar com o nada. Cédric fechou a cara, levantou-se da cadeira e perguntou ríspido:

– O que significa isso, senhorita? Acaso enlouqueceu de vez?

Charlotte olhou a cena e lembrou-se do que havia acontecido com ela; de imediato, acreditou na jovem. Eglatine olhou para o duque e respondeu com os olhos esbugalhados:

– Não, ela está aqui. E está horrível! Meu Deus, parece um mostro...

– Agora chega! Aonde quer chegar com tudo isso? Não permitirei esse tipo de coisa em minha casa – vociferou o nobre contrariado.

Charlotte levantou-se e pediu ao esposo, enquanto olhava para a jovem:

– Calma, Cédric. Vou levar Eglatine daqui, fique calmo. Por favor, continuem o jantar – pediu Charlotte, solícita, tentando contornar a situação.

Nesse momento, Adéle entrou na sala, levada pela curiosidade, e, sem saber que possuía capacidade de se comunicar com os espíritos, sentiu um forte mal-estar. Geneviève se agarrou à jovem serviçal, servindo-se da faculdade da mesma, e, sem saber o que dizia ou fazia, pulou em frente de Charlotte dizendo:

– Está ajudando o inimigo? Essa daí tentou tirar o meu Cédric de mim. Maldita, nunca que irá conseguir ficar com ele. Ele tem nojo de você! Por que não conta a todos que tentou se apossar do meu lugar, levando-o para a cama? – A serviçal parou, deu uma gargalhada estridente e, depois, olhou para Charlotte e continuou: – Você nunca será duquesa; só existe uma, e sou eu. Cédric é meu. Meu! – Depois se voltou para Johanne e continuou a falar: – Era dessa daí a carta que você roubou do escritório de meu marido? Prima maldita; ele também não sente nada por você, só desprezo. – Olhou novamente para Charlotte e disse aos gritos: – Você é minha maior rival! – Calou-se, andou até perto do duque e disse chorosa: – Sou eu, Cédric, sua duquesa, Geneviève. Eu o amo, meu amor. Mas não consigo me aproximar de você...

Todos estavam estarrecidos com o que escutavam. O duque não entendia o que acontecia. Contudo, refeito do susto inicial, bateu na mesa e bradou alto, enfurecido:

– Agora chega! Estou farto de tudo isso. Adéle, cale-se! Eu não dou permissão para se dirigir a mim desse jeito. Saia daqui agora! Agora!

Geneviève, sentindo a energia das palavras de Cédric, desvencilhou-se da serviçal e saiu correndo como uma louca. Adéle, por sua vez, voltando a si, olhou para o nobre e, sem conter a vergonha, saiu correndo, chorando descontrolada. Cédric olhou para os demais e disse ríspido:

– O jantar acabou. Para mim, basta por hoje. Peço a licença de todos, mas quero ficar a sós. – Girou nos calcanhares e saiu da sala decidido.

Charlotte, aturdida com tudo o que escutara, soltou o braço de Eglatine e sentou-se em uma cadeira com a cabeça girando. Marquesa Bonnet, em estado de choque, olhou para seu esposo e pediu chorosa:

– Por favor, querido leve-me daqui. Estou muito mal. Não quero acreditar no que escutei. Geneviève! Será que era nossa filha? Meu Deus!

– Vamos, querida. Não pense nisso – disse o marquês, também impressionado com o que presenciara, seguido de sua sobrinha, que não sabia se achava bom ou não o acontecido. Todavia, seguiu seus tios, levando Eglatine consigo.

O conde, a condessa, Hugo e o barão olharam para Henry, pedindo uma explicação, ainda sob fortes impressões.

– O que foi isto, Henry? – antecipou-se Hugo.

– A ex-esposa do duque não aceita a própria morte e, devido à sintonia com algumas pessoas, consegue se comunicar. Ela está muito doente e carece de nossa inteira indulgência. Orem por ela! Só assim ela deixará esta casa.

– Meu Deus, o que você está me dizendo, meu sobrinho? Que absurdo é esse? – perguntou seu tio agastado.

– Nós não morremos. Quem morre é nosso corpo, e é na morte que encontramos vida em abundância. É também na morte que temos um encontro conosco, pois descobrimos quem somos de verdade. Não há espelho melhor do que nossa consciência refletida através das regiões em que nos encontraremos ao deixar este corpo físico. Um dia, todos teremos esse encontro, posto que todos iremos morrer – disse o jovem sério. Depois, pediu licença, levantou-se e retirou-se da mesa, procurando por Adéle.

Todos silenciaram e não perguntaram mais nada, talvez por medo do que poderiam escutar. Charlotte não escutara nada do que o irmão havia falado. Sua mente se fixara nas palavras da serviçal em relação a Eglatine e Cédric. Seus pensamentos estavam em desalinho, seu coração doía, o corpo parecia uma brasa e, sem pensar muito, tomou uma decisão. Levantou-se da mesa, pediu licença aos demais e seguiu decidida até seu quarto. Bateu e, sem esperar resposta, abriu a porta.

Cédric estava sentado em uma cadeira, sem o casaco nem o colete, apenas com a camisa entreaberta e o olhar perdido no vazio, tentando encontrar uma explicação para tudo o que assistira. Voltou o olhar para Charlotte sem dizer nada. Ela aproximou-se e perguntou, tentando manter a calma:

– Como está?

– O que você acha? Não sei dizer o que foi aquilo e tampouco quero entender, ou então quem pode ficar louco sou eu! Nunca tinha visto algo sequer parecido – retrucou o nobre agastado.

– Posso lhe perguntar algo? – pediu nervosa, torcendo as mãos.

– Claro. Sente-se aqui perto de mim – convidou ele, um pouco mais calmo, puxando outra cadeira para perto de si.

Ela atendeu ao pedido e sentou-se em frente ao esposo. Tomando coragem, perguntou:

– Aquilo que Adéle, ou sei lá quem, disse sobre Eglatine e você é verdade?

Ele olhou-a e respondeu ríspido:

– Eu não admito que duvide de mim. Jamais irei mentir para você ou para quem quer que seja. Nunca tive nada com aquela mulher, nem nunca vou ter. – Calou-se, mas, antes de a jovem retrucar, ele continuou: – Todavia, ela tentou, sim. Não sei como, mas aquela louca estava certa. Pouco depois que Geneviève morreu, encontrei-a em Paris, na casa de um conhecido em um jantar. Chovia muito e fomos convidados a pernoitar na casa. Sem que eu percebesse, ela colocou um sonífero em minha bebida. Por sorte, não bebi tudo. Estava no meu quarto quando ela, acreditando que eu já dormia devido ao efeito do sonífero, adentrou, deitando-se ao meu lado. Ela tomou um susto quando, reunindo minhas últimas forças, eu a arranquei de minha cama e a coloquei para fora do quarto. Desde então, a presença dela é repugnante para mim.

Charlotte escutou tudo surpresa e perguntou chateada:

– Por que não me falou isso antes? Por que me deixou ser amiga dela? Por que não me alertou sobre o tipo de pessoa que ela era? Eu lhe perguntei!

– Porque não gosto e não costumo falar de minha vida para ninguém – respondeu o duque com firmeza, encarando sua esposa.

– Mas isso era sério demais. Ela frequenta nossa casa, meu Deus, isso não era o suficiente para você?

– Não. Por várias vezes disse a você que não a queria perto dela e isso deveria bastar, mas você nunca me escuta. Acaso agora quer culpar-me por não falar mal de uma senhorita? – perguntou o nobre ríspido.

Charlotte levantou-se, andou um pouco e perguntou contrariada:

– Meu Deus, será que você não vê o inconveniente que poderia ser essa amizade? E se ela tentasse isso novamente, Cédric, em nossa casa?

– Não dou liberdade a ninguém para errar comigo mais de uma vez, Charlotte. Por isso, não fiquei preocupado. Não gosto que me digam também o que devo fazer; não sou nenhum ingênuo. Sou dono de minhas ações e vontades, e ninguém vai mudar isso – respondeu sério.

Ela olhou-o e respondeu, bastante contrariada, perdendo a razão:

– Eu não quero mudar nada em você. Só acho que tenho o direito de saber o que aconteceu em sua vida. Por exemplo, que você teve algo com aquela outra senhorita, que também frequenta nossa casa.

Ele olhou para a jovem, sem acreditar no que escutava. Raivoso, levantou-se, segurando-a pelos ombros, e perguntou:

– Do que você está falando?

– De uma carta que encontrei em uma gaveta no seu escritório. Era daquela mulher, falando de certa noite em que se encontraram – respondeu Charlotte, altiva, olhando para ele.

– O quê? Você mexeu nas minhas coisas? Aquela gaveta se mantém fechada, Charlotte, e não me lembro de tê-la autorizado a fuçar em minhas coisas! Quem você pensa que é? – perguntou, sacolejando-a furioso.

Ela quis se desvencilhar. Sentiu medo vendo em seu olhar o quanto estava contrariado e respondeu com lágrimas saltando dos olhos:

– Eu não sou ninguém! Se fosse, você teria me dito coisas a seu respeito.

Ele ficou olhando para ela fixamente por alguns segundos, até dizer com firmeza, soltando-a:

– Saia já daqui! Quero ficar sozinho.

Chorando, ela disse, sem saber o que fazer:

– Mas... este é meu quarto!

– Então, saio eu. – Com passos firmes, ele se dirigiu à porta e saiu do quarto, seguindo para outro aposento da casa.

Charlotte quis segui-lo. Todavia, sentiu-se presa a uma força que não sabia dizer ao certo o que era e deixou-se cair no chão, chorando copiosamente.

Eles não podiam vislumbrar, mas nuvens escuras se apossavam da casa com rapidez. Entidades das mais variadas espécies se faziam presentes, gritando impropérios – alguns com pedaços de madeira, outros com pedras, atirando-as na casa e gritando palavras chulas.

Henry atestava tudo, recluso em seu quarto. Tinha dificuldade de concentração devido ao baixo padrão vibratório que se fazia na casa. Tentou fazer uma prece. Porém, foi em vão. Decidido, dirigiu-se ao quarto de Charlotte e bateu à porta.

Charlotte escutou as batidas e, pensando ser Cédric, levantou-se e foi atender. Vendo se tratar do irmão, perguntou triste:

— Henry, por que isso está acontecendo?

O jovem entrou, percebendo que o duque não se encontrava. Então olhou para a irmã e pediu:

— Charlotte, sei que você não deve estar bem, mas lhe peço, pelo nosso bem, que serene seu coração. Vamos orar. Nossa casa está sendo atacada, e o que aconteceu aqui hoje pode tomar proporções ainda mais sérias.

A jovem escutou assustada o que o irmão falava, sentindo o coração bater mais forte. Não duvidava de Henry e anuiu sem pestanejar:

— Claro, vamos orar, Henry. Também estou precisando.

Dirigiram-se até um oratório que Charlotte fizera em seu quarto, com as imagens de Maria, José e Francisco de Assis. A duquesa ajoelhou-se, e Henry sentou em uma cadeira, devido à impossibilidade de suas pernas fazerem o mesmo movimento. Os dois, em silêncio, iniciaram suas preces a Deus. A princípio, sem muita convicção. Contudo, à medida que se mantinham com a vontade firme, uma luz parecia sair deles e, lentamente, ia limpando as grossas nuvens que se faziam presentes.

Em outro quarto, Cédric andava de um lado para outro, tentando entender o que estava acontecendo. No entanto, só pensava em sua esposa e sentia raiva de Charlotte, pensando alto:

— Como ela teve coragem de violar algo assim? Ela não tinha esse direito! Como posso confiar nas mulheres? Até Charlotte, que achei ser tão diferente... São todas iguais:

inconvenientes, indiscretas, dramáticas. – O nobre sentou na cama e passou as mãos pelos cabelos, demonstrando cansaço. Suspirou profundamente, retirou as botas, a camisa e deitou-se na cama com a cabeça doendo, fervilhando com mil perguntas. Não sabia quanto tempo já havia se passado, porém não conseguia dormir. Buscou se acalmar e, aos poucos, foi serenando seu coração. Recordou-se de Charlotte dizendo que o amava horas atrás, e um traço de satisfação mostrou-se em seu rosto, desfazendo aos poucos os sentimentos ruins que sentia.

Depois de longos minutos no quarto com Charlotte, Henry, em transe, saiu de seu corpo e dirigiu-se à varanda. Pôde ver do lado de fora da casa, sem conseguirem entrar, várias entidades contidas, vociferando. Olhou e disse para todos:

– Meus irmãos, não será mais permitida a presença de vocês aqui, por isso peço que partam. Aqueles que desejarem receber ajuda serão atendidos, e suas dores, minoradas. – Parou, fixando seu olhar em Geneviève, que fora aprisionada por uma corja de espíritos infelizes.

Um espírito, que parecia ser o líder dos demais, percebendo que Henry havia visto Geneviève, ordenou ríspido:

– Levem a louca daqui, agora!

Henry aproximou-se do infeliz espírito e perguntou confrangido:

– Geneviève, já não sofreu demais? Você não pertence mais a esse mundo. O duque não é mais seu marido, hoje tem outra esposa. Não vê que só aumenta seu sofrimento? Minha filha, aceite a ajuda de amigos de verdade e siga para um lugar onde será tratada e suas dores desaparecerão. Deixe a vida seguir seu rumo e tenha fé no Criador. Se continuar, seus sofrimentos só se somarão.

O líder, assustado, olhou para a mulher e rebateu:

— Não dê ouvidos a ele. Eu a ajudarei a conseguir seu esposo de volta. Fique conosco e verá!

A mulher olhou para Henry indecisa. Contudo, sua mente ainda estava muito ligada às necessidades da matéria e, sem muita certeza, seguiu a corja de espíritos infelizes. Saíram fazendo a maior balbúrdia, prometendo voltar. O espírito de Henry olhou em volta e viu um campo de energia que protegia a casa. Levou os olhos ao céu e agradeceu a Deus. Segundos depois, seu espírito foi lançado ao corpo. Ele abriu os olhos, com sua irmã chamando-o preocupada:

— Henry, você está bem? Parecia estar desacordado!

— Estou. Agora está tudo bem, minha irmã. Preciso deitar-me, e você também. Amanhã conversaremos — disse o rapaz, levantando-se com a ajuda de Charlotte e saindo do quarto, sem dar tempo à jovem de lhe perguntar mais nada.

A duquesa olhou para seu quarto vazio e lembrou-se de Cédric. Não queria ter brigado com ele. Suspirou, começando a se preparar para dormir. Triste, mas resignada, vestiu seu belo négligée, soltou os cabelos e dirigiu-se à cama, sentando-se pensativa.

40

A feiticeira

Cédric, sem conseguir dormir, levantou-se e começou a andar pelo quarto pensando no acontecido: "O que eu faço? Não posso demonstrar fraqueza ou isso pode piorar. Se eu perdoá-la, não irá aprender lição nenhuma. É isto: tenho que lhe dar uma lição! Mas o que fazer?" Pensou mais um pouco e disse alto:

– Já sei! Irei para a cidade e ficarei por lá, assim ela sentirá pelo que fez. Isso mesmo. – Vestiu sua camisa, calçou as botas e andou decidido até o quarto da esposa, abrindo a porta resoluto e adentrando o cômodo com altivez, no propósito de informá-la de sua decisão.

Charlotte, ao perceber sua chegada, sentiu as pernas tremerem. Contudo, conseguiu levantar-se, olhando surpresa para o marido, sem dizer nada. O nobre, por sua vez, ao deparar com a bela figura da esposa, estacou como se estivesse hipnotizado. Ela parecia uma deusa mitológica, daquelas que só havia em histórias fantásticas. Esquecendo-se da decisão de poucos segundos atrás, venceu a pouca distância que os separava e abraçou-a com força, levantando-a do chão e dizendo a seu ouvido, tomado pelo sentimento que tinha pela jovem:

– Charlotte, eu não quero ir embora!

A duquesa correspondeu ao abraço, feliz, e respondeu:

– Também não quero que vá!

Ele fitou-a com os olhos brilhando, colocou-a no chão e tocou sua face. Levando a mão até sua cintura, puxou-a, apertando-a contra o corpo e beijando-a com todo o sentimento que havia em seu coração, selando assim a paz e o amor que os unia.

Dias depois do ocorrido, a casa voltou ao normal. A pedido de Charlotte, Adéle continuou trabalhando ali. Porém, evitava encontrar-se com o duque, que havia aceitado, a princípio, as explicações de Henry.

Charlotte se encontrava na varanda conversando com a tia quando Henry as interrompeu, perguntando à irmã:

– Charlotte, você já conversou com o duque a respeito do trabalho que fazemos aqui? Acredito que hoje teremos visita.

A jovem olhou para o irmão e respondeu surpresa:

– Ainda não, Henry. Depois daquele episódio, evitei tocar nesse assunto. Porém, irei conversar com ele agora mesmo. – Dito isso, pediu licença à sua tia e dirigiu-se ao escritório. Bateu à porta e entrou em seguida, encontrando o marido em uma conversa com o tio e o irmão mais velho. Pararam de falar imediatamente. Ela olhou para Cédric, em pé do outro lado da mesa, e disse, sem saber direito por onde começar:

– Desculpe interromper, tenho um pedido para lhe fazer, Cédric. – Percebendo que seu marido prestava atenção, continuou: – Desde quando chegamos aqui, eu e Henry estávamos ajudando pessoas que, sabendo da predisposição de Henry para curar doenças, vinham à procura dele pedir auxílio. O padre ficou sabendo e nos procurou. Por alguns meses, o trabalho estava sendo feito na paróquia, mas...

Cédric, fitando a esposa, sem entender muito bem o que ela falava, perguntou apreensivo, interrompendo-a:

– Que trabalho é esse, Charlotte? Do que está falando?

– De cura! Eu não tive tempo de lhe falar, desculpe. As pessoas procuram-no em busca de cura para seus males. E, quando possível, ele as cura. Tem algumas que saem boas no mesmo dia. Entretanto, a maioria só consegue algum progresso depois de algumas sessões e...

– Vocês ficam em contato com pessoas doentes? – interrompeu novamente o nobre com um brilho escuro no olhar.

– Sim. Mas nunca tivemos nenhum problema; confio em meu irmão, Cédric – respondeu Charlotte com firmeza.

Ele mirou-a, sabendo o quanto Henry era importante para ela. Não gostou nem um pouco de saber que ela entrava em contato com pessoas com as mais variadas doenças. Todavia, se dissesse não, iria comprar briga. Logo, procurando encontrar uma solução pacífica, fez mais uma pergunta:

– Onde vocês pensam em realizar esse trabalho?

– Bem, estávamos realizando no galpão. Fizemos algumas modificações. Esses dias, por motivos pessoais, não houve atendimento. Contudo, Henry me disse que hoje voltaria a atender, se o senhor permitisse.

Cédric tinha vontade de dizer não. Entretanto, não podia dizer não ao nobre irmão de Charlotte e, sem muita convicção na voz, concordou:

– Minha vontade era dizer não. Porém, me sinto de

mãos atadas; assim como você, tenho muita estima pelo seu irmão.

Charlotte sorriu e, sem se importar com o tio e o irmão, deu a volta na mesa e abraçou o nobre, beijando-o na boca e deixando-o meio sem jeito. Hugo olhou para o tio com um sorriso e disse para Charlotte, interessado:

– Charlotte, diga a Henry que irei também; pode ser muito útil para mim.

Na cidade, na casa dos Bonnet, marquesa Bonnet, desde aquela fatídica noite, ficara mais pensativa. Passava a maioria das horas sozinha, tentando entender tudo o que havia escutado. Agora, olhava Eglatine com reserva. Johanne, no entanto, apesar de ter ficado muito impressionada com o fato, não se deixou abater e resolveu colocar o plano que havia tido em andamento. Inventando uma desculpa, pediu aos tios a carruagem emprestada e saiu levando Eglatine consigo. Andou alguns metros e pediu à jovem que fosse comprar umas fazendas de tecido para ela, dizendo que logo mais a encontraria. Eglatine, sem desconfiar de nada, atendeu ao pedido com satisfação. Era também uma forma de tomar um pouco de ar, pois sentia os olhares de marquesa Bonnet sobre ela com certa hostilidade.

Johanne seguiu viagem, distanciando-se da cidade. A carruagem parou em um vale. A jovem desceu e seguiu sozinha a pé, pedindo ao condutor da carruagem que a esperasse. Ela seguiu por uma estrada de difícil acesso devido às árvores rasteiras que havia no local. Desceu uma elevação e continuou por uma estrada estreita. Ofegante, viu ao longe uma cabana. Parou, enxugou o suor que descia do rosto e continuou até chegar.

A cabana era feita de madeira e o telhado, de palha. Havia uma pequena escada que dava para uma varanda enfeitada com muitas plantas. O local parecia deserto. Johanne subiu as escadas e viu pelo menos cinco gatos dormindo em velhas cadeiras dispostas ao longo da varanda. Aproximou-se da porta e bateu. Aguardou alguns segundos, até que escutou alguém abrindo-a bem devagar. Um frio percorreu sua espinha e sentiu vontade de sair correndo. Contudo, controlou-se e perguntou a uma senhora de aparência esquisita, de aproximadamente cinquenta anos, com cabelos grandes e grisalhos, olhos fundos, rosto pálido e trajando roupas surradas, que a olhava sem dizer nada:

– Madame Eloá?

A senhora olhou-a dos pés à cabeça e respondeu com outra pergunta:

– Quem procura por ela?

– Johanne, senhora. Estive aqui anos atrás, por indicação de uma amiga. Não pude falar com a madame, mas estou a precisar dos seus serviços.

A senhora levantou a sobrancelha e, depois de alguns segundos, abriu mais a porta, dando passagem à jovem, que entrou sem muita convicção. Uma vez lá dentro, observou a cabana detalhadamente. Não era tão pequena e tinha uma sala de visitas com móveis gastos. A mulher entrou por uma porta e levou-a a outra sala, pedindo que se sentasse. Johanne obedeceu e continuou observando o lugar. Havia duas grandes janelas que deixavam o ambiente claro e ventilado, e muitos apetrechos pendurados nas paredes. A senhora acendeu algumas velas coloridas que matinha no local e fechou as janelas, tornando o ambiente obscuro. Depois se sentou, colocou uma das velas acesas em um castiçal em cima de uma pequena mesa diante de Johanne e disse séria:

– Cobro caro.

– Não tem problema, eu pago – respondeu a jovem decidida.

– Então, diga-me o que quer.

– Quero um homem que uma mulher me tomou – respondeu a jovem.

— De quem se trata?
— De um nobre e eminente oficial do exército francês.
— Trouxe algo dele consigo?

Johanne sorriu. Colocou a mão em uma bolsa que trazia, retirando de dentro dela um lenço branco e entregando-o à mulher.

— Esse lenço – explicou –, peguei-o recentemente quando estive em sua casa em Paris.

A mulher segurou o lenço entre as mãos, cheirou-o e o colocou em cima da mesa, segurando-o com as duas mãos. Fechou os olhos, dizendo palavras inaudíveis, enquanto levava o corpo para frente e para trás. Passados alguns segundos, cessou o movimento. Abriu os olhos e disse, olhando fixo para Johanne:

— Ele nunca será seu. Nunca irá se casar com ele!

Johanne esbugalhou os olhos para a senhora e tornou raivosa:

— Vou sim! Aquela mulher maldita não ficará com ele!

A senhora aproximou-se mais da jovem e, como que tomada por outra pessoa, falou, olhando para um ponto fixo:

— Aquela a quem você chama de maldita tem proteção. Todavia, tem muitas nuvens negras em torno dela. Ela é muito invejada e vejo um perigo eminente em sua vida. Traga-me algo dela e verei o que posso fazer por você. Entretanto, eu lhe asseguro que será muito difícil; os cavaleiros de branco a protegem e tem algo mais, que não consigo ver. Parece alguém muito acima de todos nós...

— Deve ser o aleijado! Ele é metido a profeta. É o irmão dela – interrompeu a jovem, informando-a.

— Traga-me algo dele também. Nunca vi isso em minha vida. — Em seguida silenciou, encostou-se na cadeira e deixou sua cabeça cair para frente. Instantes depois, levantou-se, abriu as janelas e apagou as velas. Sentando-se novamente, olhou para a jovem e alertou-a:

— Faça tudo o que eu disser, ou então não comece

nada e vá embora. Ainda está em tempo de desistir, pois, se começar, vai ter ajuda de entidades que irão às últimas consequências para realizar o que for ordenado a elas. Logo, se não puder suportar, essa é a hora de partir.

– Não; não vim até aqui por nada. Quero Cédric de qualquer jeito. Ele será meu esposo!

A mulher escutou a jovem, levantou-se séria e entregou-lhe um papel com algo escrito. Disse, encerrando a consulta:

– Sua ambição será sua ruína. Agora vá e traga o que lhe foi pedido. Se não retornar daqui a dois dias, entenderei que desistiu.

Johanne saiu rapidamente, voltando para casa e pensando em como iria conseguir o que lhe fora pedido. Então, teve uma ideia. Sentiu novamente um arrepio na espinha pensando no que a feiticeira havia dito ao encerrar a consulta. Falou para si mesma, com raiva da senhora:

– A ambição é algo bom; faz com que o homem conquiste o que quer! Se não soubesse que é muito boa no que faz, não voltaria mais naquela velha.

41

Evelyn Leroy

Dois dias depois, Charlotte, Henry e Hugo desdobravam-se para atender a muitos doentes. Naquela tarde, uma jovem senhora aguardava com paciência; fora a última a entrar e, pelos trajes, parecia ter posses. A maioria dos enfermos eram pessoas de baixa renda. Vez por outra, vinham procurar ajuda mulheres da alta sociedade de Rouen. Hugo olhou para a jovem e perguntou à irmã curioso:

– Conhece essa senhorita, Charlotte?

– Não, nunca a vi. Parece ser boa gente.

– Que pena que é casada; é também muito bonita – retrucou o irmão.

Charlotte olhou-o, admoestando-o. Seu irmão sorriu e disse zombeteiro:

– Não me olhe desse jeito. Agora não se pode achar mais nenhuma mulher bonita? Não se preocupe, estou aguardando minha Agathe. Eu iria fazer uma surpresa, mas não vou aguentar. – Olhou para sua irmã e disse orgulhoso: – Aaron, como havia previsto, acabou o noivado, e eu convidei minha futura esposa para vir a Rouen conhecer sua mais nova família.

– Você está brincando, Hugo? – perguntou Charlotte perplexa.

– Por que brincaria com algo assim? Claro que não; ela deve chegar em poucos dias.

Charlotte ia responder, todavia, foi interrompida pelo chamado de Henry, que, sentindo-se indisposto, pediu que os irmãos suspendessem o trabalho por alguns minutos. Precisava descansar; depois, quando estivesse melhor, poderia retomá-lo. Charlotte anuiu, preocupada com a saúde de seu jovem irmão.

Longe dali, Johanne voltava novamente à casa da velha feiticeira, entregando-lhe uma peça de roupa de Charlotte. Ela havia conseguido subornar um dos empregados da casa.

– Aí está: uma peça de roupa daquela mulher.

A senhora segurou a peça de roupa entre as mãos e fechou os olhos. Segundos depois, abriu-os e disse, olhando fixo para a jovem:

– Nunca irá separá-los! Ela o ama, e ele também. Esse tipo de sentimento é impenetrável; é mais forte que qualquer tipo de feitiço. – Parou um pouco e informou surpresa: – Mas há uma lacuna entre os dois, e não sei dizer o que é.

Johanne, indignada, protestou:

– Eu não aceito, entendeu? Cédric será meu! – Abriu

novamente a bolsa, retirando dela e entregando-lhe outra peça de roupa, sendo esta de Henry. – Aí está a roupa do aleijado, como havia me pedido.

A senhora segurou a roupa do jovem entre as mãos, concentrou-se e, instantes depois, deu um grito alarmada:

– Não! – Soltou a roupa e colocou as mãos entre os olhos.

Uma luz se abriu na velha cabana, e Henry apareceu. Entretanto, só a senhora e alguns espíritos que saíram correndo atestavam sua presença. Ele, observando-a, falou com calma:

– Minha irmã, até quando? Pediu essa faculdade para ajudar os outros e, em consequência, auxiliar a si mesma. Por que está fazendo o contrário?

– Não! Eu só faço isso com pessoas que merecem. Sua irmã... ela não merece. Os trabalhos que realizo são uma ajuda que presto a esses casais que se casam sem amor, por luxúria, ambição, interesse, e é por isso que funciona. Não sou má – retrucou a mulher, aflita, defendendo-se.

– Como pode ser detentora do conhecimento e do merecimento dos outros, Eve? Como pode achar que existe algo bom em espalhar a desordem, a mentira, a infidelidade entre os homens, mesmo sendo estes detentores de pesados débitos? Acaso não sabe que quem faz o mal ao próximo faz na verdade a si mesmo? Olhe em volta... Quantas criaturas aprisiona para realizar suas tarefas? Acredita realmente que isso é fazer o bem? Sabe que não, por isso, venho lhe pedir, em nome de Deus, que interrompa sua atividade e retome a senda do bem. Sempre há tempo – disse Henry em espírito, emitindo uma luminescência de beleza incomum.

Johanne sentiu o medo invadir sua alma; escutava a senhora falar como se estivesse vendo e ouvindo alguém. Todavia, ela não via ninguém. Manteve-se em silêncio e sentada.

A mulher levantou-se da cadeira e gritou alarmada para o jovem:

– Saia daqui agora! Não estou fazendo nada de errado,

não prejudico quem é bom. – Voltou-se para Johanne e ordenou desequilibrada: – Vá embora daqui; não posso fazer nada por você. Nunca ele vai ser seu. Desista para o seu próprio bem. Vá, vá, vá – gritou, dando-lhe as costas.

A jovem, assustada, levantou-se e saiu quase correndo, sentindo algo estranho dentro de si. Afastou-se da casa a passos rápidos. Quando estava longe, parou um pouco para tomar fôlego e disse a si mesma:

– Não vou desistir. Nenhuma bruxa irá me dizer o que posso ou não conseguir – e retomou a caminhada.

Na propriedade Lefevre, o jovem curandeiro abriu os olhos. Segurando uma pequena toalha, enxugou o suor que descia pelo seu rosto e bebeu bastante água. Fechou os olhos novamente e orou. Minutos depois, retomou seus trabalhos sem, no entanto, contar aos irmãos sobre o acontecido. Atendeu pacientemente a todos; só restava uma pessoa para terminar o atendimento do dia. A jovem entrou na sala e sentou-se meio sem jeito. Olhou para o jovem rapaz e, humilde, disse:

– Senhor, queria pedir-lhe ajuda para engravidar. Casei-me e meu marido quer muito um filho, mas até agora nada. Minha mãe tem medo de que eu possa ter algum problema. Então, ouvi falar no senhor e resolvi lhe pedir ajuda.

– Como se chama? – perguntou atencioso, fitando-a enigmático.

– Evelyn.

– Seu marido veio com a senhora?

– Não – respondeu apreensiva, torcendo as mãos e confirmando, assim, o que o jovem já suspeitava. Continuou a falar: – Ele não sabe que estou aqui nem pode saber. Ele é muito nervoso, pode ficar aborrecido e não quero isso. Ele é bastante reservado.

— Entendo – disse Henry, sentindo piedade da jovem. O rapaz chamou Charlotte e pediu que ela colocasse a mão no ventre de Evelyn, fazendo uma prece. A duquesa atendeu prontamente ao pedido. Depois de alguns minutos, o jovem olhou para a senhora e disse sorrindo:

— A senhora terá que vir mais algumas vezes. Contudo, acredito que conseguirá o que procura.

A mulher sorriu e despediu-se feliz, prometendo voltar. Charlotte olhou para o irmão e perguntou curiosa, simpatizando com a jovem:

— Quem é ela, Henry?

O rapaz olhou para a irmã e respondeu:

— Apenas mais uma pessoa que precisa do nosso auxílio, minha irmã.

Evelyn saiu rápido, vendo que já anoitecia. Pegou a condução e seguiu célere. Ela atravessou a cidade, distanciando-se até parar em uma construção imponente, com altos muros. Desceu rápido, passou pelo belo jardim e entrou sem ser notada. Perguntou algo a uma senhora e depois foi encontrar seu marido lendo um jornal, sentado na sala. Feliz, perguntou:

— Você quer que sirva o jantar agora, meu querido?

O homem levantou-se, ficando diante dela, e respondeu ríspido:

— Claro. Essas suas perguntas me aborrecem. Mulher mais tola!

A jovem fitou-o, fez uma reverência e saiu em seguida. Andou até a cozinha e respirou aliviada. Encontrando sua mãe apreensiva, disse baixinho, demonstrando felicidade:

— Que bom, mamãe, ele não deu por minha falta. O profeta disse que poderei conseguir. Contudo, tenho que voltar ainda algumas vezes. Apesar do risco que corro, vou fazer isso para conseguir dar esse filho a Fabrice.

A mãe da jovem olhou-a sem verbalizar nada, sentindo pena de sua querida filha. Não fazia gosto nesse casamento.

Seu genro era um homem de índole duvidosa, apesar de ostentar riqueza. O casamento ocorrera rápido demais. Ele havia chegado à cidade e pouco tempo depois se casara com sua Evelyn, que, infelizmente, se apaixonara. Resolveu morar com a filha, já que era viúva e sem muitas condições financeiras. Seu coração de mãe lhe dizia que havia algo muito misterioso com seu genro.

Na sala de sua nova casa, Fabrice mostrava no rosto um sorriso cínico.

– Então o pústula se encontra em Rouen! Deixe-o bem feliz ao lado de sua Charlotte. Eles não perdem por esperar.

A noite passou com rapidez. Charlotte arrumava-se para dormir quando escutou a porta do quarto ser aberta. Viu seu marido entrar carrancudo, sentar-se na cama resmungando algo e tirar o casaco. Sorrindo, perguntou:

– Eu não sabia que falava sozinho, Cédric. Aconteceu algo?

– A sua querida Verena achou agora de me aconselhar. Era só o que me faltava – respondeu o nobre indignado, desabotoando o colete.

– Qual conselho ela lhe deu? – perguntou, controlando-se para não rir enquanto segurava a peça de roupa do marido.

– Que eu conversasse com Henry, pois ainda não consegui engravidá-la e talvez eu poderia ser seco. Essa mulher é louca!

Charlotte levou a mão à boca, balançando a cabeça negativamente e, ainda olhando para o marido, indagou curiosa:

– O que você respondeu?

– Que seca era ela! Onde já se viu tamanha liberdade? A culpa disso é sua, Charlotte, que trata todos os empregados como amigos – retrucou o nobre, tirando a camisa e entregando-a.

    Charlotte não conteve mais o riso e soltou uma gostosa gargalhada, depositando a roupa em cima de um estofado. Cédric olhou para a jovem e não deixou de sorrir também. Mesmo sem gostar dos modos de Verena, tinha certa afeição pela serviçal; sabia o quanto ela cuidava bem de sua esposa. Aproximou-se da duquesa, estreitou-a nos braços, aspirando o cheiro de seu pescoço, e perguntou:

    – A senhora gosta, não é, do que aquela maluca faz?

    – Verena é mais do que uma serviçal. Devo muito a ela. Se não fosse pelo seu carinho e dedicação a mim e aos meus irmãos, não sei o que teria sido de nós. Eu a amo muito – respondeu Charlotte feliz, aconchegando-se ao peito do marido.

    – Eu sei disso; é por esse motivo que aturo as loucuras dela. – Levantou o rosto de Charlotte e, assumindo um ar sério, continuou a falar: – Tenho algo a lhe dizer. Venha sentar-se comigo. – Segurou a mão de sua esposa e levou-a até a cama, sentando-a em seu colo. Olhou-a e informou:

    – Recebi hoje um comunicado de Gérard. Ele me pede que eu vá a Marselha, e depois volto para Paris. Não sei quanto tempo ficarei por lá; as coisas não se encontram nada bem. Eles não sabem que estou aqui.

    – Quando irá partir? – perguntou Charlotte triste.

    – Ainda não sei ao certo; ele ficou de enviar-me uma cavalaria. Todavia, estou lhe comunicando, pois pode ser a qualquer momento. Acredito que não será para logo – disse o nobre sério.

    – Ah, sei que essa é sua função, mas lhe asseguro que gostaria que tivesse outra atividade. Sinto tanto a sua falta! É difícil ficar sem você – admitiu a duquesa abraçando o esposo.

    O nobre beijou os cabelos de Charlotte e respondeu:

    – Sabe, Charlotte, nunca pensei que um dia fosse dizer isso, pois meu trabalho sempre foi a coisa mais importante de minha vida. Contudo, desde que a conheci, sinto vontade de não ter que partir, de não ter que deixá-la. Conto os dias para retornar quando estou fora. – Afastou-a um pouco e a fitou: – Esse negócio de amor é estranho. Hoje, mesmo longe, caminho com você. Fico me lembrando do seu sorriso, do seu jeito, da sua boca, do seu cheiro... Tudo isso me dá vida!

– Eu sinto a mesma coisa. Queria poder acompanhá-lo. A propósito, quando poderemos nos mudar para a Fortaleza? – perguntou a jovem animada.

– Espero que o quanto antes. Não acredito que irei suportar muito tempo longe de você. Entretanto, agora não é uma boa hora. Paris está entregue à revolta, Charlotte. Muitos lutam por dias melhores. Contudo, há sempre homens infames que se aproveitam da situação e promovem tamanhas atrocidades... – Parou, contornou a boca dela com o polegar e continuou abatido: – Muitos homens foram presos, acusados de traição, e bem sei que, em alguns casos, trata-se meramente de retaliações pessoais. Logo depois de prenderem os homens, pervertidos de toda sorte voltam ao lar destes e abusam de suas mulheres e filhas. É um cenário de horror. Tive que conter um malfeitor desses. Felizmente, livramos uma jovem de doze anos de ser abusada por esse infeliz.

A jovem duquesa, ouvindo o relato, levou a mão à boca e, com os olhos rasos d'água, envolveu seus braços no pescoço do marido, sem conseguir dizer nada. Ele a abraçou e disse ao seu ouvido:

– Fico a pensar que, se fosse você, não sei o que faria a um desgraçado desses. São homens piores que animais. Por isso, quero-a em segurança, mesmo que tenha que ficar longe de você. Você é minha, e agora quero amá-la. – Afastou-a um pouco, fitou seu belo rosto e, estreitando-a mais em seus braços, uniu os próprios lábios aos dela, a princípio de modo doce, sentindo o calor de sua jovem e bela esposa, depois aprofundando o beijo e sentindo urgência em amá-la e senti-la sendo verdadeiramente dele.

42

Plano macabro

Dois dias depois, para surpresa de quase todos, chegaram à propriedade Agathe e sua mãe. Vieram com o consentimento de Cédric e a convite de Hugo, que, orgulhoso, recebeu-as com esmerada educação, oficializando o noivado com a jovem. Agathe aproximou-se de Charlotte e disse, tentando travar amizade:

– Duquesa, Hugo me falou que a senhora foi o grande amor de Aaron. Lamento por ele; apesar de não ter dado certo entre nós, ele é um bom homem.

– Não lamente, Agathe. Aaron é jovem e ainda encontrará seu verdadeiro amor, assim como eu já encontrei e espero que você também. E pode me chamar de Charlotte – respondeu a duquesa gentilmente.

– Eu a admiro. Hugo não para de falar da senhora e do senhor duque. – Silenciou, deu uma olhada para Cédric, que conversava com o conde, e continuou: – Ele é tão sério; às vezes tenho receio de conversar com ele. Entretanto, quero que um dia Hugo olhe para mim como ele olha para a senhora – disse a jovem com sinceridade.

Charlotte sorriu e disse solícita, mudando de assunto:

– Quer dizer que vocês irão morar em Dijon? Fico feliz; nossa propriedade é um dos lugares mais aprazíveis que conheço. Tenho certeza de que serão muito felizes por lá.

– Assim espero. Hugo já me falou da propriedade do senhor duque em Paris. Ele a descreveu como o local mais bonito que já viu. Quero um dia conhecer – respondeu ela ansiosa.

Os dias se passaram céleres e, duas semanas depois, Cédric teve que partir com urgência. Reunido com o conde, comunicou:

– Versalhes foi invadida por um bando de mulheres que expulsou os monarcas.[1] A família real está em Tulherias. Houve centenas de mortes. – Fez uma breve pausa e, fitando um ponto imaginário, desabafou: – Isso é uma lástima. – Voltou-se para o nobre e completou: – Conde, não sei quando retornarei; peço que se mantenha firme e cuide de tudo.

– Claro, Cédric. Meu Deus, Paris deve estar um caos completo! Fico feliz de ter saído a tempo.

Sem se demorar mais, despediu-se do amigo e seguiu para o quarto, onde encontrou a duquesa. Abraçou-a com carinho e falou:

– Charlotte, desta vez não sei quando vou retornar; as

---

[1] Marcha sobre Versalhes, também conhecida como Marcha de Mulheres a Versalhes, Marcha de Outubro e Os Dias de Outubro, foi um dos primeiros e mais significativos acontecimentos da Revolução Francesa. O evento teve início entre mulheres dos mercados de Paris que, na manhã de 5 de outubro de 1789, protestavam contra o alto preço e a escassez do pão.

coisas em Paris pioraram. Versalhes foi invadida, e o rei está em Tulherias. Vou mantê-la informada. Tome muito cuidado; estou deixando aqui na cidade alguns soldados, e não pense duas vezes se precisar de ajuda. Seu tio saberá o que fazer. – Estreitou a esposa em seus braços, com o coração triste em ter que se afastar, e pousou seus lábios no de Charlotte com urgência, como se quisesse levar a energia dela consigo. Segundos depois, sussurrou em seu ouvido:

– Amo você demais!

O tempo passava, e Charlotte procurava manter-se sempre ocupada, evitando assim se entregar à saudade que sentia do esposo. Continuava com o trabalho de cura, já que nunca faltava gente para atender. Agathe, ainda na propriedade, integrou-se ao trabalho e ajudava como podia. A condessa, o conde e a mãe de Agathe passavam a maior parte do tempo jogando, passeando, fazendo compras ou se lançando a uma culinária exótica.

Na cidade, Johanne passeava com Eglatine, tentando fugir da convivência com marquesa Bonnet, que se tornara muito agressiva com ela. Era tarde, e as duas jovens desciam uma rua de terra batida, passando por velhos casarões. Johanne viu, com certa satisfação, Fabrice desmontando do cavalo no outro lado da rua. Bateu no braço de Eglatine e mostrou o rapaz entrando em uma taberna. As duas entreolharam-se e sorriram, demonstrando ter naquele momento o mesmo pensamento.

– Essa é nossa chance. Talvez seja a hora de colocar esse homem asqueroso para trabalhar – disse Johanne feliz. Segurou o braço de Eglatine e saiu puxando-a. Todavia, não entraram, pois só havia homens bebendo na taberna. Eglatine viu um menino que cuidava de um cavalo; chamou-o e pediu que fosse chamar Fabrice. Minutos depois, muito desconfiado, Fabrice apareceu na porta do estabelecimento e, olhando para os lados, reconheceu Johanne. Aproximou-se e, ríspido, perguntou:

– O que a senhorita quer comigo?

– Boa tarde para o senhor também! Não sabia que estava em Rouen. Acaso não está sendo procurado? – indagou provocadora.

O homem fitou-a com raiva e retrucou:

– Não tenho medo de ninguém, senhorita.

– Nem do senhor duque? Aposto que, no último encontro de vocês, quem levou a melhor foi ele – rebateu a jovem ferina.

– Senhorita, está me fazendo perder tempo. Ou diz o que quer ou saio daqui agora mesmo – objetou o homem entredentes.

– Tudo bem. Vim lhe propor uma nova sociedade, já que em Dijon não foi possível. Você me ajuda no que for preciso e não digo para o senhor duque que o vi por aqui. Não acha justo?

O homem olhou para a moça e teve vontade de rir. Ela não sabia com quem queria se meter. Achava-se esperta demais. Se quisesse eliminá-la, era muito fácil. Porém, ela poderia ser útil, pensou o homem. Sarcástico, perguntou:

– Em que quer minha ajuda?

– Quero que cuide de certa jovem para mim – disse a moça.

Eglatine, que até então estava em silêncio, arrematou:

– Penso, Fabrice, que esteja aqui também por esse motivo. Ou não viria se esconder na boca do leão, sabendo que a duquesa mora aqui e o senhor duque está sempre por perto.

O homem deu uma risada irônica e perguntou:

– Qual das senhoritas quer ficar com aquele imprestável?

– Eu! Eglatine apenas quer justiça; foi muito humilhada pelo senhor duque – disse Johanne, tomando as rédeas da situação.

– Muito bem, no que estão pensando?

– Quero escutá-lo primeiro. Como Eglatine falou, aposto que já deve ter um ótimo plano, uma vez que não estaria aqui, arriscando-se, se não quisesse vingança – respondeu a moça orgulhosa.

O homem pensou um pouco e, convencido de ter encontrado aliadas para o que desejava fazer, aquiesceu:

– Vamos encontrar um local onde poderemos conversar. Tomem um cabriolé de aluguel e sigam meu cavalo.

Johanne olhou para Eglatine, meio sem jeito, e disse envergonhada:

– Senhor, estamos desprevenidas.

– Eu pago, senhoritas. Peçam ao condutor que siga meu cavalo, só isso. – Saiu em seguida, entrando novamente no estabelecimento. Segundos depois voltou, montou seu cavalo e aguardou as duas. Quando as avistou, saiu galopando até sua residência. Adentrando os portões de uma bela casa, desmontou. Depois, aproximou-se das duas, ajudando-as a descer, pagou ao homem e disse indolente:

– Agora sou um homem casado. No momento minha esposa saiu com sua mãe. Todavia, se aparecerem, inventem algo, entenderam?

As duas jovens anuíram e seguiram acompanhando o homem. Adentraram a bela casa, espantando-se com o luxo do local, e seguiram-no até o escritório. Sem perder tempo, com receio de que sua esposa chegasse, Fabrice disse parte do que planejava. As duas escutaram o plano, atentas a cada palavra. Eglatine, assombrada, levantou-se e disse:

– O senhor acaso enlouqueceu? O senhor duque não irá descansar enquanto não puser as mãos no senhor. Isso é loucura!

– Dessa parte cuido eu, senhorita. Não sou idiota; o imprestável nunca irá saber que fui eu. Contudo, só precisam ter paciência, pois desta vez não tenho pressa alguma. – Uma sombra negra cruzou seu rosto.

– Mesmo assim! O senhor quer ir longe demais. Não concordo com isso – rebateu Eglatine amedrontada.

– Cale-se, Eglatine. Acho uma excelente ideia, Fabrice, e pode contar comigo – respondeu Johanne, feliz em ter encontrado uma solução para seu problema.

Eglatine resolveu calar-se, mas percebeu que tinha chegado longe demais. Olhou para os dois à sua frente e sentiu um arrepio de medo percorrer-lhe o corpo. Sentia ciúmes, inveja de Charlotte, contudo, tinha certa afeição por ela, mesmo sem saber por quê. Sempre que estava em sua presença, seu coração amolecia quando Charlotte destinava-lhe sua amizade sincera. Porém, seus sentimentos inferiores venciam sempre. Agora, olhando para os dois, percebeu que seus sentimentos não eram tão desprezíveis assim em relação a Charlotte, e lembrou-se de Henry. Decidida, resolveu encontrar um meio de falar com o jovem irmão dela. Por enquanto, tinha que transparecer anuência com o plano e saber de muito mais detalhes...

Semanas depois, todos estavam ansiosos com os preparativos do casamento de Hugo e Agathe. Por insistência de Charlotte, a família da noiva consentiu que o casamento fosse na propriedade. Faltava apenas uma semana para o evento. Mãe, pai e irmãos da noiva mudaram-se para a cidade de Rouen. A condessa estava em estado de graça; gostava dessas festividades e, junto com a mãe de Agathe, providenciavam tudo. Hugo havia viajado para Dijon com o propósito de arrumar a propriedade. Iriam se mudar para lá logo após o casamento. A jovem, provando seu vestido, conversava com a duquesa:

– Charlotte, não sei como aguenta ficar tanto tempo longe do senhor duque. Não vejo a hora de meu Hugo voltar.

— É difícil mesmo. Não há um só dia que não pense nele e sinta vontade de revê-lo, abraçá-lo... Todavia, o que fazer? — disse a jovem tristonha.

— Espero que ele venha para o nosso casamento. Hugo enviou-lhe uma carta avisando — informou a noiva ansiosa.

— Eu também, Agathe. Eu também... — Suspirou e, olhando para a jovem, mudou de assunto: — A propósito, está linda. Hugo irá adorar!

Longe dali, Johanne conversava com Fabrice às escondidas:

— Não confio em Eglatine; é bom deixá-la sem saber que será no dia do casamento a concretização do plano. A propósito, é certeza que o senhor duque não estará aqui? Não se esqueça de que aquela infeliz tem muita sorte. Não viu naquele dia? Quase fomos pegos! Aquele soldado maldito apareceu na hora...

— Por isso que não podemos ter pressa. O importante é não vacilarmos. Já me certifiquei com um amigo de que o infeliz do duque não poderá vir para esse casamento — respondeu com um sorriso macabro bailando nos lábios.

— Ótimo! Agora vamos agir naturalmente e, no dia, faremos nossa parte — disse a jovem, saindo em seguida, sem esperar resposta.

Fabrice viu Johanne distanciar-se e, irônico, balbuciou:

— Acontece, senhorita, que também não confio em ninguém! A senhorita só saberá do plano de verdade quando ele ocorrer. Estou apenas utilizando-a para chegar ao fim que pretendo. Mulher burra! — Deu meia-volta e saiu em direção oposta.

O dia do casamento enfim chegara. Todos aguardavam Charlotte para ir à igreja, e ela não se fez demorar. Estava lindamente vestida, embora transparecesse certa tristeza no olhar. Hugo segurou o braço da irmã, beijou-a na fronte e, conduzindo-a até a carruagem, disse feliz:

— Está linda, minha irmã. Só lamento o senhor duque não poder estar aqui conosco.

— Obrigada, Hugo. Eu também lamento, mas o importante é você estar feliz, afinal, hoje é seu dia. Estou muito contente em entrar com você na igreja. Nossa mãe, de onde estiver, estará nos abençoando.

— Eu também sinto o mesmo, Charlotte. Estava preocupado com nosso pai. Graças aos céus que ele teve uma melhora e irá comparecer. Acho que não tenho mais mágoa dele, só piedade. É triste vê-lo perdendo sua vida em cima daquela cama, apático, sem ânimo – disse com tristeza.

— É verdade, Hugo, mas, segundo Henry, só colhemos o que plantamos. Infelizmente, nosso amado pai não aproveitou a vida para fazer algo útil nesses últimos anos – respondeu pensativa.

A cerimônia iniciou-se sem contratempos. Todavia, sem Charlotte ou os demais saberem, o duque havia chegado. Aprontou-se rapidamente e seguiu para o local com uma cavalaria.

Fabrice, sem saber ainda da chegada do nobre, preparava-se para colocar em prática o tão esperado plano. Quando estava prestes a sair, um de seus comparsas chegou esbaforido, dizendo entre um fôlego e outro:

— Senhor, o duque se encaminha para cá com um cavalaria.

— O quê? – perguntou sem acreditar. Desceu do cavalo

num pulo só e gritou enfurecido: – Maldição! Novamente esse insuportável! – Andou de um lado para outro tentando pensar no que fazer e, com ódio em seu coração, teve que abortar o plano, saindo em retirada antes de a cavalaria chegar. Seguiu com a mente embotada de maus pensamentos, dizendo a si mesmo: "Eu posso ter perdido algumas batalhas, maldito, mas a guerra não vou perder, isso eu vou lhe mostrar".

Cédric, alheio aos planos e pensamentos de seu inimigo, chegou à igreja. Desmontou do belo animal com agilidade e entrou altivo.

Charlotte assistia à cerimônia compenetrada e assustou-se quando o coroinha aproximou-se, discreto, e disse-lhe baixinho:

– Senhora, pediram-me para avisá-la de que esqueceram algo na sacristia e é para a senhora ir até lá buscar, por favor.

– Mas o que é? Está tudo aqui! Não há nenhum equívoco? – perguntou, estranhando o pedido.

– Não, senhora. Não há equívoco algum, e é melhor ir antes que a cerimônia acabe – respondeu o jovem com firmeza.

Charlotte, sem entender muito bem, anuiu e discretamente saiu, seguindo direto para a sacristia. Ninguém, a não ser Johanne, percebeu a saída de Charlotte. Acreditando ser parte do plano de Fabrice, sorriu, mordaz, sentada em um dos bancos da igreja.

A duquesa abriu a porta devagar e entrou em seguida. O local estava iluminado por velas, ficando na penumbra. Viu um homem de costas e perguntou curiosa:

– Senhor, pediram-me que pegasse algo aqui...

O homem virou-se, e a parca luminosidade não impediu que Charlotte o reconhecesse. Ele abriu a boca, num misto de surpresa e alegria, em um estado de súbita mudez. Os olhos dele brilhavam!

– Meu Deus, como você está linda! Não perderia isso por nada, Charlotte – disse o duque com um sorriso malicioso nos lábios.

A jovem não conteve a emoção: atirou-se nos braços do nobre, abraçando-o. O nobre correspondeu e disse-lhe ao ouvido:

– Eu bem sabia que você iria fazer isso, minha doce menina peralta. Por isso pedi que viesse aqui. Caso contrário, os noivos iam ser ofuscados. – Fitou-a com amor. Aproximou seus lábios dos dela e beijou-a demoradamente, tentando matar a saudade que o queimava por dentro.

Minutos depois, Charlotte voltou com um sorriso de um canto a outro, de braços dados com Cédric, para o espanto de todos, principalmente de Johanne, que quase morreu de susto ao avistar o nobre. "E agora, será que Fabrice já sabe? Se ele tentar algo, o duque irá eliminá-lo! Era só o que faltava", esbravejou para si a jovem, sentindo ódio, inveja e ciúme tomarem-lhe o coração.

43

𝒪 atentado

    Três dias depois de sua chegada, Cédric teve que partir novamente.

    – Charlotte, estou providenciando para que, da próxima vez que eu vier, seja para buscá-la. Irei levá-la para a Fortaleza; não quero mais deixá-la longe de mim – disse o nobre despedindo-se da esposa.

    A duquesa anuiu resignada. Enlaçou seus braços no pescoço do marido e ofereceu-lhe os lábios úmidos pelas lágrimas que caíam em seu rosto. Ele aceitou-os com prazer, sentindo o sangue queimá-lo e o coração se apertar. Suspirou, afastando-se, e sussurrou em seu ouvido:

    – Eu o amo, Cédric. Meu coração será sempre seu...

Os dias passavam-se céleres, seguindo seu curso normal. Evelyn, a esposa de Fabrice, descobrira que estava grávida e, feliz, contou para o esposo, que, pela primeira vez, mostrou-se contente com algo. Todavia, sua obsessão por se vingar do duque e de Charlotte não lhe saía da cabeça, e retomou o plano junto com Johanne.

– Desta vez não haverá erro – disse a si mesmo confiante.

Três meses depois da partida do duque, a condessa e o conde decidiram fazer uma visita ao sobrinho em Dijon, que se mudara logo após o casamento. Charlotte e Henry continuavam com o trabalho de cura, ocupando assim seus dias.

Era de tarde, e a duquesa aguardava a ordem do irmão para que a primeira pessoa pudesse entrar, quando Verena adentrou o local esbaforida. Aproximou-se de Charlotte e disse baixinho, para que ninguém escutasse:

– Charlotte, aquela coruja azeda está à sua procura.

– Quem? – perguntou a jovem confusa.

– Aquela tal de Eglatine. Você não vai recebê-la, não é? – perguntou, entortando a boca num trejeito engraçado.

Charlotte respirou fundo, pensou um pouco e respondeu com calma:

– Diga que aguarde; depois do trabalho falarei com ela.

– Mas, Charlotte, ela... – Verena tentou argumentar, sendo logo interrompida pela jovem.

– Não, Verena. Eu vou conversar com ela. Por favor, peça que me aguarde.

Chateada, Verena deu meia-volta e saiu resmungando. Não gostava daquela jovem.

Eglatine, no entanto, recebeu a notícia com felicidade e ficou aguardando o término do trabalho de cura. Decidira contar que Fabrice e Johanne planejavam algo contra ela, mesmo sem saber do que se tratava, pois os dois não mais permitiam que ela participasse dos encontros.

O trabalho já estava quase no fim, quando Henry chamou a irmã e perguntou:

– Charlotte, será que você dispõe aí de algum dinheiro para oferecer a essa senhora, que está a precisar dele?

– Infelizmente, meu irmão, não tenho – respondeu a duquesa triste. Porém, tocada pelo semblante da mulher, levou a mão ao pescoço e tocou uma corrente de ouro que usava sempre, presente de sua tia. Apesar da grande estima que tinha pelo objeto, tirou-o e o deu a ela, dizendo:

– Espero que sirva para ajudá-la de alguma maneira.

A mulher mostrou os poucos dentes amarelados num sorriso emocionado e agradeceu:

– Obrigada, senhora duquesa. Que Deus possa lhe dar mais! – Foi embora, feliz. Henry, por sua vez, tinha um brilho diferente nos olhos e lhe disse:

– Deus saberá recompensá-la, Charlotte.

A duquesa sorriu e saiu, mandando entrar a última paciente. Minutos depois, gritos foram ouvidos do lado de fora. Charlotte, assustada, correu para fora do galpão, buscando ver do que se tratava. De surpresa, foi detida por dois homens encapuzados, que a renderam rapidamente, colocaram um capuz em sua cabeça e arrastaram-na para uma carruagem sob os protestos da jovem, que se debatia, sem entender o que acontecia. A carruagem seguiu célere, deixando os demais para trás.

Na propriedade, diversos homens rendiam os demais, levando-os para a igreja. Alguns que tentavam fugir eram mortos, numa verdadeira carnificina. Henry, sem se alterar, seguiu com os demais para a capela. Viu com tristeza todos os serviçais e pessoas que buscavam ajuda sendo trazidos e jogados lá com violência. Entre eles, Verena e Eglatine, que gritavam em desespero, sem saber o que fazer. Ao ver o jovem irmão de Charlotte, Eglatine correu até ele e caiu a seus pés chorando:

– Eles irão nos matar. Por favor, ajude-nos. Fabrice e Johanne são os responsáveis por tudo isso. Eu enviei um bilhete para o senhor duque e vim avisar Charlotte. Pelo amor de Deus, ajude-nos!

Henry olhou-a sereno e pediu, sem alterar a voz:

– Senhorita, por favor, se acalme. Não é justo promover mais desespero a essas pessoas. Não vê que só piora a situação? Acalme-se, eu lhe peço.

A jovem, fitando aquele rosto tão sereno, aquela voz tão doce, envergonhou-se, baixou a cabeça e chorou, desta vez mais contida. O jovem sabia o que os esperava e, mesmo com medo, pediu em seu íntimo força a Deus para suportar tudo o que estava por vir.

Um dos serviçais mirou o jovem e disse para todos, tentando conter a balbúrdia que se instalara:

– Não vai nos acontecer nada, o profeta está conosco. Deus nos protegerá!

A reação foi imediata, e um silêncio se fez. Os demais olharam para Henry, acreditando nas palavras ditas. O jovem, humilde, fitou-os com os olhos rasos de água e pediu:

– Meus amigos, agora é a hora de provarmos da fé que dissemos ter em nosso Pai. Peço que façamos uma prece ao nosso Criador, entregando nossas almas pecadoras à sua doce vontade. Digo-lhes, sem medo de errar, que ninguém aqui perecerá, e aqueles que tiverem fé serão bem-vindos ao reino de Deus. Ninguém poderá matar ninguém; a morte não existe. E, como disse nosso irmão Jesus, todo aquele que nele crer, estará, ainda hoje, em sua companhia. Portanto, peço a todos que me sigam nessa prece.

Envolvidos pelas palavras de Henry, ajoelharam-se. Nesse momento, as portas de entrada e saída da igreja foram lacradas por fora. O jovem voltou-se para a imagem de Jesus crucificado no altar e elevou as mãos, iniciando uma prece:

— Meu bom amigo, irmão, exemplo maior de nossas caminhadas, Jesus de Nazaré. Aqui entrego mais uma existência. Senhor dos céus e da terra, peço humildemente que se apiede de todos esses filhos que atentam contra a sua lei e que a nós, Senhor, nos seja dado segundo a sua vontade. Faça-nos fortes para receber a redenção de nossa alma, através de tantos erros do passado, em meio aos quais desencadeamos dor e sofrimento...

Eles não podiam atestar, mas luzes prateadas desciam verticalmente sobre a pequena capela da propriedade, trazendo dezenas de espíritos trabalhadores, que vinham com o socorro pedido. Sem ver nada disso, Fabrice e seus comparsas atearam fogo à capela entre risos e palavras chulas.

— Quero ver a cara daquele desgraçado quando souber do acontecido. Vou morrer de peninha dele... — Deu uma gargalhada estridente, sendo seguido pelos demais, e concluiu irônico: — Duque dos infernos, nunca deveria ter cruzado o meu caminho!

Dentro da capela, Henry continuava orando, agora em silêncio. O fogo se espalhou rapidamente, e alguns não conseguiam manter a calma, gritando em desespero por ajuda. Verena, apesar de tudo, mantinha-se calma. Aproximou-se do jovem, segurou sua mão num gesto de carinho e, chorando, disse:

— Nossa menina não está aqui; significa que está salva. Obrigada por tudo. Sempre tive todos vocês como meus filhos. Filhos que nunca pude ter, mas Deus, por misericórdia, deu-me três, e maravilhosos! Os melhores que uma mulher poderia desejar. Que sua mãe possa vir nos receber, meu menino.

O jovem escutou tudo extremamente tocado. Sorriu, levou a mão da serviçal e amiga aos lábios e beijou-a. Fitou-a e disse convicto:

— Sempre tivemos você como uma mãe também. Não se preocupe, Verena, logo estaremos com amigos prestimosos. Entre eles, minha querida mãe.

A madeira começou a estalar, sendo engolida pelo fogo. Alguns, em desespero, corriam em direção às portas e acabavam sendo queimados vivos. Era um espetáculo macabro. Eglatine, sentada no chão, chorava e dizia para si mesma, tossindo sem parar, parecendo ter perdido a sanidade:

— Eu não tenho culpa! Eu não tenho culpa...

O teto queimava, inclemente, sob o poder do fogo e começou a desabar em cima de todos, levando mais uma existência desses filhos de Deus...

Sem que ninguém soubesse, Cédric, ao receber a carta de Eglatine dizendo que Fabrice se encontrava em Rouen, afligiu-se e partiu incontinenti para a cidade. Todavia, quando chegou à sua propriedade, horas depois do ocorrido, sentiu como se recebesse uma punhalada. Experimentou um vento frio se apossar dele, e um medo o invadiu rapidamente. Olhou sem acreditar para a capela em ruínas, corpos pelo chão e uma fumaça que tomava conta de tudo. Na sua cabeça, só lhe vinha a imagem de Charlotte. Pulou do cavalo e dirigiu-se a casa chamando pela esposa, sem obter resposta. Deteve-se, alarmado, quando viu no chão de um dos quartos o barão de Laforet morto, ensopado de sangue. Cerrou os punhos, e seu desespero aumentou ao pensar em Charlotte.

Um soldado entrou na casa e, encontrando o nobre, disse triste:

— Senhor, a capela foi fechada por fora. Vimos que foram trancados e sacrificados. Não tem sobreviventes, comandante.

Cédric fitou o soldado balançando a cabeça, prestes a perder o controle dos sentidos. Correu até lá e constatou que ele tinha razão. Soltou um grito, parecendo um animal raivoso. Olhou para o céu e vociferou:

– Por que, Deus? Por que me castiga desse jeito? O que fiz para receber isso? Ela era boa demais, por que não a protegeu? – Ajoelhou-se sem forças no chão, nem todo o seu brio foi capaz de sustentá-lo. Bradou: – Não! Minha Charlotte não! Preciso dela. Ela é o ar que preciso para respirar, a água que mata minha sede, o alimento que sacia minha alma. Charlotte! Charlotte!

Os soldados, extremamente tocados em ver seu comandante daquele jeito, entreolhavam-se sem saber o que fazer. Gérard, que o tinha acompanhado, foi até ele e disse, tocando seu ombro, penalizado:

– Levante-se, meu amigo. Vamos pegar aquele maldito e dar a ele o que merece.

As nuvens começaram a ficar escuras no céu parecendo concordar com a dor que tomara o local e rapidamente iniciou-se uma forte chuva, com raios que riscavam os céus e trovões que ecoavam como um grito de dor. Cédric mirou Gérard e sentiu o ódio se apossar de seu coração. Levantou-se, andou até seu cavalo, montou-o e ordenou, levado pela fúria dos sentimentos:

– Adentrem todos os lares desta maldita cidade e, quando encontrarem aquele demônio, tragam-no até mim com vida. Quero ter o prazer de fazer-lhe pagar por cada vida sacrificada.

Como loucos, todos partiram em busca de Fabrice.

Alguns poucos soldados, a pedido do capitão Gérard, permaneceram no local reunindo os corpos, sem atestarem o trabalho valoroso de muitos espíritos que socorriam os que retornavam ao mundo espiritual.

Henry, deitado em uma espécie de maca, abriu os olhos bem devagar e viu sua mãe, Giulia, sorrindo a seu lado. Ela lhe disse:

– Bem-vindo, meu querido. Parabéns por tão valorosa existência!

Henry sorriu e, mostrando lucidez, perguntou calmo:
– Verena, como ela está?
A mulher sorriu e respondeu feliz:
– Ela já foi socorrida, meu filho.

Um túnel de luz foi aberto e, de dentro dele, saiu um ser que mais parecia um anjo de tanta beleza. Todos olharam e, em sinal de respeito, baixaram a fronte, maravilhados. Sentiam-se inebriados com o magnífico perfume que a entidade trazia consigo. A mulher deu alguns passos, parou e, olhando para todos, exclamou:

– Bendito seja Deus, meus queridos amigos, pelo amor que nos dedica. – Voltou-se para a figura de Henry e, sorrindo, continuou a falar com ternura: – Seja bem-vindo, querido amigo Ernesto. Os bons amigos o cumprimentam pela vitória de mais uma encarnação de luz. Eu pedi para vir pessoalmente a fim de conduzi-lo à nossa bela colônia. – Aproximou-se do jovem e o abraçou com carinho. Adentraram uma espécie de automóvel e, em uma fração de segundo, ela levou o ex-governador para a Colônia Universidade das Almas. Uma plêiade de espíritos o aguardava. Felizes, cumprimentavam-no com carinho.

Diferente de Henry, Eglatine acordou aturdida. Desorientada, começou a gritar em desespero:

– Alguém nos ajude, vamos morrer! – Ela acreditava ainda permanecer dentro da capela e, horrorizada, viu o espírito de Geneviève adentrar o local, parecendo um monstro. A pobre criatura olhou para a jovem e disse, sorrindo ironicamente:

– Agora estamos no mesmo lado e vamos acertar nossas dívidas. – Soltou uma gargalhada e avançou em cima da jovem.

Longe, seguindo em busca da saída de Rouen, a carruagem que transportava Charlotte parou em uma estrada encoberta por árvores de grande porte. Ela respirava com dificuldade. Suas mãos tinham sido amarradas. Um dos homens retirou o capuz da duquesa e disse ríspido:

– Não faça nada para não se arrepender depois. Se ficar boazinha, não haverá problema. Pelo menos, até o patrão chegar.

Charlotte escutou e sentiu um frio percorrer seu corpo. "Patrão? De quem estão falando?" Olhou para aqueles homens e perguntou, tentando ficar calma:

– Quem é seu patrão? Por que estão fazendo isso?

– Nada de perguntas. Não temos autorização para revelar nada – respondeu outro homem grosseiro.

Lágrimas caíam pelo belo rosto da jovem, e um medo enorme apoderou-se de seu ser. Pensava em Cédric, e seu coração se apertava. Tentava orar, todavia, sua mente atribulada não conseguia. Só escutava o barulho da chuva que caía e dos trovões que gritavam nos céus. Pareceu uma eternidade, mas foram apenas alguns minutos até Fabrice chegar à carruagem e adentrá-la, arrotando felicidade. Os dois capangas saíram em seguida, deixando-os sozinhos.

Charlotte, ao deparar com Fabrice olhando-a, sentiu-se paralisar. O temor a invadiu por completo. Não conseguia pronunciar uma única palavra, seu corpo todo tremia, seu estômago embrulhou. O criminoso, percebendo a aflição da jovem, abriu os lábios em um sorriso irônico, e em seus olhos um prazer sombrio podia ser lido:

– Que bom reencontrá-la, duquesa. Como sempre, sua beleza me arrebata. – Estendeu a mão e tocou seu rosto, descendo até a boca e dizendo com cupidez: – Como é bela!

As palavras não saíam de sua boca; ela apenas fitava alarmada seu algoz. Suas forças não respondiam ao temor de seu coração.

– O que foi, Charlotte, algo mordeu sua língua? Não se

preocupe; desta vez, eu lhe asseguro que seu esposo não virá ao seu encontro. Seria tudo tão mais fácil se a senhora não tivesse me rejeitado. – Mudou de lugar, sentando ao lado de Charlotte. Externando toda a sua cobiça pela jovem, tocou seu braço com a ponta dos dedos e continuou com uma voz gutural:

    – Eu vou lhe dizer o que irá lhe acontecer: primeiro, vou tê-la; depois, irei matá-la, para que aquele maldito do seu marido, quando a encontrar, perceba o quanto eu me diverti. – Os olhos dele se apertaram, sorrindo.

44

Charlotte e a feiticeira

Em um local mais afastado, Eve, "a feiticeira", como era conhecida na cidade, estava sentada e encolhida, com medo da chuva, quando sentiu uma forte dor de cabeça. Levantou-se assustada e viu à sua frente um espírito de um homem: alto, magricela, com longos cabelos pretos, bigode espesso, olhos negros e fundos, que carregava no alto da testa um corte profundo e sanguinolento, e trajava um paletó vermelho berrante de gosto duvidoso, apresentando ainda gestos tétricos. Afastou-se amedrontada e perguntou, nervosa:

– Quem é você e o que quer?

O homem fitou-a com desprezo e disse ríspido:

— Eu sou aquele que controla tudo a sua volta, ou acaso acreditou que quem mandava era você?

Eve não respondeu. O espírito, com empáfia, continuou a falar:

— Escute bem, pois só vou falar uma única vez. Se não fizer tudo o que eu mandar, amanhã irá receber visitas, e acredito que já deva imaginar o que poderá lhe acontecer. – Levou a mão ao bolso do paletó e ordenou: – Siga a estrada que lhe será indicada e traga para cá certa jovem que você encontrará. Cuide dela até ficar boa, depois a faça sua escrava. Ela irá ajudá-la nos trabalhos, que aumentarão. Providenciarei para sua clientela triplicar; o resto é por nossa conta. Agora vá, não perca mais tempo. Temos que chegar antes do outro – e desapareceu, deixando energias pesadas a paralisarem a mulher.

Todavia, segundos depois, uma voz se fez ouvir em seu ouvido, ordenando-lhe:

— Pegue a condução e siga, agora! – Assustada, tomou uma capa com capuz, vestiu-a, pegou sua velha carroça e seguiu na chuva a trilha que lhe foi informada.

Enquanto isso, a duquesa escutava as palavras de Fabrice, e uma revolta se formava no lugar do medo. Sentindo repulsa daquele homem, olhou-o e disse com firmeza:

— Nunca irá tocar em mim, maldito. Nunca!

Sentindo a energia de suas palavras, ele se afastou um pouco e perguntou satírico:

— Quem irá me impedir?

— Deus! Em nome dele e de Jesus, se afaste de mim – gritou convicta do que dizia. Sem saber por que, sua mente fora tomada por energias diferentes e, olhando para Fabrice, falou enérgica: – Ainda hoje vai encontrar o que plantou aqui na terra, Fabrice.

O homem irritou-se e esbofeteou-a com violência.

– Cale-se; não lhe dei permissão para falar!

Charlotte quase caiu com a violência da bofetada, mas virou-se novamente para ele e, com o olhar fixo, começou a falar, fazendo uma prece com convicção:

– Senhor, eu peço que os seus anjos possam me auxiliar. Jesus, eu sei que com seu poder pode me salvar desta criatura que atenta contra suas leis e...

– Cale-se, infeliz! Eu já disse. Isso é coisa daquele aleijado – vociferou Fabrice, tapando a boca da jovem e avançando em cima dela, para segurá-la com força.

Nesse momento, um forte trovão foi ouvido, fazendo-os estremecer. O homem afastou-se um pouco, mas arrematou debochando:

– Eu não tenho medo de Deus. Não reconheço o poder de Deus, e o desafio a tirá-la daqui! – Deu uma gargalhada estridente.

Segundos depois, um raio atingiu a carruagem em que estavam, sacudindo-a e abrindo um buraco no teto. A porta da carruagem abriu, e a duquesa foi lançada para fora com força. O impacto fez com que Charlotte recebesse um corte na altura da fronte. Fabrice, atordoado, levantou-se, e vendo a jovem tentando se levantar, avançou rapidamente sobre ela, erguendo-a com força. Aos berros, falou:

– Você irá pagar pelos longos anos que me desprezou, sua arrogante. – Suspendeu Charlotte pelas pernas e colocou-a sobre o ombro como um saco de batatas. Seguiu andando pela estrada alagada, já que a chuva não dava trégua, caindo torrencialmente. O homem andava com muita dificuldade, tentando se equilibrar. Entretanto, não conseguiu e tropeçou em uma árvore caída no chão. Tombou, levando consigo Charlotte, que caiu de frente e bateu novamente a cabeça com força em uma pedra.

Fabrice levantou-se, gritando impropérios. Olhou para Charlotte, que só gemia no meio do lamaçal. Tentou pensar em algo e teve uma ideia. Voltando à carruagem, pegou uma coberta com a pretensão de puxar Charlotte com ela. Porém, quando deu alguns passos, foi surpreendido por outro raio que partiu do céu, derrubando uma enorme árvore que, com rapidez, precipitou-se para cima do homem, esmagando sua cabeça.

A duquesa, atordoada com a pancada que sofrera, ainda teve tempo de assistir à tragédia. Sua cabeça começou a girar e, desnorteada, disse:

– Isso é o dedo de Deus, Fabrice. Nunca duvide dele! – Em seguida, caiu desacordada.

Cédric, junto com os seus homens, entrava e saía de casas, buscando como louco por Fabrice. O duque, tomado pela fúria, não conseguia pensar com clareza. Seu coração negava-se a acreditar que sua bela esposa estivesse morta, embora a razão o fizesse recordar de tudo que acabara de ver em sua propriedade. Balançava a cabeça como se quisesse afastar o desespero que tentava tomar conta do seu ser.

A noite demorou a passar e, quando os primeiros raios de sol se precipitaram no céu, dois soldados alcançaram o duque e lhe comunicaram:

– Senhor, encontramos o criminoso.

Cédric olhou para os homens e pediu ávido:

– Levem-me ao infame.

Os soldados se entreolharam e não quiseram informar o estado em que haviam encontrado o malfeitor. Seguiram pela estrada, sendo acompanhados pelo duque e pelo capitão Gérard...

Cinco dias depois, Charlotte, que fora socorrida por Eve, abriu os olhos devagar. Olhou tudo com bastante atenção e, vendo uma mulher observá-la, perguntou confusa:

– Quem é você?

– Sou uma amiga. Faz cinco dias que a encontrei na mata. Eu a trouxe para cá e cuidei de você. Estava com uma febre muita alta. Como se sente?

A duquesa mexeu-se um pouco na pequena cama; sentia ainda muitas dores em todo o seu corpo. Tentou mexer a cabeça, mas sentiu uma dor lancinante na altura do frontal. Gemendo, levou a mão até o local.

Eve tratou de explicar e acalmá-la:

– Acho que você deve ter caído na chuva, sofrendo um corte profundo na cabeça. No entanto, está cicatrizando bem. Acredito que nos próximos dias você já se sentirá bem melhor. Agora, é melhor descansar. Esses dias você se manteve inconsciente. Como se chama?

Charlotte olhou para a mulher em silêncio. Confusa, fechou os olhos, tentando buscar algo na mente, porém ela parecia vazia como um caderno em branco, sem recordação alguma. Com tristeza, respondeu:

– Eu não me lembro! Não sei quem sou.

A senhora tentou acalmá-la, temendo que entrasse em pânico:

– Isso é natural. Não se preocupe; tenho certeza de que o mais breve possível sua memória voltará. Agora, tente repousar.

Os dias se passaram com rapidez. Charlotte não conseguia se recordar de nada a seu respeito, o que a angustiava, mesmo que sua recuperação fosse evidente. Eve, atendendo às orientações de espíritos infelizes, desviava todas as possibilidades de Charlotte poder recuperar a memória...

Longe de Charlotte, Cédric lutava contra a tristeza que se apoderara dele. Depois de encontrar Fabrice morto, sem a duquesa, fora tomado pela ira de não ter matado ele mesmo o homem. Não conseguia aceitar a morte da esposa. Contudo, sem esperança, deu Charlotte como morta. Levado pelas explicações de muitos, acreditava que ela estivesse na capela no momento do atentado, já que fora encontrada a corrente que ela usava em meio aos escombros da capela.

Evelyn fora visitada pelos soldados e levada até Cédric, tomando conhecimento de toda a tragédia. A jovem, em desespero, jurou não ter conhecimento dos planos do marido. Ajudada pela mãe e pelo capitão Gérard, que vira honestidade na jovem, foi libertada. Todavia, não pôde ficar com nenhum bem que fora de seu marido; o duque apreendeu tudo.

Sem mais nada que o prendesse àquela cidade, partiu desolado para Paris. O suposto corpo de Charlotte foi levado a Dijon, junto com o de Henry, Claude e Verena, onde foram sepultados. O corpo de Eglatine foi enviado à sua família.

Johanne, por sua vez, sentia-se feliz. Seu nome não fora ligado ao atentado. As únicas pessoas que poderiam incriminá-la estavam mortas. Logo, aproveitou a oportunidade para investir no homem que acreditava que seria seu e partiu para Paris com a desculpa de consolar o nobre.

Dois meses já haviam se passado. Charlotte estava totalmente recuperada, entretanto, sua memória não voltava, deixando-a desolada; era como se não existisse. Eve, aos poucos, ia pedindo para a moça ajudá-la nos trabalhos domésticos com a promessa de que iria descobrir algo sobre ela. A duquesa, apesar de tudo, era muito grata àquela senhora e a ajudava com prazer. Eve tivera a ideia de lhe dar um nome, chamando-a de Isa, tentando assim dificultar as lembranças da jovem.

Sem serem vistas, Giulia e Alícia observavam as mulheres. Intrigada, Alícia perguntou:

– Senhora, não vamos ajudá-la? A senhora bem sabe quais são os planos de nossa irmã!

– Nossa ajuda se limitará a rogar a Deus que minha Charlotte se lembre dos princípios cristãos, minha amiga.

– Como assim, Giulia? Eve irá introduzi-la nos trabalhos com os irmãos infelizes; temos que auxiliá-la – arguiu a moça aflita.

– Não, Alícia. Esta talvez seja a maior provação de Charlotte nesta existência. Ela esqueceu suas particularidades materiais. Todavia, os preceitos morais jamais devem ser esquecidos. O livre-arbítrio deve imperar, ou então como seríamos merecedores de méritos? Acaso não é isso que acontece quando reencarnamos? Charlotte terá que ser forte e ajudar nossa amiga Eve. Acredita que ela esteja aqui por acaso? – interrogou a senhora.

– Como assim? Charlotte tem alguma ligação com Eve?

– Nada existe sem uma razão. Há muitas reencarnações, Charlotte liderou um grupo na China e levou vários espíritos ao lodaçal, entre eles, a irmã em questão. Agora é chegado o momento de reverter a situação e lutar para livrar a irmã da influência perniciosa dos espíritos que a acompanham, introduzindo-a em um trabalho sério com Jesus, por meio do qual usará seu dom com responsabilidade, em benefício de muitas criaturas – explicou à senhora circunspecta.

– Meu Deus, Giulia, estou surpresa – exclamou Alícia sob forte impressão. Depois comentou: – Como as coisas de Deus são perfeitas, minha amiga. Achei que apenas Eve precisasse de ajuda. No entanto, vejo que as duas se auxiliam de acordo com a lei de Deus. Que maravilha!

– Essa é a lei, minha amiga.

– E se Charlotte falhar, Giulia? – Alícia perguntou preocupada.

A senhora olhou a amiga e, depois de alguns segundos, respondeu:

– Se isso acontecer, Charlotte provavelmente retornará à pátria espiritual antes do previsto e, como todos, sofrerá as consequências. Depois retomará sua jornada em outro corpo. – Voltou o olhar para a jovem que fora sua filha na última encarnação e arrematou: – Vamos rogar a Deus que minha menina esteja preparada. O momento é chegado.

Uma semana depois, Charlotte cuidava de uma horta que tivera a ideia de fazer no quintal de sua nova amiga, quando Eve a chamou.

– O que é, Eve?

A mulher fitou-a e, com cuidado, disse para a jovem:

– Querida, temos visitas. Eu ainda não tive tempo de contar, mas tenho um trabalho de ajuda a outras pessoas e vou precisar do seu auxílio. Agora não posso dar maiores detalhes, contudo, depois explicarei.

A princípio Charlotte gostou da ideia; a possibilidade de ser útil era algo que acalmava seu coração opresso pela falta de identidade. Seguiu a mulher até dentro de casa. Um jovem rapaz muito bem-vestido aguardava. Parecia nervoso e levantou-se rapidamente quando viu as duas mulheres adentrarem a pequena sala, detendo seu olhar em Charlotte, admirado. Mesmo vestida modestamente com as roupas que Eve lhe conseguira, ainda conservava a beleza que lhe era característica. Eve tratou de encaminhá-lo para o local da consulta.

Charlotte, sem saber do que se tratava, sentou onde Eve indicou e ficou observando. Logo mais, a mulher pediu algo ao rapaz. O jovem entregou-lhe uma echarpe de cor branca. A senhora segurou a peça entre as mãos e aquietou-se, baixando a cabeça. Instantes depois, voltou a levantá-la e, com uma voz totalmente estranha, falou:

– Muito bem, a jovem está gostando de outro rapaz. Ela quer se casar com ele, mas tem interesses mesquinhos. Ele é rico, e ela deseja a opulência. Então, faça tudo o que lhe for dito aqui e não recue, senão irá perder o duelo. O outro não lhe é indiferente.

O rapaz escutou tudo interessado e apenas balançou a cabeça em sinal afirmativo, demonstrando estar ciente e convicto do que queria. Charlotte, por sua vez, não entendia o que acontecia. Sentiu-se agastada. E, sem querer julgar a amiga, manteve-se em silêncio, fazendo tudo o que era pedido, até terminar. Logo após o rapaz retirar-se, pediu explicações à mulher, que, satisfeita com a jovem, esclareceu:

– Isa, eu nunca lhe falei, mas tenho poderes que me permitem entrar em contato com espíritos. Eu vejo, sinto, escuto coisas do outro mundo desde que era muito pequena. No início foi muito difícil, visto que a maioria achava que eu era louca. Minha família tentou de tudo, acreditando se tratar de uma doença. Com o tempo, perceberam que não tinha jeito e, quando eu fiz dezessete anos, trouxeram-me para cá e me largaram aqui. Por um longo tempo me revoltei, pois me faltou tudo. Depois, me acostumei. Comecei a trabalhar e tenho sobrevivido assim.

Charlotte escutou o relato e sentiu piedade da mulher. Contudo, aquilo não a assustava. Ao contrário, a história de Eve parecia-lhe muito familiar. Entretanto, ainda muito intrigada, perguntou:

– Eu não entendi como você ajuda as pessoas. Por exemplo, esse jovem queria que você fizesse algo para conseguir o amor de uma jovem que não gosta dele?

A mulher, sem querer assustá-la, desejava ir mostrando a verdade aos poucos, para que ela se acostumasse. Atendendo à influência de espíritos infelizes que se faziam presentes, respondeu:

– Querida, é um trabalho muito sério. Esse jovem está perdidamente apaixonado por uma moça que ainda não sabe, mas também gosta dele. A moça em questão está de olho em outro que é rico, mas não o ama. Então, damos uma ajudinha e promovemos a união deles, fazendo-os, assim, felizes. Entendeu?

– Isso é certo? Interferir na vida de outras pessoas? – indagou Charlotte confusa.

– Claro que sim. Não estamos fazendo o mal. – Pensou um pouco e retomou: – Veja bem: se essa jovem se casar com o homem rico, irá ser muito infeliz, pois não o ama e também não é amada. Mas, se se casar com este jovem, eles serão felizes! Logo, estaremos fazendo um bem a todos os envolvidos. É para isso que servem os meus poderes, minha doce Isa.

Por ora, Charlotte resolveu deixar para lá e aceitar as explicações; não queria se indispor com Eve. Contudo, algo dentro dela a incitava a não aceitar aquela prática.

45

Uma nova vida

    Sete meses depois, cada um do seu jeito tentava retomar a vida depois da tragédia. O conde e a condessa de Laforet continuaram, a pedido do sobrinho, em Dijon. Ainda não conseguiam acreditar que Claude, Henry, Verena e Charlotte estivessem mortos. O conde, a cada dia, perdia o gosto pela vida. Passava longas horas sentado na varanda, lembrando-se dos sábios conselhos de seu pequeno sobrinho, das reclamações de Verena e do sorriso de sua amada Charlotte. A condessa desdobrava-se para não deixar que o abatimento o vencesse, e Hugo buscava, junto de sua nova família, ânimo novo.

— Tia, estou preocupado. Ele não sai mais dessa cadeira para nada – disse o sobrinho, mostrando o tio sentado na varanda.

— Eu sei, meu querido. Já esgotei todas as minhas opções. O que me resta agora é orar. Vou pedir ao meu querido Henry que, de onde estiver, ajude meu querido esposo. – A mulher enxugou uma lágrima que rolava por sua face e concluiu: – Ele fazia curas quando vivo; há de fazer também no céu!

Hugo fitou sua tia comovido. Abraçou-a, tentando reconfortá-la.

Em Paris, Cédric entregava-se de corpo e alma ao trabalho. A revolução tomava proporções gigantescas, espalhando-se por todo o país. Massacre em algumas cidades, saques em outras, além de muita desordem, dominavam aquele belo país. Em meio a esse cenário, o nobre lutava contra as fortes lembranças que carregava de sua jovem e bela esposa que, para ele, estava morta.

Johanne, por sua vez, sem conseguir aproximar-se do duque, tornou-se amiga da esposa do capitão Gérard, manipulando a jovem senhora para tentar conseguir o que tanto almejava.

— Senhora, estou tão triste... Não consegui ainda sequer ver o senhor duque. Sei que foi um golpe muito duro para ele. Todavia, a vida segue. Amo-o com todas as minhas forças e seria capaz de tudo para fazê-lo feliz – disse Johanne, fingindo chorar.

A mulher, como gostava de um bom romance, decidiu ajudar aquela bela jovem a realizar seu sonho e disse, procurando animá-la:

— Querida, eu vou ajudá-la. Para isso, vou tentar buscar auxílio em meu marido. Cédric lhe tem muita afeição e, se não sentisse que estivesse falando a verdade, jamais me uniria a você. Gérard tem Cédric na mais alta estima e jamais se envolveria em algo que viesse a prejudicá-lo.

Johanne, radiante, sentiu que aquela ajuda era o que

precisava. Seus olhos brilharam de satisfação. Segurando as mãos da mulher, disse feliz:

— Obrigada, senhora. Nunca irá se arrepender! Vou ser para o senhor duque a melhor mulher do mundo.

— Pois bem, ele chegou a Paris hoje e neste momento está com Gérard. Pedi ao meu marido que o convidasse para vir jantar conosco hoje; aproveito e faço-lhe o mesmo convite. Todavia, tem que parecer algo natural, sem armação. Caso contrário, conhecendo-o bem, ele nem olhará para a senhorita. Portanto, chegue depois. Ele é muito pontual. – A mulher parou e disse pensativa: – Eu nunca o vi desse jeito. Acredito que devia amar muito a duquesa. Não a conheci, mas devia ser alguém muito especial.

Mesmo acreditando que a duquesa estivesse morta, Johanne ainda sentia ciúmes dela e, em seu íntimo, ficou com raiva, mas disfarçou.

A noite chegou rápido, e Johanne, seguindo as orientações de Gaby, chegou depois do convidado, fingindo surpresa ao cumprimentar o nobre:

— Senhor? Que satisfação reencontrá-lo!

O nobre olhou-a inexpressivo, fez a reverência de praxe e disse curioso:

— Não sabia que conhecia meus amigos.

Nesse momento, a esposa do capitão foi em socorro da jovem e explicou:

— Nem eu sabia que vocês se conheciam. Coincidência maravilhosa! Eu conheci Johanne tem poucas semanas, por intermédio de uma amiga. Para passar o tempo e não pensar nessa maldita revolução, nós nos reunimos quando podemos.

O nobre não duvidou da senhora e, satisfeito em ver a jovem, redarguiu:

— Que bom! Conheço a senhorita Johanne tem algum tempo e fico feliz em saber que se tornaram amigas. – Voltou-se para o capitão e, dando o assunto como encerrado, mudou de contexto: – Gérard, Lyon está fervendo. Não apoiaram o conde de Mirabeau e digo mais: ele que se cuide!

– Também acho isso, meu amigo. Trata-se de um facínora amoral. O fato de falar bem não faz de alguém merecedor de credenciais especiais...

Johanne olhou discretamente para Gaby, que, sentindo confiança, retribuiu o olhar contente. O restante da noite seguiu sem contratempos. Depois desse encontro, Gaby dava sempre um jeito de fazê-la encontrar com o nobre e convenceu o esposo a interceder pela jovem.

– Meu amigo, o que acha da senhorita Johanne? Ela não lhe parece apaixonada? – perguntou Gérard, certa tarde, na Fortaleza.

– Uma senhorita muito agradável, Gérard. Por que a pergunta?

– Vou ser sincero: acho que está na hora de pensar em casar-se. Não é certo ficar sozinho por mais tempo. Acredito que essa senhorita possa ser a escolha correta.

Cédric levantou-se da cadeira em que estava. Sério, caminhou até uma janela e, olhando para o exterior, disse pensativo:

– Uma vez, Charlotte me disse que todos nós só devíamos nos casar por amor e, definitivamente, Gérard, eu não amo essa senhorita e acredito que não irei amar mais mulher alguma. Logo, o casamento é algo que não faz mais parte dos meus planos.

Gérard, sem se dar por vencido, rebateu:

– Eu sei, meu amigo, do que fala, pois amo Gaby. Porém, é importante ter um par de pés quentes para nos esquentar nas noites frias. É bom pensar nisso! Até porque não acho que essa jovem vá esperar a vida toda por você. Ela é uma bela moça; não será difícil arranjar um pretendente. Então, se fosse você, pensaria a respeito.

Cédric não respondeu. Ficou pensando em tudo o que acabara de escutar e reconhecia que seu amigo poderia ter razão.

Longe do duque, a duquesa continuava sem se lembrar de sua identidade, encontrando nos trabalhos, tanto domésticos quanto nos que julgava serem de ajuda, a força para continuar vivendo.

    O dia amanhecera fazia algum tempo. Charlotte voltava da horta quando encontrou uma jovem muito bem-vestida batendo à porta da cabana. Aproximou-se mais um pouco e perguntou logo atrás da jovem:

— Pois não?

    A jovem virou-se, sobressaltada, e, vendo tratar-se de uma bela moça, respirou aliviada.

— A senhorita mora aqui? – perguntou.

— Sim.

— Acho que me enganei de endereço; me disseram que aqui morava uma velha feiticeira, Madame Eloá.

    Charlotte sentiu algo estranho. Nunca havia escutado ninguém chamando Eve assim e, séria, explicou:

— Aqui mora uma senhora que se chama Eve. Ela tem sim certos poderes, todavia não é uma feiticeira. Ela ajuda as pessoas. A senhorita está precisando de algum auxílio? Eve foi à cidade comprar mantimentos, mas voltará logo. Se quiser, pode me falar; sou sua ajudante.

    A moça, sentindo confiança em Charlotte, anuiu. Sentou-se e desabafou nervosa:

— Vim pedir a Madame ajuda para livrar-me de meu marido. Eu me casei com ele sem amor; acredito que o crápula deva ter me enfeitiçado, pois nem pensei direito. Eu gosto mesmo é de outro homem, e, ainda que eu seja casada, não conseguimos nos separar. Agora, estou grávida, e não é do meu marido. Se ele souber, irá me matar e matará meu Jean. Tenho sofrido muito, pois ele é um estúpido. Não sei o que fazer; não tenho mais a quem recorrer. Minha família nunca iria aprovar! Jean não tem muitos recursos...

Charlotte escutou tudo, impressionada com o pedido da jovem. Entretanto, lembrou-se do primeiro caso de Eve que presenciara. Curiosa, perguntou as características físicas do marido da jovem e quase caiu da cadeira quando ouviu a mesma descrição do rapaz que viera meses atrás pedir ajuda à sua amiga. A duquesa, confusa, olhou para a moça e perguntou:

– A senhora não amava seu esposo quando se casou com ele? Este Jean não era rico? A senhorita não queria casar-se com ele apenas pelo dinheiro?

– Claro que não! Jean tem uma pequena propriedade, nunca foi rico, e amávamo-nos. Ele juntava algum dinheiro para que pudesse pedir minha mão. Todavia, de um dia para o outro, coisas começaram a acontecer em sua propriedade: o gado morreu, a plantação secou, e até as galinhas pararam de pôr ovos. Ele então teve que usar esse dinheiro. Um dia, brigamos sério e, num momento de impulso, aceitei o pedido de casamento do meu marido. – A jovem parou, enxugou o suor que descia em seu rosto e concluiu perguntando: – Por que a senhorita me pergunta isso? Acaso sabe de alguma coisa?

Agora estava tudo claro para Charlotte: ela fora enganada por Eve. Olhou a jovem e seu íntimo vibrava. Mesmo sem lembrar quem era, entendeu que aquilo não era certo. Tomada por uma energia que se apoderou de todo o seu corpo, disse com firmeza para a moça:

– Meses atrás, um rapaz procurou por Eve com as mesmas características do seu esposo, pedindo ajuda para se casar com uma jovem que dizia amar. Todavia, a história que chegou aos meus ouvidos era bem diferente da que escutei agora.

A jovem levantou-se e disse indignada, interrompendo Charlotte:

– Então foi isso? Ele me colocou um feitiço! Por isso as coisas para Jean pioraram do dia para a noite. Aquele maldito... Jamais vou perdoá-lo! Vou matá-lo e...

Charlotte levantou-se, segurou-a pelos ombros e argumentou:

– Não vê que, se seu marido errou, estará fazendo a mesma coisa? Logo, serão iguais! Como pode pensar em tirar a vida de alguém? Acaso é assassina ou quer tornar-se uma? Sim, seu marido errou, mas deveria estar, como a senhora, desesperado. Não se cura ferida alguma inflamando-a! Sente-se agora e escute.

A mulher, assustada com a reação da jovem, aquietou-se. Sentou-se e fitou Charlotte, esperando o que ela tinha para falar. A duquesa sentou-se a seu lado e, com muita convicção, falou-lhe, tentando de alguma forma ajudar aquela jovem:

– Escute, eu não sei quem sou; estou aqui sem saber na verdade minha própria identidade. Lembro apenas que um dia acordei aqui. Eve disse que tinha me resgatado de uma forte chuva que caía. Mesmo assim, tenho plena certeza do que irei lhe falar, pois sinto isso vibrar dentro de mim.

Olhou fixamente para a jovem aflita, segurou sua mão e continuou:

– Não é certo se livrar do sofrimento causando mais sofrimento. Olhe para seu marido: ele talvez tenha conseguido se casar por intermédio de atitudes esdrúxulas. Contudo, você, melhor do que ninguém, sabe que isso não lhe trouxe felicidade. Acredito que deva ser muito penoso não estar com quem se ama. Porém, pior é estar com quem se ama, ter a consciência pesada pelo mal praticado, e ainda não ser amado. Se fizer algo contra seu marido, estará se afastando cada vez mais do seu amor. Volte para sua casa e peça a Deus orientação para qual atitude deve tomar. Cada dia traz algo novo, e nossa vida pode mudar drasticamente. Deus nunca, em momento algum, nos desampara, por maior que seja a nossa dor. Tente perdoar seu marido e ande com liberdade, sem o peso da condenação que aprisiona o ser. Como será feliz se colocar em seu caminho areia movediça que, a qualquer momento, irá afundar? Pense nessa criança que carrega em seu ventre e dê a ela motivos para que amanhã possa seguir seus passos. – A duquesa silenciou e abraçou a jovem, que chorava copiosamente.

Elas não podiam atestar, mas faziam-se presentes Giulia e Alícia, chorando, emocionadas, com o conselho de Charlotte.

– Meu Deus, muito obrigada. Minha menina está vencendo!

Minutos depois, mais calma, a jovem olhou para Charlotte, sentindo por ela um profundo respeito. Segurando suas mãos, disse:

– Vim até aqui hoje trazendo a morte dentro de mim. Agora, graças à senhorita, retornarei ao meu lar sentindo a vida pulsar dentro de mim como nunca senti antes. Obrigada! Espero que também possa resolver seu problema. Vou pedir ajuda a Deus. – Enxugou as lágrimas que ainda teimavam em cair e foi embora.

Charlotte, apesar da solidão que sentiu, agradeceu a Deus a possibilidade de ajudar, lembrando-se em seguida de Eve e de tudo o que descobrira. Sua mente parecia agora ter ampla clareza em relação aos trabalhos que Eve realizava.

Horas depois, a mulher chegou à velha cabana. Sem desconfiar de nada que acontecera momentos antes, cumprimentou Charlotte com entusiasmo:

– Olá, minha querida. Quase não chego. A ferradura do cavalo se soltou e tive que ajeitá-la, por isso demorei mais um pouco.

A senhora tinha se afeiçoado a Charlotte e, por várias vezes, sentia compaixão por ela, principalmente quando a encontrava pensativa. Entretanto, tinha medo do que os espíritos poderiam fazer se resolvesse ajudá-la a encontrar sua identidade.

46

A cura real

    Charlotte aproveitou o tempo sozinha para pensar no que fazer. Tinha tido mil ideias, e uma delas era ir embora. Não iria mais compactuar com aquele tipo de trabalho. Contudo, quando viu a mulher chegar, sentiu o peito apertar. Apesar de tudo, era muito grata por toda a ajuda e carinho que recebera. Receosa, não sabia que atitude tomar. Pensou um pouco e veio-lhe uma ideia que acalentou sua alma. Levantou-se e foi ajudar a senhora com os mantimentos.

    Dois dias depois, estava vindo do córrego que havia por perto, o qual usava para tomar banho. Ainda ao longe, viu na cabana uma senhora conversando com Eve. Charlotte sentiu que talvez fosse o momento de colocar em prática o que havia pensado. Aproximou-se das mulheres, cumprimentando-as:

– Boa tarde!

Eve olhou para a duquesa e, empolgada por ter mais uma cliente, disse contente:

– Querida, precisamos ajudar esta senhora.

– Claro, vamos ajudar sim. Gostaria de pedir à senhora que eu mesma conduzisse os trabalhos. Sinto segurança para fazê-lo – pediu Charlotte convicta.

A "feiticeira", escutando aquilo, assustou-se. Todavia, levada pelo sentimento de vaidade e acreditando ter conseguido trazer a jovem para o seu lado, aquiesceu com alegria:

– Que ideia maravilhosa! Com prazer permitirei.

Ninguém dentro daquela velha cabana podia imaginar o aparato que estava sendo feito do lado espiritual. Espíritos trabalhavam desde cedo para que tudo saísse a contento. Alguns desdobravam-se para afastar todos os espíritos dementados. Outros faziam uma limpeza no ambiente, higienizando o ar com aparelhos diferentes, quebrando placas fluídicas que eram coletadas em espécies de sacolas e lacradas. Outros implantavam aparelhos ao longo da sala onde se realizaria a sessão, e alguns, em número reduzido, oravam fervorosamente, dando sustentação ao trabalho.

Charlotte sentou-se na cadeira que era usada por Eve, que por sua vez tomou o lugar de Charlotte. Bastante segura do que iria fazer, pediu à senhora que se sentasse à sua frente e, diferente do que era feito, pediu que as mulheres a seguissem em uma prece. As duas estranharam, contudo, levadas por uma força que não sabiam divisar, aquiesceram. Charlotte olhou para a senhora à sua frente e pediu:

– Fale o que a trouxe aqui.

A mulher, sem se fazer de rogada, relatou a história:

– Eu quero que Madame faça algo contra a filha de minha cunhada. A infeliz colocou um feitiço em minha pequena, e ela está toda cheia de feridas e se coçando. Uma empregada da casa disse que viu quando essa maldita fez o trabalho. Logo, quero que ela saiba com quem mexeu e que, depois, ajude minha filha a se livrar desse maldito feitiço.

Nesse momento, uma forte luz clareou a cabana totalmente, e um jovem apresentou-se no recinto, sem que ninguém material atestasse sua presença. Henry se postou ao lado de Charlotte, ligou-se à mente da jovem e, sob sua influência, ela começou a falar devagar:

– Minha querida irmã, foi trazida aqui hoje por misericórdia de nosso pai. Sua filha está envolvida por energias degradantes provindas de espíritos malfazejos que, como você, ainda acalentam no coração ideias de vingança; de prazer imediato; de inveja; e de outros vícios que maculam a humanidade. A senhora vai à igreja, olha para a imagem do Cristo crucificado e não entende a mensagem que ele veio nos passar? Acredita que a solução do seu problema seja vingar-se através de um ser que nada tem com as querelas pessoais de vocês? Como pode restituir a saúde de sua filha à custa da doença da própria sobrinha?

Charlotte fez uma pausa. Vendo a mulher chorar, e envolvida pelas boas vibrações de Henry, estendeu a mão, segurando a da mulher, e continuou pausadamente:

– Contudo, Jesus não a condena nem a julga. Apenas como fez com a mulher adúltera, pede que reflita no que ele quer realmente de cada um de nós. Siga para sua casa, edifique seu lar em cima de pilares sólidos, de modo que nem o vento, por maior que seja, derrube essa estrutura. A vingança é o ingresso em um cárcere sem paredes. Não viole sua consciência com sentimentos tão pouco elevados. Perdoe quem a feriu, ajude quem precisa, ame seu irmão... Só assim ficará imune a qualquer tipo de energia que possa ser dirigida a você. Levante e deixe que Jesus entre em seu lar de verdade. – Dito isso, Charlotte silenciou.

Eve se mantinha em estado de choque e não conseguia fazer nada; só escutava as sábias palavras da jovem. A mulher, assistida por boas energias, pensou alguns minutos, parou de chorar e, olhando para a duquesa, agradeceu:

– Eu não sei quem você é, mas tocou meu coração. Queria pedir perdão por ser tão maldosa a ponto de querer fazer mal à minha pequena sobrinha. Obrigada, minha jovem; eu vim com um intuito e saio daqui com outro. – Levantou-se, abriu uma pequena bolsa que trazia, retirou de dentro dela uma quantia em dinheiro e estendeu a Charlotte.

Charlotte levantou-se e, ainda envolvida pelas vibrações de Henry, disse:

– Leve seu ouro e o entregue a quem precisa. Não se pode cobrar pelo bem que se faz, pois recebemos a todos os instantes de Deus, gratuitamente. Eu vendo legumes, frutas e condimentos para me manter. Pode se tornar minha cliente, assim estará pagando pelo meu trabalho.

A mulher, tomada por uma alegria súbita, venceu a distância que a separava de Charlotte e abraçou-a feliz. Depois saiu renovada.

Eve, tentando entender o que acontecia ali em sua casa, perguntou assustada, pois sua faculdade não atestava nada do lado espiritual:

– Isa, o que está acontecendo? O que foi tudo isso?

Henry, naquele momento, fez-se presente para Eve e, através de Charlotte, respondeu:

– Isso é a resposta de Deus para os seus apelos, Eve. Jesus a convida a retomar o caminho da cura real.

A mulher, quando viu Henry, baixou o olhar rapidamente, envergonhada. Sentiu as pernas fraquejarem e, sem forças, caiu de joelhos, soluçando.

– Não sou digna, senhor. Sou uma mulher maldita, aprisionada por esse funesto poder. Seres das sombras me perseguem!

– Não são eles que a perseguem; é você quem os convida a entrar, quando aceita suas sugestões maléficas. Não é uma mulher maldita; ao contrário, é uma filha de Deus. Esses poderes, se bem usados, a libertarão. Hoje, aprendeu como usá-los; siga nesse caminho e encontrará a ajuda de muitos amigos. Não pense que será fácil; a caminhada com Jesus é solitária do lado material na maioria das vezes. Porém, mantenha-se firme que lhe daremos o suporte necessário. Desde o dia em que recebeu esta jovem em sua casa e, num momento de lucidez, pediu a Deus que a ajudasse, angariou recursos para o que está acontecendo hoje aqui.

A mulher olhou para o doce semblante de Henry e prometeu:

– Eu prometo, senhor, lutar para seguir esse caminho. Só peço que me dê forças; tenho medo de fracassar.

O espírito anuiu, sem nada mais dizer. Voltou-se para sua irmã e abraçou-a com carinho, fazendo a jovem entrar em êxtase pelos fluidos transmitidos. Charlotte chorou sem saber por quê. Todavia, sentiu-se tão amada, tão especial, que, mesmo sem saber se tratar de seu irmão mais novo, agradeceu:

– Obrigada, meu Deus, pelo sentimento que se apodera de mim!

Aos poucos, Henry desapareceu, deixando as duas mulheres. Eve olhou para a jovem amiga e, ainda de joelhos, pediu chorado:

– Perdoe-me, querida. Garanto que não lhe menti. Não sei nada a seu respeito. Evitei sair esses meses para não ter que descobrir e me sentir pior do que já estou, pois gosto de você.

– Quem precisa perdoar é quem guarda mágoa. Não tenho isso dentro de mim em relação a você, minha querida amiga. – Segurou a mão da mulher e a ajudou a se levantar. Abraçaram-se emocionadas.

O resto do dia transcorreu com uma paz nunca sentida por Eve ou Charlotte. Trataram de combinar como iriam ganhar dinheiro dali para frente e decidiram que no outro dia iriam fazer isso na cidade, vendendo o que plantavam e o artesanato que confeccionavam. No outro dia, logo cedo, Eve fez questão de levar Charlotte consigo até a cidade, dizendo:

— Todos esses meses não queria levar você à cidade com medo de que alguém pudesse reconhecê-la e você tivesse que ir embora. Hoje vejo o quanto fui egoísta. Deve ser muito ruim não se lembrar de nada. Quem sabe não aconteça algo hoje?

O coração de Charlotte bateu mais forte; ter um passado e lembrar-se dele era tudo o que ela mais queria. Longos minutos depois, as duas mulheres chegaram à cidade. Charlotte olhava tudo, mas não encontrava nada que pudesse fazê-la se lembrar do seu passado. Pararam a carroça em frente a uma praça, organizaram as verduras na parte de trás dela, e Eve tratou de anunciar o produto, chamando os clientes. A senhora olhou para a jovem confrangida, percebendo que esta olhava para uma igreja que havia por perto. Tentando animá-la, incentivou-a:

— Porque não anda um pouco por aqui? Quem sabe não encontra algo proveitoso?

Charlotte sorriu, anuiu feliz e aceitou com prazer a sugestão. Saiu andando em direção à igreja. Eve, olhando para a jovem, sentiu-se bem em estar tentando ajudá-la. Contudo, devido à sua faixa de vibração estar diferente, não atestou a presença de espíritos que se aproximaram fazendo balbúrdia. Eles vinham munidos de pedaços de pau, pedras e barras de ferro. Um deles, que parecia ser o líder, estacou e levantou a mão, pedindo silêncio, sendo imediatamente obedecido. Então falou:

— Ali está a traidora! Nós a servimos por longos anos, e o que ela nos oferece? O gosto amargo da traição. Infame! Agora ela irá provar do próprio remédio. Sigam-me – disse o espírito, voltando a caminhar em direção a Eve, que a princípio não sentiu nada, mas, aos poucos, começou a sentir dor de cabeça, com uma sensação de medo se apoderando dela. Mesmo sem ver, sabia que havia espíritos malfazejos por ali e, ainda sem jeito, começou a orar pedindo ajuda.

Nesse instante, passavam pelo local algumas mulheres

da Liga da Sociedade de Rouen. Uma delas olhou para Eve e, assustada, disse às demais:

— Vejam, é a feiticeira. Que ousadia vir à cidade. Essa mulher é maldita! Já acabou com muitos casamentos. Vamos deixar ela aqui entre nós?

A senhora que liderava o grupo voltou-se para Eve. Sendo insuflada pelos espíritos, ergueu a cabeça em uma postura de altivez e disse:

— Vamos dar um jeito nisso, senhoras. Acompanhem-me. — Todas seguiram-na sorrindo. Uma vez lá, a senhora olhou para Eve com empáfia e perguntou em alto e bom tom:

— O que uma mulher como você faz aqui na nossa cidade? Acaso está querendo destruir mais casamentos? Já não bastam as bruxarias longe daqui? Agora quer espalhar a maldição por toda a cidade? Feiticeira! Bruxa! Quantas famílias já destruiu?

Eve olhou-as, sentindo todo o ódio que lhe era dirigido. Sem saber o que responder, começou a suar e se encolheu com medo. Alguns transeuntes curiosos se aproximaram.

— Por favor, eu não faço mais isso! — tentou se explicar a pobre mulher. Contudo, as senhoras não estavam dispostas a ouvir e interromperam-na:

— Cale-se, maldita. Como ousa falar? Não percebe que sua presença é uma ameaça a esta cidade?

Um pouco longe dali, Charlotte orava contrita na igreja quando escutou um vozerio que aos poucos aumentava. Levantou-se devagar, fez o sinal da cruz e saiu da igreja. Caminhou e, mesmo ainda um pouco longe, percebeu que as pessoas corriam para o local onde havia deixado Eve. Havia uma aglomeração ali; não enxergava a amiga nem a carroça, e, percebendo ser uma discussão, apressou o passo. Chegando ao local, constatou estarrecida que algumas mulheres ofendiam Eve.

— Somos as representantes da igreja de Rouen; portanto, as representantes de Deus, e mulheres como você são a desgraça do mundo. Foi você que destruiu minha vida, sua bruxa maldita. Meu marido foi embora e me deixou aqui sem nada. Se não fosse a igreja, estaria perdida para sempre! – A mulher avançou, pegou algumas verduras na carroça e atirou em Eve com força. Outras tiveram a mesma reação.

Charlotte indignada avançou, vencendo a aglomeração, e gritou enérgica:

– Parem já com isso! – Aproximou-se da amiga e a ajudou. Depois, voltou-se para aquelas senhoras e, com autoridade, falou:

– Como ousam falar em nome de Deus? Como ousam dizer que são representantes da igreja? É assim que seguem os preceitos cristãos, admoestando os outros? Acaso não conhecem as escrituras sagradas? Foi assim que Jesus tratou a mulher adúltera? Se ele estivesse aqui, o que diria a vocês? Que estão certas? Não, faria o mesmo que fez em seu tempo. Quem não tiver nenhum pecado que atire a primeira pedra. Hipócritas! Não foram vocês que foram atrás dos serviços dela? Logo, vocês também não precisam de punição? Não foram vocês que pagaram pelos serviços dela?

Todos silenciaram, sem saber o que dizer àquela jovem que defendia uma bruxa. Uma delas olhou para Charlotte e perguntou confusa:

– Quem é você, que defende uma mulher dessas com unhas e dentes?

Antes que Charlotte respondesse, outra mulher se aproximou e, olhando Charlotte de perto, disse abismada:

– Minha Nossa Senhora, é a duquesa. A senhora não morreu no incêndio? É um milagre!

– A duquesa? Não pode ser; ela morreu junto com o profeta – dizia outra, aproximando-se também e mirando Charlotte de perto, para exclamar em seguida: – Meu Deus, é verdade. É a senhora mesmo!

Charlotte, confusa, olhava sem entender e perguntou espantada:

– As senhoras me conhecem?

– Claro! A senhora, junto com seu irmão, ajudou muita gente pobre desta cidade. Seu irmão promovia curas. Eu mesma fui curada por ele. O profeta foi a melhor pessoa que já conheci nesta vida. Muitos devem a própria vida à senhora e a seu irmão – disse a mulher com segurança. Depois, perguntou curiosa: – A senhora não se lembra? Todos pensavam que a senhora tivesse morrido no incêndio que aconteceu em sua propriedade. Como a senhora se salvou?

A duquesa, ainda meio aturdida pela revelação, respondeu devagar:

– Não sei o que aconteceu. Minha memória desapareceu! O que sei é que foi Eve quem me salvou, pois estava no meio da floresta. Ela levou-me para sua casa e cuidou de mim. Por isso, tem minha eterna gratidão.

Charlotte silenciou e, vendo que todos a escutavam, aproveitou a oportunidade para interceder pela amiga:

– Eu sei que Eve errou muito. Contudo, errou com ela mesma. Peço, em nome de Jesus, que a perdoem, se quiserem ser perdoadas por Deus. Esta mulher está disposta a mudar de vida. Agora, ela serve a Jesus e usará suas habilidades para o bem. Mesmo sem lembrar meu passado, queria pedir aos senhores que ajudem e recebam esta filha de Deus. Ela não mais venderá seus dons. Quem precisar de sua ajuda a terá de graça, sem feitiços ou coisas do gênero...

Uma mulher levantou a mão e, aproximando-se de Eve, declarou:

– É verdade. Ontem eu estive na casa dela. Estava com o diabo em meu coração e queria vingar minha filha. Entretanto, entrei lá doente e saí curada. Minha surpresa aumentou ainda mais quando cheguei em casa e encontrei minha filha, que padecia de uma enfermidade, totalmente curada. – Olhou para Eve e concluiu: – Quero dizer que terá minha amizade e gratidão, e serei sua cliente na compra de suas verduras.

Eve olhou para Charlotte com lágrimas saltando dos

olhos. Voltou seu olhar para um local específico, ajoelhou-se e disse, parecendo ver algo:

— Obrigado, minha criança. Deve ser um enviado dos anjos celestiais.

Uma das mulheres olhou para Charlotte e disse espantada:

— Meu Deus, ela deve estar vendo seu irmão! Foi ele quem salvou a filha desta mulher. Muitos dizem que ele continua fazendo milagres. Várias pessoas dizem que vão à antiga capela da propriedade, onde ele foi morto, para pedir ajuda, e que são atendidas!

A duquesa, meio atordoada com as revelações, perguntou interessada:

— Essa propriedade fica longe daqui?

— Não, senhora. Eu e meu marido podemos levá-la até lá.

— Por favor, eu queria muito! — Fitou Eve, segurou-a pela mão e, ajudando-a a se levantar, perguntou feliz: — Eve, vem comigo?

A mulher anuiu com satisfação. Ajeitou o que sobrou dos legumes na carroça, subiu, ajudando a duquesa a subir também, e seguiu logo atrás da outra condução. Os demais deixaram o local admirados com o desfecho, comentando a notícia entre eles e levando-a a outras pessoas.

No outro lado da rua, outra jovem sorriu, feliz, e disse para uma senhora a seu lado, vendo a condução se afastar com a duquesa:

— Foi ela, mamãe, quem me ajudou.

— Se ela soubesse que Jean morreu no dia seguinte... Se tivesse feito alguma coisa, sua vida teria acabado — disse a senhora comovida.

— Hoje vou dar um lar ao meu filho e carregarei a semente do amor dele por toda a vida. Que Deus a abençoe — rematou a jovem.

47

A verdade

    Charlotte seguiu com o coração apertado. Não sabia se ficava feliz; seu passado parecia triste e sombrio. Fechou os olhos e pediu a Deus que a ajudasse. Depois de algum tempo, as duas conduções chegaram ao limite de uma propriedade, constatando que estava fechada a correntes. A senhora desceu de sua carroça e, olhando para a duquesa, mostrou:

– Esta é sua casa, senhora. Desde o ocorrido, seu marido fechou tudo. Muitos dizem que ele nunca mais retornará. Foi muito triste!

– Como se chama meu marido? – perguntou Charlotte, olhando ao longe.

– Duque Cédric Lefevre. É um homem muito orgulhoso e sisudo. Porém, contam que, desde que tinha se casado com a senhora, havia mudado e até se tornado mais simpático.

Ao escutar o nome do nobre, o coração de Charlotte disparou. Desceu da carroça determinada. Com cuidado, pulou a cerca que havia e caminhou em direção à imensa casa. A mulher e Eve a seguiram em silêncio. O marido da senhora resolveu ficar vigiando a entrada. Ao chegar em frente da casa, Charlotte parou, enxugou o suor que descia pelo seu belo rosto e pareceu ver, por alguns segundos, na varanda, uma criança sorrindo. A duquesa, confusa, piscou algumas vezes. Acreditando ser o calor, voltou a caminhar, detendo-se na entrada, que também estava lacrada. Olhou por longos segundos e teve a nítida impressão de que já conhecia tudo. Voltou-se para a senhora e perguntou:

– Onde ficava a capela?

A mulher, sem responder, apontou a direção com o dedo. Charlotte, sem mais perguntas, seguiu na direção indicada. Andou e, ao se aproximar do que sobrara da antiga capela, experimentou uma dor pungente em seu peito. Lágrimas vieram-lhe involuntariamente; suas pernas começaram a tremer, a respiração se acelerou, e um filme desde a infância se passou rapidamente em sua mente, mostrando toda a sua vida até o fatídico dia. A duquesa ficou algum tempo em silêncio, com os olhos fechados, estática, como se quisesse reter as informações recebidas, até que se lembrou do que as mulheres haviam dito. Levou as mãos à cabeça e gritou, ajoelhando-se na terra, vencida pela dor:

– Não! Henry, porquê? Você não merecia isso, meu irmão. Maldito Fabrice; foi ele quem me levou daqui naquele dia. Lembro-me de um raio atingir a condução e, tentando me livrar dele, caí e bati a cabeça. – Olhou para trás e pediu entre um soluço e outro: – O que aconteceu aqui? Onde estão os outros? Meu pai, meu outro irmão, Verena...?

A mulher e Eve aproximaram-se rapidamente, apiedadas com a dor da jovem, amparando-a. A senhora que a havia trazido explicou devagar, pois a comiseração a fez engasgar. Com cuidado, ponderou:

– Infelizmente, senhora, todos os que estavam na propriedade naquele dia foram mortos. Alguns, por reagirem, foram executados rapidamente; os demais foram trazidos até a capela, presos e... – A mulher engoliu em seco, enxugou uma lágrima que caía e continuou: – A capela foi queimada com todos dentro. Quando seu marido chegou, já estava tudo acabado. Seu corpo nunca foi encontrado. Acreditava-se que estava com os demais. Alguns ficaram irreconhecíveis. O malfeitor foi encontrado morto em uma estrada longe daqui.

Charlotte escutava tudo sentindo uma dor profunda, que parecia não ter fim. Deixou-se cair nos braços de Eve, que chorava com ela. Minutos depois, a "feiticeira" viu surgir na antiga porta da capela em ruínas uma luz muito forte. Involuntariamente, a mulher levou uma das mãos aos olhos. Depois, a luz transformou-se em um rapazinho muito bonito, que sorriu, aproximou-se das mulheres e pediu, gentil, a Eve:

– Por favor, diga a minha irmã que estou bem.

Eve, espantada e maravilhada ao mesmo tempo, segurou os ombros da duquesa e disse sorrindo, entre lágrimas:

– Minha querida, seu irmão está aqui entre nós e pede que lhe diga que está bem.

Charlotte engoliu o choro, passou as mãos nos olhos, enxugando-os, e, fitando Eve, perguntou surpreendida:

– Você o está vendo?

– Sim, minha querida, e ele é lindo! Meu Deus, é o mesmo que esteve conosco ontem em minha casa e há pouco na praça – exclamou Eve.

– Henry! Meu querido, por quê? Por que você, e não eu? E Verena e os demais?

O belo espírito sorriu, aproximou-se de Eve e, ligando-se à sua mente, falou através dela:

– Minha irmã Charlotte, por que a dor? Estou bem, e Verena também. Sei que a saudade é justa. Todavia, o sofrimento demasiado é uma chaga em nossa vida. Lembre-se de tudo o que lhe falei. Perdão é a palavra de ordem. Não se aflija; essa foi minha história. Você deve dar continuidade à sua e fazer o que Jesus espera de nós: ajudar sempre. Acalme seu coração e deixe a dor ensiná-la sem, no entanto, macular sua alma. – Em seguida, o doce espírito desapareceu, deixando um cheiro magnífico de jasmim no ar.

Eve olhou para Charlotte e disse emocionada:

– Ele se foi, minha querida.

A mulher que acompanhava o fenômeno olhou com admiração, ajoelhou-se e, fazendo o sinal da cruz, exclamou:

– Então é verdade. O profeta ainda está por aqui, ajudando os mais necessitados. Jesus seja louvado!

Em Paris, Cédric sentia-se encurralado por Johanne e seus amigos, que, acreditando fazerem o melhor para ele, incentivavam-no a se casar novamente.

Era noite na Fortaleza quando recebeu o capitão Gérard, sua esposa e filha para um jantar, sendo surpreendido, porém, pela presença de Johanne, que viera a pedido de Gaby. O nobre sentiu-se pouco à vontade, mas não demonstrou. Contudo, em particular, desabafou com o amigo:

– Gérard, eu sei que você e Gaby querem me ajudar. No entanto, não gosto dessa senhorita. Não sei se quero me casar novamente. A única mulher que amei nesta vida foi minha Charlotte.

– Eu sei, meu amigo. Entretanto, penso que precisa deixar descendentes. Um casamento, mesmo sem amor, é válido. Infelizmente, não terá mais Charlotte; ela se foi! Essa senhorita parece gostar de você. Sabe muito bem que ela é jovem e pode lhe dar rapidamente um filho, que preencherá seus dias tristes. O homem que não deixa herdeiros é um homem morto, comandante. Pense nisso – concluiu, percebendo que havia tocado em um ponto fraco do orgulhoso Cédric.

Depois de muito refletir, mesmo sem ter qualquer sentimento por Johanne, resolveu aceitar a sugestão do capitão e, dois dias depois, pediu a jovem em casamento, marcando logo o dia da cerimônia.

Em Rouen, semanas depois de recobrar a memória, Charlotte decidiu ir ao encontro do marido em Paris. Com a ajuda de Eve, juntou recursos e tomou uma condução de aluguel, prometendo voltar assim que pudesse. A condução se pôs a andar, seguindo viagem. Lembrando-se de marquesa Bonnet e crendo que ela pudesse saber o paradeiro de Cédric, Charlotte resolveu pedir-lhe ajuda. Bateu no coche, fazendo-o parar. O condutor foi até ela e perguntou-lhe prestimoso:

– Pois não, senhora.

– O senhor, por acaso, conhece os Bonnet? Queria primeiro ir até lá.

– Sim, eu os conheço. Infelizmente, não será possível atender a seu pedido; os nobres não estão na cidade. Eles foram a Paris para o casamento da sobrinha.

– De Johanne? – perguntou Charlotte surpresa.

– Sim, parece que é este nome mesmo. Ela está se casando com o nobre que é dono de terras aqui e que perdeu a mulher, a duquesa de Lefevre, meses atrás em um incêndio criminoso – explicou o homem ingenuamente.

Charlotte perdeu a cor repentinamente, encostou-se no banco do coche e, sem conter as lágrimas, deixou-as cair livremente, pensando: "Porque ele fez isso? Tão rápido e já está com outra? Logo com aquela mulher?" Naquele instante, lembrou-se de seu irmão e o aviso dele veio à tona em sua mente, pedindo que lançasse mão do perdão.

O condutor, surpreso com a expressão da jovem, perguntou preocupado:

– Senhora, está bem? Falei algo errado?

Charlotte olhou-o meio atônita e respondeu, sem ao certo saber o que dizia. Contudo, parecia que alguém a direcionava:

– Não, desculpe-me. Por favor, não vamos para Paris; siga para Dijon.

– Sim senhora. – O homem tomou seu lugar na condução, seguindo pela estrada, parecendo às vezes ouvir o choro de sua passageira. Mesmo sem saber de quem se tratava, sentiu piedade da jovem, imaginando se tratar de um caso de amor não correspondido.

Na Fortaleza, triste, Cédric esperava no altar da capela por sua futura esposa. Olhou em volta para os poucos convidados, sentiu-se cansado. Passara sua vida inteira lutando; algumas lutas haviam sido de cunho profissional, outras de caráter pessoal, mas as mais difíceis eram de ordem emocional. Respirou fundo, voltou-se para a imagem do Cristo e pensou numa conversa silenciosa: "Por que o senhor sempre foi tão duro comigo? Meu pai me abandonou quando criança, voltando tempos depois e tentando comprar minha afeição com o ouro de uma herança. Logo após, minha mãe morreu. Casei-me pela primeira vez sem amor, mas, quando receberia algo que alegraria meus dias, o senhor também, num golpe duplo, tirou-me tudo. Agora, o pior de todos os golpes: levou a única pessoa que me fez querer ser alguém melhor; que me fez admirar a beleza das coisas; que me deu motivos para sorrir; que me fez sentir o quanto era bom viver... Isso tudo era para que me curvasse ao senhor? Pois digo-lhe que hoje não tenho mais raiva. Não me importa se o senhor pensa que venceu; que pense! Mas uma coisa eu confesso: daria tudo para ter minha Charlotte mais uma vez em meus braços".

Nesse momento, a porta principal da capela foi aberta,

e Johanne apareceu lindamente vestida, acompanhada do tio. A jovem, inebriada de tanta felicidade, olhou para o nobre ao longe, que a aguardava. Sorrindo ironicamente, pensou: "Eu não disse que me casaria com ele? Quem agora poderá me impedir?"

Quase dois dias depois, a condução que trazia Charlotte cruzou os portões de sua propriedade em Dijon. A jovem, apesar da dor que carregava, sentiu um misto de satisfação. Desceu da carruagem devagar, cansada, abatida... Suspirou e olhou ao redor. Aspirou o ar nos pulmões e, numa explosão de sentimentos, deixou-se cair no chão em um choro compulsivo e triste, como se quisesse expurgar seus sofrimentos de uma só vez.

Minutos antes, a condessa havia escutado um coche se aproximar. Correu até a varanda para ver de quem se tratava. Ao avistar a sobrinha descer da condução, quase desmaiou, reconhecendo-a imediatamente. Segurou-se com força em uma cadeira para não desabar e, em lágrimas, disse baixinho:

– Louvado seja Deus! Meu bom menino, eu sabia que você traria sua irmã de volta. Jesus seja louvado, meu filho! Este é o dia mais feliz de minha vida. Jesus seja louvado! – Respirou fundo e, sem fazer alarde, desceu os degraus devagar, aproximou-se de Charlotte, que se debulhava em lágrimas, e disse:

– Minha filha, neste momento, você fez esta pobre senhora a mulher mais feliz deste mundo!

Charlotte ergueu a cabeça, olhou para a tia e, levantando-se rapidamente, jogou-se em seus braços aos prantos, sem conseguir dizer uma só palavra.

O homem, mesmo sem entender nada do que acontecia, emocionou-se. Do lado espiritual, Giulia, Verena e Alícia choravam, igualmente abraçadas. Um halo de energia de várias cores envolveu toda a propriedade naquele momento, tamanho era o sentimento de gratidão a Deus que emanava de todos. Aquela boa energia envolveu a todos, inclusive o conde, que padecia doente dentro de casa, tendo naquele instante uma melhora considerável.

Minutos depois, após todas as explicações de ambas as partes, a condessa resolveu ela mesma contar ao conde, temerosa de que ele não conseguisse suportar a forte emoção, deixando Charlotte entrar no quarto em seguida. O pobre homem, muito emocionado, chorou, abraçado à sobrinha. Mais calmos, Charlotte perguntou à tia:

– Onde estão Hugo e Agathe?

A condessa olhou para o marido e, disfarçando, respondeu:

– Eles viajaram, querida. Contudo, acredito que não tardarão a voltar.

– Foram a Paris para o casamento de Cédric? – perguntou, demonstrando já saber do evento.

Sua tia baixou a fronte e comentou tristonha:

– Sabe, querida, foi ele quem mais sofreu. Nunca vi um homem sofrer tanto! Esse casamento foi arranjado pelos amigos dele, pensando em fazer o melhor pelo duque. Entretanto, confesso que me surpreendi quando soube que iria acontecer de fato. Cédric nunca foi de se deixar influenciar por ninguém. No entanto, acredito que seja uma fuga para não sucumbir. Só lamento que tenha chegado apenas hoje. Infelizmente, acredito que já deva estar casado. Embora isso não deva ser problema, assim que ele souber. Você é a mulher que ele elegeu com o coração, e tudo o mais irá se resolver.

A duquesa mirou sua tia e, decidida sobre o que iria fazer, depois de ter pensado muito a respeito ao longo da viagem, falou com segurança:

– Não, tia, eu não sou mais a esposa de Cédric. Johanne não tem culpa e não pode pagar por isso também. Muitas pessoas já sofreram, e aumentar essa lista não é uma boa opção. Eu o amo e vou continuar amando-o. Contudo, vou permanecer morta, para que ele tenha uma nova vida e, quem sabe, seja feliz com...

– Mas, querida, ele jamais irá aceitar quando souber. Conheço-o muito bem! Ele nos disse que jamais amará nenhuma outra mulher. Esse casamento é uma farsa – explicou sua tia, interrompendo a sobrinha.

– Por isso que ele não pode saber que estou viva. Concordo com a senhora; ele deixaria Johanne. Logo, peço que não comente com ele por nada. Não suportaria ver essa senhorita sofrendo. Estou cansada de tudo isso – pediu Charlotte resignada.

A condessa silenciou. Porém, não prometeu nada; não gostava de Johanne e só iria decidir algo quando encontrasse com o duque novamente. Até lá, iria pensar.

Duas semanas depois, era final de tarde, e a propriedade estava calma. Em casa, a condessa escutou o barulho de carruagens se aproximando. Logo se dirigiu à varanda da casa e observou: de uma das carruagens desceram seu sobrinho e a esposa. Da outra, o duque saiu sozinho, para a surpresa da senhora, que esboçou um sorriso de satisfação. Eles se aproximaram e cumprimentaram-na. Após os cumprimentos, o nobre olhou para a condessa e perguntou preocupado:

– Como está o conde? Vim só por causa dele, e informo que não vou poder me demorar. Posso vê-lo?

A condessa escutou com atenção e, pensando rápido, respondeu enigmática:

– Claro que pode, meu amigo. Ele está na capela; agora vive com essa mania de orar. Foram tantas as tristezas, não é?

Hugo, surpreso com a resposta, fitou sua tia intrigado. "Não sabia que meu tio gostava de orar", pensou.

O nobre não percebeu nada; girou nos calcanhares e já ia saindo, quando Hugo falou:

– Eu vou com o senhor.

– Não, meu querido. Preciso de você aqui. Daqui a pouco iremos todos encontrar com seu tio. Cédric deve querer conversar em particular com ele – interveio a mulher, despertando novamente as suspeitas em seu sobrinho, que, mesmo sem entender nada, aquiesceu, olhando para a esposa.

O nobre deu de ombros e saiu em direção à capela. Minutos depois, o conde apareceu na varanda, cumprimentando o sobrinho:

– Que bom que já voltou, meu filho.

Hugo, vendo seu tio, voltou-se para a condessa e perguntou intrigado:

– Tia, irá me dizer agora o que está acontecendo?

Na capela, Charlotte orava contrita em frente ao altar, em um banco de madeira. A jovem usava um lenço púrpura, que cobria toda a sua cabeça, caindo por sobre seu rosto.

O nobre aproximou-se da capela a passos rápidos e, ao passar pela porta, recordou de sua amada, lembrando que fora ali que a reencontrara. Parou por alguns segundos com o coração opresso. Aspirou fundo o ar para os pulmões e continuou a caminhar, procurando o conde. Não vendo o amigo, aproximou-se da jovem e, sem reconhecê-la, pensando se tratar de uma camponesa, perguntou:

– Senhora, perdoe-me se a incomodo, porém, foi dito a mim que o conde estaria aqui. Sabe se ele está lá dentro?

Charlotte, ao escutar aquela voz, sentiu seu corpo vibrar. Imediatamente, seus olhos encheram-se de lágrimas, o coração se acelerou, a respiração se oprimiu...

Cédric esperava uma resposta. Contudo, a jovem parecia não tê-lo escutado. Novamente perguntou:

– Senhora, por favor, sabe do conde?

Charlotte, apesar de ter dito que não queria que o Duque soubesse a seu respeito, não resistiu. Queria olhar para ele pelo menos mais uma vez. Apoiou-se no banco, buscando forças nas pernas, e levantou-se devagar. Girou, ficando de frente para ele, e retirou o lenço.

O nobre, quando fitou o rosto da jovem, deu dois passos para trás, segurando-se em outro banco, já que suas pernas naquele momento fraquejaram. Não conseguiu a princípio pronunciar uma única palavra; só olhava para a jovem, como se estivesse vendo algo irreal. Depois de alguns segundos, conseguiu pronunciar, com certa dificuldade:

– Meu Deus! É você? – e, sentiu o gosto salgado de uma lágrima que descia pelo seu rosto.

Charlotte, também impactada pela presença do homem que amava, enxugou as lágrimas que lavavam seu rosto e respondeu, olhando-o:

– Sim, sou eu.

Segundos de silêncio se fizeram, um olhando para o outro. Foi Cédric quem tomou a iniciativa. Venceu a distância que os separava e tomou-a em seus braços, apertando-a de encontro ao peito. Ao sentir a mulher que tanto amava novamente em seus braços, deixou as lágrimas caírem ainda mais livremente, entregando-se a um pranto de alívio e alegria ao mesmo tempo, afundando seu rosto no pescoço da jovem. Depois, fitou o rosto de Charlotte, tocou sua face, até chegar aos lábios, e beijou-a com todo o seu amor, que parecia não caber em seu peito.

Charlotte não teve forças nem vontade de contestar. Retribuiu todo o amor que recebia; os sentimentos eram similares e verdadeiros. Minutos depois, separaram-se bem devagar, sem muita vontade. Ele segurou sua mão, puxou-a para seu colo e, olhando-a, perguntou sério:

– Pelo amor de Deus, me conte o que aconteceu. Como está viva e só a encontro agora? Por que não foi me procurar?

Ela fez menção de sair dos seus joelhos, contudo, ele não deixou e, sem forças para resistir, narrou tudo o que havia acontecido, omitindo o dia em que iria para Paris encontrar com o nobre.

Cédric escutou o relato sentindo a raiva crescer dentro de si. Depois desabafou, os punhos cerrados:

— Lamento tanto, Charlotte, não estar lá para protegê-la daquele infame. Lamento mais ainda não ter matado, eu mesmo, aquele maldito!

— Isso agora não importa mais. Eu estou bem. E, diferente de você, agradeço a Deus por você não ter sujado as mãos com o sangue daquele homem — retrucou Charlotte.

O duque sorriu, abraçou-a e disse, ainda em estado de graça:

— Sempre a mesma! Meu Deus, você não imagina o que passei por acreditar que não iria mais olhar para esse seu rosto lindo. Só haverá um dia tão feliz quanto este: o dia em que você me der um filho!

Ela silenciou e baixou a cabeça triste.

Cédric segurou seu queixo, levantando-o levemente, e preocupado perguntou:

— Tem algo que ainda não me contou?

Ela olhou-o e respondeu de pronto:

— Não em relação à minha vida. Eu sei, Cédric, que hoje você tem uma outra...

Acreditando saber do que se tratava, ele completou, interrompendo-a:

— ... apenas uma única esposa, que é você!

— Não, Cédric, não quero que deixe Johanne; ela não tem culpa por...

— Não fale daquela mulher! Eu não me casei com aquela víbora — interrompeu novamente o nobre, com raiva.

— Como não? — perguntou Charlotte espantada.

— Eu não poderia aceitar outra mulher dividindo minha vida que não fosse você. Quando vi Johanne na porta da igreja, me dei conta de que não sou um fantoche para me deixar influenciar. Nunca deveria ter dado ouvidos a ninguém.

Silenciou por alguns segundos, em seguida contou o desfecho daquela história, lembrando-se do fatídico dia:

– Quando vi Johanne parada na porta da igreja, minha mente recebeu um estalo e, decidido, pronunciei alto para que todos escutassem: "Parem já com isso; não vou me casar com ninguém". Andei até Johanne e disse ríspido: "Desculpe, senhorita, mas não estava em mim quando lhe fiz esse pedido. Jamais colocarei qualquer outra mulher em minha vida depois que conheci o verdadeiro amor, e este permanece enterrado em um túmulo em Dijon. Logo, lamento toda essa confusão". A infeliz, sem acreditar no que havia escutado, avançou em cima de mim e, segurando meu braço, disse, perdendo o controle: "Acaso enlouqueceu? O senhor não pode fazer isso comigo!" E eu respondi: "Não posso fazer isso comigo! Eu seria um nada para você. Jamais tocaria num fio de seu cabelo. Não conseguiria! Agora solte meu braço. Sei que é difícil, mas, acredite, estou lhe fazendo um favor, eu seria a pior pessoa do mundo para a senhorita" – narrava Cédric, para espanto de Charlotte.

Depois de um instante, ele prosseguiu:

– Aquela víbora soltou meu braço com violência. Com ódio no coração e ímpetos de vingança, gritou histérica: "Maldito! Tudo por causa daquela mulher idiota. Espero que ela apodreça o quanto antes e que os vermes a comam rapidamente". Naquele momento, não gostei nada do rumo que aquela conversa estava tomando. Contudo, procurei ser complacente com a dor que acreditava que aquela maldita sentia. Girei nos calcanhares, deixando o local e me dirigindo à porta, quando escutei abismado, junto com os presentes, principalmente os Bonnet, o que Johanne pronunciou aos gritos, sorrindo com ironia: "Pois saiba que fui eu quem procurou Fabrice, tendo planejado tudo. Quando me disseram que a duquesa estava morta, foi o dia mais feliz de minha vida. Eu a matei, senhor duque, e nunca mais irá vê-la..." Parei bruscamente e, cego pelo ódio que me dominou, desembainhei minha espada e parti para cima daquela cobra dizendo: "Maldita! Agora irá se encontrar com aquele bandido no inferno, que é onde ele está". Todavia, o capitão Gérard pulou na minha frente. Segurou minha mão e disse enérgico, sentindo-se culpado: "Não, essa bandida não merece só a morte. Ela tem que sofrer imaginando tudo o que fez. Pense bem; vamos jogá-la na fria prisão e lá ela terá muito tempo para refletir sobre a causa de sua desgraça". Olhei para o capitão, e algo me fez segurar o ímpeto. Sem saber por que, acatei a sugestão e dei ordem aos soldados presentes para que a levassem dali, senão desistiria e a mataria ali mesmo!

Depois fitou Charlotte, calou-se por alguns segundos e, beijando as mãos da esposa, arrematou:

– Foi isso o que aconteceu. Espero que aquela infeliz se arrependa de tudo o que fez e lamento muito pelos demais. Infelizmente, quando cheguei, já estava tudo acabado.

Charlotte escutou todo o relato surpresa. Não quis fazer comentários; abraçou seu marido, dizendo emocionada:

– Por quantas coisas tivemos que passar para ficarmos juntos... Entretanto, me sinto mais forte. É estranho, mas acredito que um dia vamos saber o porquê de tudo o que nos aconteceu.

Ele levantou-se e puxou a duquesa, estreitando-a em seus braços, como se quisesse constatar que tudo aquilo não era mesmo um sonho. Em seguida, uniu novamente seus lábios aos dela, num beijo urgente e intenso.

Em silêncio, a condessa, o conde, Hugo e Agathe chegaram à capela e viram o casal. Sorriram e resolveram não atrapalhar, saindo em seguida.

Em Paris, Johanne foi levada à prisão da Abadia. O

local era composto por um piso térreo e mais dois acima, ladeados por duas torres e um local para sentinela. As selas eram sujas e frias. Uma vez lá, a jovem foi tratada como traidora, misturando-se aos demais presos e sofrendo toda sorte de atrocidades. Esse local ficou famoso pelo massacre de muitos prisioneiros de todas as classes sociais nos anos seguintes.

48

Trabalhando com Jesus

Cinco dias após, Charlotte, deitada em seu quarto, abraçada ao marido, aproveitou a oportunidade e, com muito cuidado, pediu:

— Querido, quero lhe pedir algo muito importante.

Ele, desconfiado, respondeu sério:

— Não venha me pedir para voltar a Rouen; não pretendo nunca mais retornar àquele lugar que só me trouxe tristeza.

A duquesa mordeu o lábio apreensiva, mas não se deixou vencer e, fitando o nobre, solicitou:

— Querido, tem algo que preciso fazer lá. Eu prome...

— Não, Charlotte. Disso não vou abrir mão! — rebateu, antes que ela terminasse.

A jovem sentiu que iria ser difícil, mas não desistiu. Sentou-se na cama, sorriu, fez um carinho no peito do marido, beijou-o nos lábios levemente e argumentou:

— Sabe, uma das coisas que aprendi com tudo isso foi que não devemos nos fechar às possibilidades de ajudar ao próximo, pois em um segundo nossa vida pode mudar. Então, perdemos uma oportunidade valiosa. — Parou e, percebendo que o nobre a escutava, continuou: — Eu prometi a Eve que voltaria e pensei em doar algo que pudesse ajudá-la, como meio de agradecer tudo o que ela fez por mim.

Ele olhou-a e perguntou curioso:

— O que você quer me dizer, Charlotte?

— Você acabou de falar que não quer mais voltar a Rouen. Acredito que queira se desfazer da propriedade, estou certa?

— Continue — pediu ele, sem responder.

— Quando voltei à propriedade, Henry apareceu e me pediu que eu continuasse a ajudar. A senhora que me levou até a casa disse que algumas pessoas visitam o local e fazem pedidos ao meu irmão, e que são atendidas. Pois bem: quero doar o local para Eve. Lá ela seria mais respeitada. Seria uma forma de ajudá-la a continuar com o trabalho; ela tem algumas faculdades similares às que Henry possuía.

Cédric escutou os argumentos da esposa e tentou demovê-la da ideia:

— Charlotte, como tem certeza de que essa senhora irá honrar sua palavra?

— Não tenho certeza de nada, meu amor, mas devo lhe dar um voto de confiança. Afinal, acredito que ela mereça.

Ele mirou-a por alguns segundos e, suspirando, respondeu:

— Vou pensar muito a respeito, duquesa; depois lhe darei uma resposta.

Ela sorriu e abraçou-o feliz.

Três dias depois, eles partiram para Rouen, sob os protestos de sua tia.

Cédric olhou a esposa e lhe disse enigmático:

– Não fique pensando que isso lhe sairá de graça. Depois eu lhe mostrarei a conta e espero que possa pagar.

– Terei o maior prazer, meu querido, em ressarci-lo. Todavia, quem sabe o pagamento já não esteja sendo providenciado? – respondeu misteriosa.

– Do que está falando?

– Nada de que o senhor, meu marido, não se felicitará – concluiu feliz.

Após muitas horas de viagem, adentraram Rouen ao meio-dia. Alojaram-se no melhor hotel da cidade. Sem Cédric desconfiar, Charlotte procurou um menino de recado e, certificando-se de que ele conhecia Eve, mandou-lhe um recado pedindo sua presença. Algumas horas depois, Eve chegou ao hotel exultante.

Charlotte e Cédric jantavam quando bateram à porta. O homem olhou para a jovem e perguntou desconfiado:

– Você está esperando alguém?

– Sim! Acredito que possa ser Eve.

O nobre olhou-a sério. Foi atender à porta. Abriu-a devagar, dando de cara com um funcionário do hotel acompanhado de uma senhora de trajes simples. O homem, apreensivo pela imponência do nobre, disse gaguejando:

– Senhor, esta senhora disse que queria falar com sua esposa e que ela solicitou sua presença.

Cédric olhou para Eve, estudando-a, e respondeu circunspecto:

– Sim. Por favor, minha esposa a aguarda.

A mulher agradeceu com uma reverência e entrou. Percebeu o luxo do local e abriu um sorriso quando viu Charlotte em pé aguardando-a. Eve ficou sem saber o que fazer; diferente de quando saíra de Rouen, Charlotte estava ricamente vestida. Meio sem jeito, fez uma reverência e disse:

— Querida, que prazer reencontrá-la.

Charlotte sorriu e aproximou-se da mulher, respondendo em tom de galhofa:

— Quanta formalidade, dona Eve! Ora, venha aqui e me dê um abraço; não é assim que amigas se cumprimentam? — Abraçou a mulher, que começou a chorar, comovida com a atitude da amiga. Charlotte voltou-se para Cédric, que acompanhava tudo em silêncio, e apresentou:

— Este é meu marido, Eve, o duque Cédric Lefevre.

Cédric fez uma reverência, sendo acompanhado pela mulher, que disse sorrindo:

— É um homem de sorte, senhor. Poucos são aqueles que dispõem do convívio de alguém tão especial quanto sua esposa. Logo, devo supor que também deva ser alguém especial.

— Agradeço as palavras gentis, senhora, e sou forçado a concordar com a senhora quanto à pessoa maravilhosa que é minha esposa. Aproveito o ensejo para agradecer todo o cuidado que teve, quando ficou em seu convívio — arrematou o nobre, simpatizando com a senhora.

— Foi a melhor coisa que aconteceu na minha insignificante vida. Na verdade, sua esposa me curou do pior mal que uma pessoa pode ter: a falta de respeito às coisas de Deus.

Charlotte, sentindo-se incomodada com os elogios, tratou de mudar o rumo da conversa, pedindo:

— Eve, por favor, jante conosco; eu e Cédric temos algo a lhe falar.

A mulher olhou para ela intrigada. No entanto, curiosa, atendeu prontamente. Depois de conversas triviais e do jantar, Charlotte fitou a amiga e perguntou-lhe interessada:

— Como está com o seu trabalho?

— Caminhando, minha querida. Muitos ainda me desprezam, mas confesso que tem sido mais fácil do que imaginei.

Sem preâmbulos, Charlotte disse a que viera:

– Eve, quero lhe propor algo em nome da memória de meu irmão. Cédric não quer mais a propriedade de Rouen; certamente iria vendê-la. Porém, atendendo a um pedido meu, ele quer doar a propriedade a você.

– O quê? Está falando em me dar a propriedade toda? – perguntou a senhora boquiaberta, sem acreditar no que escutava.

– Sim. Todavia, só tenho um pedido a fazer.

– E qual é? – perguntou a senhora, ainda em choque.

– Que possa honrar a presença de meu doce irmão e que continue o trabalho que ele nobremente começou. Sei que tem condições para isso. Antes de ir, eu lhe ensinarei tudo o que aprendi com Henry. Jamais lhe pediria isso se achasse que não teria mérito para fazê-lo.

Eve, com lágrimas nos olhos, disse, visivelmente comovida com a confiança que aquela dama tão diferente das demais depositava nela:

– Eu nem sei o que lhe responder. Só tenho a agradecer a Deus o dia em que a encontrei naquela chuva. – A senhora levantou-se, ajoelhou-se na frente de Charlotte e, segurando em suas mãos, exclamou: – Nunca imaginei que pudesse existir alguém como você. Obrigada!

A duquesa rapidamente levantou a mulher e disse, segurando suas mãos:

– Minha querida Eve, eu não seria nada se não passasse pelas mãos de meu amado irmão. Ele, sim, posso dizer que é uma boa pessoa. – Sorriu e concluiu: – Agora que está tudo certo, amanhã iremos providenciar tudo. Peço que escolha algumas pessoas para ajudá-la, pois irá precisar.

No dia seguinte logo cedo, o duque, a duquesa e Eve voltaram ao local da tragédia. Os três traziam sentimentos diferentes consigo. Entraram nas ruínas da capela e, admirados, viram o que a natureza gentilmente promovera. No centro, uma bela e frondosa árvore se erguia, ladeada de muitas flores, depositadas pelas pessoas que iam visitar o local.

– Meu Deus, eu não havia visto isso quando estivemos aqui semanas antes. Não tive coragem de entrar – disse Charlotte maravilhada. Caminhou até a árvore e, tocando-a, arrematou comovida: – Se algo tão belo venceu as dificuldades do ambiente e floresceu em meio a tanto sofrimento, por que não podemos deixar que essa beleza floresça em nós? – Segurou a mão de Cédric, beijou-a e concluiu: – Tudo é uma questão de escolha nossa.

O nobre contemplou sua esposa, admirando-a. Intrigado, perguntou-se intimamente porque, mesmo estando no local onde julgava ser o último a querer voltar, sentia-se bem. Sem obter resposta, retribuiu o gesto de carinho da esposa: segurou delicadamente seu rosto e osculou sua fronte.

Eve viu um halo de luz rosa envolver os dois amantes e sorriu, agradecendo a Deus por tudo o que estava vivendo. Nesse momento, sentiu um bem-estar se apoderar de seu íntimo e escutou uma voz, que lhe falou:

– Vamos trabalhar com Jesus, minha amiga. O caminho é longo, mas apenas ele nos oferece um itinerário seguro e correto. Prepare-se; muitos irmãos precisarão de sua ajuda. – A senhora sorriu serena em resposta.

Nos anos seguintes, a França viveu momentos de profundo caos: massacres, insurreições, golpes políticos, mortes, saques, separação entre Estado e Igreja, até que, em 21 de janeiro do ano de 1793, o então deposto rei da França, Luís XVI, foi guilhotinado em praça pública, instalando-se o que ficou conhecido como o Período do Terror, que durou aproximadamente um ano, durante o qual os que eram considerados traidores eram mortos em praça pública pelo instrumento da guilhotina, sob o comando de Maximilien de Robespierre, que morreu pelo mesmo instrumento que ceifou tantas vidas meses depois.

Seis anos depois, Napoleão Bonaparte aplicou um golpe conhecido como 18 Brumário (em 9 de novembro de 1799, segundo o calendário gregoriano), sendo coroado imperador da França cinco anos após.

Na Fortaleza, Charlotte trabalhava incessantemente, tendo ajuda de Gaby e da tia, que, a pedido seu, mudara-se para lá com seu tio. Aproveitou a parte da propriedade que não estava em funcionamento e colocou lá um forno, onde eram feitos milhares de pães todos os dias, além de outras massas. Esses alimentos eram distribuídos pela cidade para muitos que mendigavam devido à instabilidade econômica em que vivia o país. Devido a essas e muitas outras ações de humanidade, Charlotte ficou conhecida como La belle Dame de la Charité., "A Bela Dama da Caridade", sendo respeitada e venerada por muitos. Todavia, alguns nem seu nome verdadeiro sabiam.

Cédric lutava nas muitas revoltas que surgiam. Em uma dessas batalhas, o capitão Gérard foi ferido e voltou a Paris entre a vida e a morte, perdendo as duas pernas. Finalmente, quando Napoleão foi coroado imperador, o nobre comandante tomou uma decisão. Amigo de Bonaparte, o duque aproveitou a presença deste em Paris e, pedindo uma audiência, foi atendido imediatamente:

— Meu nobre amigo, qual é a urgência do pedido? – perguntou interessado o monarca.

— Majestade, louvo sua disponibilidade; sei o quanto é ocupado.

— Meu caro comandante, aos amigos não devem existir barreiras. Somos os braços uns dos outros. Nunca esqueço aqueles que acreditaram em mim e me ajudaram. Se não fosse pela firme influência do comandante e dos demais naquele fatídico dia de minha prisão, por causa de Maximilien, possivelmente não estivesse aqui – comentou o imperador com sinceridade.

– Minha esposa me disse um dia que, quando temos uma missão, vamos sempre encontrar ajuda. Logo, se não fosse eu, seria outro.

– Comandante, gostaria muito de conhecer sua esposa. Quando fala dela, seu rosto transparece algo que vi em poucas pessoas, e isso é música aos meus olhos. Sou um estudioso dos sentimentos humanos, mesmo que não aparente.

– Terei muito prazer em satisfazer essa vontade. Todavia, não tomarei mais seu tempo e direi a que venho. Desde muito jovem tenho servido ao meu país, dando por ele minha vida. Quero, em nome desse amor que encontrei em minha esposa, e dessa dedicação à França, solicitar a Vossa Majestade que me conceda um comando fixo aqui mesmo em Paris, onde poderei ver meu filho crescer e estar ao lado de minha amada esposa.

O imperador escutou o pedido, aproximou-se do nobre e, sem rodeios, respondeu, colocando a mão em seu ombro:

– Não posso lhe negar isso, meu amigo. Contudo, sentirei muito, pois conheço sua capacidade em batalha. Mas reconheço a justiça de seu pedido e o acato com louvor. Seus olhos serão meus olhos aqui nesta cidade.

– Agradeço, Majestade, e tenha certeza de que pode contar comigo.

Horas depois, o nobre adentrou os muros de sua propriedade exultante. Mal descera da condução, procurou rápido pela esposa, encontrando-a reunida com algumas mulheres, confeccionando roupas para doação. Cumprimentou todas as mulheres e, sem se importar com o olhar curioso destas, abraçou Charlotte e anunciou:

– A partir desta data eu não mais me ausentarei de sua companhia, minha doce duquesa.

Charlotte, sorrindo, correspondeu ao carinho e respondeu feliz:

– Que notícia maravilhosa, meu amor. Espere para ver o rostinho do nosso Henry quando souber disso!

– Estou cansado de batalhas, mesmo sabendo que tudo isso ainda irá demorar para ter um fim. – Beijou-a levemente e depois noticiou: – O imperador deseja conhecê-la; logo mais iremos a uma recepção oferecida por ele. Acho que irá gostar dele. É um homem muito culto, além de astuto e dono de uma altivez impressionante.

A noite chegou rápido. Sua tia não quis acompanhá-los; preferiu ficar cuidando do esposo, que a cada dia dava mais sinais de debilidade.

Cédric aguardava sua esposa na sala, fazendo companhia ao conde, e levantou-se imediatamente quando a viu se aproximar, admirando-a.

– Meu Deus, está linda, minha querida – disse, beijando a mão da duquesa com carinho. Em seguida, despediram-se dos nobres e dirigiam-se à porta, quando o pequeno Henry apareceu correndo, chamando pelos pais.

– Papai, mamãe, não vão me desejar boa noite? – perguntou a linda criança, que contava com nove anos.

Charlotte olhou para seu esposo sorrindo e respondeu, abrindo os braços para ela:

– Claro, meu bem. Achei que já estivesse dormindo. Estive no seu quarto, acaso não me viu? – perguntou Charlotte, abraçando-o e beijando-o.

– Claro que vi, mas não dormia – respondeu sorrindo em tom de galhofa.

Cédric colocou o pequeno nos braços, beijou-o e disse sorrindo:

– Veja como tem sorte, Henry; sua mãe é a mulher mais linda da França!

– A mais linda do mundo, papai – corrigiu a criança sorrindo. Todos o acompanharam em uma gostosa gargalhada.

Depois partiram em uma bela carruagem para o Grand Trianon, a residência do imperador, localizada próxima a Versalhes.

Foram recebidos com honras. Napoleão veio pessoalmente falar com Cédric:

– Comandante, que prazer em recebê-lo. Não sou muito adepto a festividades. Todavia, hoje é um dia especial. – Olhou admirado para Charlotte e perguntou gentil: – Suponho que esta bela dama seja sua esposa?

– Sim, Majestade. Esta é a duquesa Charlotte Lefevre.

– Meu Deus, tanta beleza em uma criatura só? Agora entendo, comandante, o porquê do seu pedido!

Charlotte, sem afetação, fez uma reverência e disse sorrindo:

– Majestade, é uma satisfação conhecê-lo.

– Senhora, a satisfação é também minha. Um serviçal do palácio trouxe até mim sua alcunha: La belle Dame de la Charité.. Admito que fiquei muito surpreso. Agora, conhecendo-a, minha surpresa vira estupefação. Porém, logo se desfaz, uma vez que, ao lado de um grande homem como é seu marido, não caberia ninguém menos importante.

Charlotte sorriu e respondeu com naturalidade:

– Nada sou, Majestade, se comparada ao meu nobre marido.

Cédric olhou-a com carinho, beijou sua mão e rematou:

– Um homem só se faz verdadeiramente grande quando encontra o amor.

O imperador colocou a mão dentro de sua casaca e respondeu:

– Se todos tivessem um pouco do que encontro em vocês dois, nossa França estaria no mais profundo equilíbrio. Todavia, não são nas adversidades que encontramos fórmulas novas e melhores para os dissabores da vida? Acaso não é assim que funciona a ciência?

Longe de Charlotte, em Rouen, Eve, sentada na soleira da casa, saboreava uma fruta e pensava alto:

– Como é a nossa vida! Quando eu poderia imaginar que um dia teria tanto, meu Deus? A vida que por tanto tempo me negou tudo e...

Não concluiu. Sentiu a presença de seu emérito benfeitor, que se apresentou, surpreendendo-a, pois quase nunca aparecia. Logo a corrigiu:

– A vida nunca lhe negou nada, minha amiga. Foi você que por muito tempo fez a escolha errada. Logo, não culpe a vida. Todos os dias recebemos ensejos para mudanças.

Eve sorriu e teve que concordar, como sempre, com o nobre espírito. Baixou a cabeça e desculpou-se:

– É verdade, Ernesto. Desculpe-me. Deus nunca nega nada a sua criação, mas permite que ela faça as próprias escolhas. Por muito tempo fiz minha escolha movida pela revolta de ter nascido com essa faculdade e nunca ser compreendida. Inicialmente, culpei Deus, depois minha família e, por fim, eu mesma, acreditando ser uma pessoa desgraçada por Deus e castigada para viver na escuridão. Todavia, não percebia o óbvio: Deus não oferece fardo grande a ombros fracos. O tempo todo ele acreditou em mim!

– É isso mesmo, minha amiga. E, acreditando ainda mais em você, venho me despedir. Irei para outras paragens aprender mais. Vim desejar a paz que só encontramos quando seguimos o caminho de Jesus. Obrigada, minha doce irmã. Que nosso Pai a abençoe. Irmãos abnegados a ajudarão; confie e siga em frente. Nova tarefa a espera. – Sem esperar resposta, o espírito abraçou a aquebrantada senhora e desapareceu, deixando um perfume de jasmim no ar.

Eve sentiu uma alegria tão grande que seu peito parecia prestes a explodir. Seu corpo estremeceu, recebendo as energias do nobre espírito, e não controlou as lágrimas, que caíram silenciosas em sua face enrugada. Enxugou o rosto e, mesmo com tantas coisas que não conseguia entender, olhando para o infinito, ponderou emocionada:

– Adeus, meu querido amigo. Rogarei a Jesus sempre por você e peço que, mesmo distante, possa olhar para esta pobre pecadora que encontrou a cura para sua alma enferma no trabalho que edifica e renova. Nunca terei condições de expressar o tamanho de minha gratidão e entender o porquê de tão nobre espírito se preocupar com uma pessoa feito eu.

A senhora estava em estado de graça, quando se sobressaltou com um jovenzinho de aproximadamente uns treze anos na entrada principal, parado, olhando-a. Com educação, ele perguntou:

– A senhora se chama Eve?

– Sim. Em que posso ajudá-lo? – indagou a mulher com calma.

– Eu me chamo Fabrice Leroy II. Minha mãe morreu e não tenho mais ninguém nesta vida. Estava desesperado, quando um senhor negro, de nome Ernesto, me disse que a senhora estava precisando de alguém para ajudá-la. Isso é verdade? – perguntou ansioso.

Eve olhou-o por alguns segundos, levantou-se e não conteve a alegria. Dirigiu-se até o menino, abraçando-o com ternura, e respondeu chorando, entendendo o recado do amigo espiritual:

– É verdade, minha criança, estou precisando sim. Seja bem-vindo!

Em Paris, no mesmo instante, Charlotte, afastada do público, passeava pelo belo jardim, quando foi tomada por uma forte emoção que se apoderou dela. A jovem sentiu como se alguém a abraçasse. Lembrou-se do seu irmão, e lágrimas saltaram de seus olhos. Cédric aproximou-se e, vendo que a esposa chorava, perguntou preocupado:

– Aconteceu algo, minha querida?

– Meu irmão, Cédric, está aqui, tenho certeza. Henry está aqui.

O nobre abraçou-a. Mesmo sem ter a sensibilidade da esposa, acreditava nela e disse em seu ouvido:

– Que os anjos digam amém!

Uma forte luz prateada, invisível aos olhos dos dois, envolveu-os, e o coordenador da colônia, sorrindo, disse abraçando-os:

– Amém, meus amigos. A luta está apenas começando!

Fim

Céu Azul

100 MIL EXEMPLARES VENDIDOS

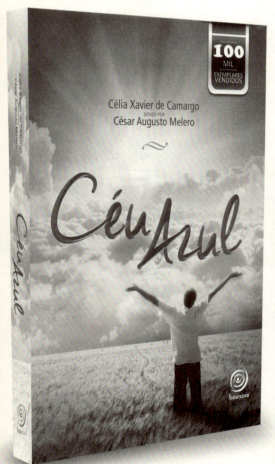

Célia Xavier de Camargo
DITADO POR
César Augusto Melero

Quando se veem tantos jovens que desencarnam prematuramente e se contempla o sofrimento de familiares e amigos, compreende-se como o conhecimento dos assuntos espirituais é de vital importância para o ser humano. Prova disso é a ânsia com que hoje as criaturas buscam informações, nem sempre da forma correta. Reconhecendo essa necessidade, o jovem César Augusto Melero vem falar de suas experiências: como vivem, o que fazem, o que pensam aqueles que deixaram o mundo terreno partindo para uma outra realidade, mais viva, atuante e feliz. Suas narrativas são emocionantes, consoladoras e instrutivas. Além de demonstrarem que a morte não existe, trazem novas e surpreendentes informações sobre o admirável mundo espiritual.

Vida no Além | 16x23 cm

boanova editora

17 3531.4444 | boanova@boanova.net | www.boanova.net

Nova Chance para a Vida

Roberto de Carvalho ditado pelo espírito Francisco

Cassiano desejava sair do interior, mudar-se para São Paulo e cursar a faculdade de Administração, mas uma gravidez indesejada na juventude, fruto de uma noite impensada com Rebeca, exigiu que ele adiasse seus planos para fazer parte de uma família na qual não era bem-vindo. Depois de um tempo, disposto a abandonar Rebeca e o filho Eduzinho, bem como deixar para trás as humilhações pelas quais passava constantemente na pequena cidade em que vivia, fosse por causa do sogro, fosse devido às discussões com a esposa, Cassiano desejava uma nova chance. Porém, já em São Paulo, mas em situação desoladora, são os encontros com a mãe já falecida, por meio de sonhos, que o motivarão a superar os erros do passado. A forte ligação entre ambos incentivará o rapaz a seguir um caminho de fé e perseverança. A obra recorda os ensinamentos espíritas tanto na trajetória do protagonista quanto na abertura de cada capítulo, que traz citações d´O Evangelho segundo o Espiritismo e d´O Livro dos Espíritos , publicações de Allan Kardec que abordam aspectos do ser humano na perspectiva da doutrina.

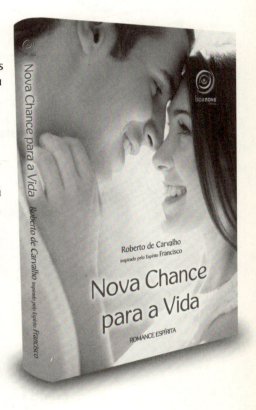

256 páginas
Romance | 16x23 cm | 978-85-8353-023-7

Boa Nova Catanduva-SP | (17) 3531.4444 | boanova@boanova.net

Conheça mais a Editora Boa Nova:

 www.boanova.net

 www.facebook.com/boanovaed

 www.instagram.com/boanovaed

 www.youtube.com/boanovaeditora

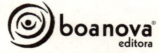

Instituto Beneficente Boa Nova
Entidade coligada à Sociedade Espírita Boa Nova
Av. Porto Ferreira, 1.031 | Parque Iracema
Catanduva/SP | CEP 15809-020
www.boanova.net | boanova@boanova.net
Fone: (17) 3531-4444